SPANISH FOR
SOCIAL SERVICES

Sixth Edition

Spanish for Social Services

Ana C. Jarvis

Chandler-Gilbert Community College

Luis Lebredo

Houghton Mifflin

Boston   New York

Director, Modern Language Programs: E. Kristina Baer
Development Manager: Beth Kramer
Associate Development Editor: Rafael Burgos-Mirabal
Project Editor: Tracy Patruno
Manufacturing Manager: Florence Cadran
Associate Marketing Manager: Tina Crowley Desprez

Cover design: Rebecca Fagan
Cover image: "Ocean Park #72" Richard Diebenkorn, 1975 (Philadelphia Museum of Art)

Printed in the U.S.A.

ISBN: 0-395-96302-8

23456789-VG-04 03 02 01 00

Contents

Lección preliminar
Conversaciones breves   1

Lección 1
En el Departamento de Bienestar Social (I)   9

Lección 2
En el Departamento de Bienestar Social (II)   17

Lección 3
En el Departamento de Bienestar Social (III)   25

Lección 4
En la Oficina del Seguro Social   33

Lección 5
Una entrevista   41

Lectura 1   49

REPASO 1: Lecciones 1–5   51

Lección 6
Al año siguiente   57

Lección 7
Estampillas para alimentos   67

Lección 8
En el Departamento de Servicios Sociales   75

Lección 9
El programa de empleo y entrenamiento (I)   83

Lección 10
El programa de empleo y entrenamiento (II)   91

Lectura 2   101

REPASO 2: Lecciones 6–10   103

Lección 11
Medicaid: El programa federal de servicios médicos   109

Lección 12
Maltrato de un niño (I)   117

Lección 13
Maltrato de un niño (II)   127

Lección 14
Ayuda a los ancianos   135

Lección 15
En la Oficina del Seguro Social   145

Lectura 3   153

REPASO 3: Lecciones 11–15   155

Lección 16
En la Oficina de Medicare (I)   161

Lección 17
En la Oficina de Medicare (II)   169

Lección 18
Resolviendo problemas   179

Lección 19
Consejos a las madres   189

Lección 20
El ingreso suplementario   199

Lectura 4   209

REPASO 4: Lecciones 16–20   211

Appendix A:
Introduction to Spanish Sounds and the Alphabet **219**

Appendix B:
Verbs   **225**

Appendix C:
English Translations of Dialogues   **239**

Appendix D:
Weights and Measures   **259**

Appendix E:
Answer Key to *Vamos a practicar* sections   **260**

Appendix F:
Answer Key to the *Crucigramas*   **267**

Spanish-English Vocabulary   269

English-Spanish Vocabulary   288

The Sixth Edition of *Spanish for Social Services* presents realistic situations and the specialized vocabulary that social service professionals need to communicate with Hispanic clients in the course of their daily work. Personalized questions, grammar exercises, dialogue completions, and role-plays provide students with numerous opportunities to apply, in a wide variety of practical contexts, the grammatical structures introduced in the corresponding lessons of the *Basic Spanish Grammar*, Sixth Edition, core text. In this Sixth Edition, *Spanish for Social Services* contains a preliminary lesson, twenty regular lessons, four readings, and four review sections.

New to the Sixth Edition

In preparing the Sixth Edition, we have kept in mind suggestions from reviewers and users of the previous editions and the need to develop students' ability to communicate effectively in Spanish. The following list highlights the major changes in the manual and its components designed to respond to those needs.

- The fine-tuned grammatical sequence parallels all changes made in *Basic Spanish Grammar*, Sixth Edition.
- A *Lectura* section features four basic readings related to the field of social services.
- The dialogues have been revised as necessary to conform to the changes in the scope and sequence and in the vocabulary.
- Grammar exercises have been revised to reflect the changes to the grammatical sequence and vocabulary.
- The appendices feature an answer key to all the *Vamos a practicar* sections, as well as a handy reference to the Spanish verb system including charts with conjugations.
- The Testing Program includes one vocabulary quiz for each of the twenty regular lessons.
- The Audio Program now comes in audio CDs and in cassettes.
- The *Spanish Phrasebook for Medical and Social Services Professionals* and the *Spanish Phrasebook for Law Enforcement and Social Services Professionals* are now available.

Organization of the Lessons

- Realistic dialogues model typical conversations in Spanish, using key vocabulary and grammatical structures that social service professionals need in their daily work.
- The *Vocabulario* section summarizes the new, active words and expressions presented in the dialogue and categorizes them by part of speech. A special subsection of cognates heads up the vocabulary list so students can readily identify these terms. The optional *Vocabulario adicional* subsection lists supplementary vocabulary related to the lesson theme, while special notations identify useful colloquialisms.
- *Notas culturales* equip students with practical insights into culturally determined behavior patterns and other pertinent information regarding Hispanics in the United States.
- The *¿Recuerdan ustedes?* questions check students' comprehension of the dialogue.
- The *Para conversar* section provides personalized questions spun off from the lesson theme. Students are encouraged to work in pairs, asking and answering each of the questions.
- The *Vamos a practicar* section reinforces essential grammar points and the new vocabulary through a variety of structured and communicative activities.
- *Conversaciones breves* encourages students to use their own imagination, experiences, and the new vocabulary to complete each conversation.
- The *En estas situaciones* section develops students' communication skills through guided role-play situations related to the lesson theme.
- Open-ended *Casos* offer additional opportunities for improving oral proficiency as students interact in situations they might encounter in their work as social service personnel. These role-plays require spontaneous use of Spanish and are intended to underscore the usefulness of language study.
- The optional *Un paso más* section features one or two activities to practice the supplementary words and expressions in the *Vocabulario adicional* section.

Lecturas

One short reading appears after every fifth regular lesson. The four texts included are documents related to social services. Each reading is followed by a comprehension exercise. The selections (information on government programs available for housing-related issues, instructions for filling out an application to request social services, information on publicly funded services for preventing child abuse, and information on eligibility for receiving group health insurance benefits) are recorded in the corresponding place of the Audio Program.

Repasos

A comprehensive review section, containing the following materials, appears after every five lessons. Upon completion of each section, students will know precisely what material they have mastered.

- *Práctica de vocabulario* exercises check students' cumulative knowledge and use of active vocabulary in a variety of formats: matching, true/false statements, identifying related words, sentence completion, and crossword puzzles. Solutions to the crossword puzzles appear in Appendix F so students can verify their responses independently.
- The *Práctica oral* section features questions that review key vocabulary and grammatical structures presented in the preceding five lessons. To develop students' aural and oral skills, the questions are also recorded on the Audio Program.

Appendices

- Appendix A, "Introduction to Spanish Sounds and the Alphabet," explains vowel sounds, consonant sounds, linking, rhythm, intonation, syllable formation, accentuation, and the Spanish alphabet.
- Appendix B, "Verbs," presents charts of the three regular conjugations and of the -*ar*, -*er*, and -*ir* stem-changing verbs, as well as lists of orthographic-changing verbs and of some common irregular verbs.
- Appendix C, "English Translations of Dialogues," contains the translations of all dialogues in the preliminary lesson and the twenty regular lessons.
- Appendix D, "Weights and Measures," features conversion formulas for temperature and metric weights and measures, as well as Spanish terms for U.S. weights and measures.
- Appendix E, "Answer Key to *Vamos a practicar* sections," includes answers to all cloze grammar exercises in the manual so that the students may have immediate access to feedback.
- Appendix F, "Answer Key to the *Crucigramas*," allows students to check their work on the crossword puzzles in the *Repaso* sections.

End Vocabularies

Completely revised, the comprehensive Spanish-English and English-Spanish vocabularies contain all words and expressions from the *Vocabulario* sections followed by the lesson number in which this active vocabulary is introduced. Also included are all passive vocabulary items in the *Vocabulario adicional* lists, and the glosses in the exercises and activities.

Audio Program and Audioscript

The *Spanish for Social Services* Audio Program opens with a recording of the vowels, consonants, and linking sections in Appendix A, "Introduction to Spanish Sounds and the Alphabet." The five minidialogues and the main vocabulary list of the preliminary lesson are also recorded. For the twenty regular lessons, the Audio Program, now available in audio CDs as well as in cassettes, contains recordings of the lesson dialogues (paused and unpaused versions), the active vocabulary list, and the supplementary words and expressions in the *Vocabulario adicional* section. The recordings of the *Lecturas* and of the *Práctica oral* sections of the *Repasos* appear on the audio CDs and cassettes following Lessons 5, 10, 15, and 20 in accordance with their order in

Spanish for Social Services. For students' and instructors' convenience, a CD icon in the manual signals materials recorded on the Audio Program.

The complete tapescript for the *Spanish for Social Services* Audio Program is available in a separate booklet that contains the audioscripts for the *Basic Spanish Grammar* program.

Testing

The *Testing Program/Transparency Masters* booklet for the *Basic Spanish Grammar* program includes a vocabulary quiz for each of the twenty regular lessons and two sample final exams for *Spanish for Social Services*, Sixth Edition. For the instructors' convenience, answer keys for the tests and suggestions for scheduling and grading the quizzes and exams are also supplied.

The New Spanish Phrasebook for Medical and Social Services Professionals and the Spanish Phrasebook for Law Enforcement and Social Services Professionals

These phrasebooks contain the vocabulary of *Spanish for Social Services*, Sixth Edition, with that of *Spanish for Medical Personnel*, Sixth Edition, and of *Spanish for Law Enforcement*, Sixth Edition, respectively. The books come in a convenient pocket size and the terminology is arranged alphabetically to serve as a handy and quick reference during the course and in professional settings.

A Final Word

The many students who have used *Spanish for Social Services* in previous editions have enjoyed learning and practicing a new language in realistic contexts. We hope that the Sixth Edition will prepare today's students to communicate better with the Spanish-speaking people whom they encounter in the course of their work as social service professionals.

We would like to hear your comments on and reactions to *Spanish for Social Services* and the overall *Basic Spanish Grammar* program. Reports of your experience using this program would be of great interest and value to us. Please write to us in care of Houghton Mifflin Company, College Division, 222 Berkeley Street, Boston, MA 02116.

Acknowledgments

We wish to thank our colleagues who have used previous editions of *Spanish for Social Services* for their constructive comments and suggestions. We also appreciate the valuable input of the following social service professionals and reviewers of *Spanish for Social Services*, Fifth Edition.

Norma Lomboy, *New York University*
Violeta Mercado, *University of Wisconsin at Milwaukee*

Finally, we extend our sincere appreciation to the Modern Languages Staff of Houghton Mifflin Company, College Division: E. Kristina Baer, Director; Beth Kramer, Development Manager; Rafael Burgos-Mirabal, Associate Development Editor; and Tracy Patruno, Project Editor.

Ana C. Jarvis
Luis Lebredo

💿 *Conversaciones breves (Brief conversations)*

A. —Pase, señora. Tome asiento, por favor.
—Buenos días.
—Buenos días, señora. ¿Cómo está usted?
—Bien, gracias. ¿Y usted?
—Muy bien.

1

B. —Hasta mañana, señorita, y muchas gracias.
—De nada, señor. Para servirle. Adiós.

C. —¿Es usted ciudadano americano[1], señor Ávila?
—No, pero soy residente legal.
—¿Es usted casado, soltero[2]… ?
—Soy divorciado.

---

[1]Notice that an indefinite article is not used in this case (i.e., **ciudadano americano:** *an* American citizen).
[2]If she were talking to a woman she would say: **casada, soltera.**

D. —Buenas noches. ¿Qué tal?
—No muy bien.
—Lo siento.

Más tarde.

—¿Algo más, señor Rojas?
—No, eso es todo.
—Entonces, buenas noches. ¡Que se mejore!
—Gracias.

E. —Buenas tardes.
—Buenas tardes, señorita. ¿Nombre y apellido?
—Ana María Ugarte.
—¿Cómo se escribe "Ugarte"?
—U, ge, a, ere, te, e.
—¿Dirección?
—Calle Magnolia, número 100 (cien).[1]
—¿Número de teléfono?
—Ocho–dos–cinco–cuatro–seis–cero–siete.

---

[1]In Spanish addresses, the name of the street precedes the number of the house.

⊙ Vocabulario (*Vocabulary*)

SALUDOS Y DESPEDIDAS
(Greetings and farewells)

Adiós.   Good-bye.
Bien, gracias. ¿Y usted?   Fine, thank you. And you?
Buenos días.   Good morning. Good day.
Buenas noches.   Good evening. Good night.
Buenas tardes.   Good afternoon.
¿Cómo está usted?   How are you?
Hasta mañana.   See you tomorrow.
(No) Muy bien.   (Not) Very well.
¿Qué tal?   How's it going?

TÍTULOS (*Titles*)

señor (Sr.)   Mr., sir, gentleman
señora (Sra.)   Mrs., lady, Ma'am, Madam
señorita (Srta.)   Miss, young lady

NOMBRES (*Nouns*)

el apellido   last name, surname
la calle   street
la dirección, el domicilio   address
el nombre   noun
el número   number
el número de teléfono   telefone number

VERBO (*Verb*)

ser   to be

ADJETIVOS (*Adjectives*)

casado(a)   married
divorciado(a)   divorced
soltero(a)   single

OTRAS PALABRAS Y EXPRESIONES
(Other words and expressions)

¿Algo más?   Anything else?
¿Cómo se escribe... ?   How do you spell . . . ?
   (*Literally*, How do you write. . . ?)
De nada., No hay de qué.   You're welcome.
entonces   then
Eso es todo.   That's all.
Lo siento.   I'm sorry.
más tarde   later
Muchas gracias.   Thank you very much.
muy   very
no   no
o   or
Para servirle.   (I'm) at your service.
Pase.   Come in.
pero   but
por favor   please
¡Que se mejore!   Get well soon!
residente legal   legal resident
Tome asiento.   Have a seat.
ustedes   you (*pl.*)
y   and

El español que ya usted conoce

(The Spanish you already know)

Cognates (**cognados**) are words that are similar in spelling and meaning in two languages. Some Spanish cognates are identical to English words. In other instances, the words differ only in minor or predictable ways. There are many Spanish cognates related to the business world, as illustrated in the following list. Learning to recognize and use cognates will help you to acquire vocabulary more rapidly and to read and speak Spanish more fluently.

la administración	administration	**elegible**	eligible
(la)administrador(a)	administrator	**la familia**	family
el adulto	adult	**la identificación**	identification
la asociación	association	**la información**	information
el beneficiario	beneficiary	**el (la)inmigrante**	immigrant
el caso	case	**la opción**	option
el cheque	check	**el (la)paramédico(a)**	paramedic
la condición	condition	**la policía**	police (force)
el contrato	contract	**la copia**	copy
plan	plan	**el (la)recepcionista**	receptionist
el costo	cost	**separado**	separated
el documento	document	**la zona**	zone

Notas culturales (*Cultural notes*)

- Professional interactions in the Spanish-speaking world are generally more formal than they are in the United States. Expressions of familiarity that often characterize friendly relations in this country—calling a person you just met by his or her first name right from the start, for example—may be interpreted in the Latino world as lack of respect rather than a sign of friendship.

- The title of **señorita** is given only to a woman who has never been married. A divorcée or widow is addressed or referred to as **señora**.

Para conversar (*To talk*)

Write the appropriate responses to the following statements.

1. Buenos días. ¿Cómo está usted?

   _____

2. ¿Nombre y apellido?

   _____

3. ¿Dirección?

   _____

4. ¿Número de teléfono?

   _____

5. ¿Algo más?

   _____

6. Muchas gracias.

   _____

7. Hasta mañana.

   _____

8. ¡Que se mejore!

   _____

9. ¿Cómo se escribe _____ (*your last name*)?

   _____

10. ¿Es usted soltero(a), casado(a), divorciado(a) o (*or*) viudo(a)?

    _____

Vamos a practicar *(Let's practice)*

A. While you were at lunch, a number of clients left messages on your answering machine. Jot down their phone numbers as you "listen" to the messages.

1. Rosaura Menéndez: tres–cincuenta y dos–sesenta y nueve–cero–nueve

   _____

2. Eduardo Seco: cuatro–veinticinco–treinta y seis–ochenta y siete

   _____

3. Sara Hinojosa: siete–ochenta y uno–veintiséis–quince

   _____

4. Cristina Ruiz: ocho–setenta y cuatro–noventa y dos–trece

   _____

5. Graciela Guzmán: seis–cuarenta y tres–ochenta y nueve–cero–siete

   _____

6. Rafael Suárez: dos–veintidós–cincuenta y ocho–setenta

   _____

B. You are responsible for scheduling appointments at a social services office. In order to verify that you have written the following names correctly in the appointment book, spell each one in Spanish.

   1. Sandoval   4. Salgado

   2. Fuentes   5. Barrios

   3. Varela   6. Zubizarreta

C. Write the definite article before each word and then write the plural form.

   Modelo: ___la___ familia _____las familias_____

   1. _____ calle   _____

   2. _____ señora   _____

   3. _____ esposo   _____

   4. _____ servicio   _____

   5. _____ identificación _____

D. Complete the following exchanges, using the present indicative of the verb *ser*.

1. —¿Usted _____ soltero?

   —No, (yo) _____ casado.

   —¿Y el señor Varela?

   —Él _____ divorciado.

2. —¿Ustedes _____ ciudadanos americanos?

   —No, (nosotros) _____ residentes legales.

   —¿Y ellas?

   —Ellas _____ ciudadanas americanas.

3. —¿Tú _____ Marta Acosta?

   —No, yo _____ Maribel Vigo.

En estas situaciones *(In these situations)*

What would you say in the following situations? What might the other person say?

1. You greet your instructor in the afternoon and ask how he/she is.

2. You greet a client, Mrs. Hernández, in the morning.

3. Mr. Romero comes to see you at your office. You ask him to come in and have a seat.

4. You ask how someone is doing.

5. You thank someone for a favor.

6. You say good-bye to a colleague whom you will see tomorrow.

7. You ask someone if he/she (needs) anything else.

8. You're visiting a sick client in the hospital. Say good-bye and wish him/her a speedy recovery.

9. You ask Mr. Perera about his marital status.

10. You ask Mrs. Salcedo about her legal status in this country.

🌑 *En el Departamento de Bienestar Social (I)*

La señora. Gutiérrez[1] habla con la recepcionista.

SRA. GUTIÉRREZ	—Buenos días.
RECEPCIONISTA	—Buenos días, señora. ¿Qué desea usted?
SRA. GUTIÉRREZ	—Deseo hablar con un trabajador social.
RECEPCIONISTA	—Primero necesita llenar una planilla.
SRA. GUTIÉRREZ	—Necesito ayuda, señorita. No hablo inglés bien.
RECEPCIONISTA	—Bueno, yo lleno la planilla. ¿Nombre y apellido?
SRA. GUTIÉRREZ	—Rosa Gutiérrez.
RECEPCIONISTA	—¿Estado civil?
SRA. GUTIÉRREZ	—Viuda.
RECEPCIONISTA	—¿Apellido de soltera?
SRA. GUTIÉRREZ	—Díaz.
RECEPCIONISTA	—¿Domicilio?
SRA. GUTIÉRREZ	—Avenida Magnolia, número setecientos veinticuatro, apartamento trece.
RECEPCIONISTA	—¿Zona postal?
SRA. GUTIÉRREZ	—Nueve, dos, cuatro, cero, cinco.
RECEPCIONISTA	—¿Número de seguro social? Despacio, por favor.
SRA. GUTIÉRREZ	—Quinientos treinta, cincuenta, veinte, dieciocho.[2]
RECEPCIONISTA	—¿Es usted ciudadana americana?
SRA. GUTIÉRREZ	—No, soy extranjera, pero soy residente legal.
RECEPCIONISTA	—¿Para qué desea hablar con un trabajador social, señora Gutiérrez?
SRA. GUTIÉRREZ	—Necesito ayuda en dinero para pagar el alquiler y estampillas para alimentos.
RECEPCIONISTA	—Entonces necesita esperar veinte minutos.
SRA. GUTIÉRREZ	—Bueno. Por favor, ¿qué hora es?
RECEPCIONISTA	—Son las diez y cinco.

[1]When speaking about a third person (indirect address), and using a title before a person's name, the definite article is required. It is omitted in direct address.
[2]Puerto Ricans say their social security number using single digits.

🎵 Vocabulario

COGNADOS *(Cognates)*

el apartamento   apartment
legal   legal
el minuto   minute
postal   postal
el (la) recepcionista   receptionist
social   social

NOMBRES

el alimento, la comida   food
el alquiler, la renta   rent
el apellido de soltera   maiden name
la avenida   avenue
la ayuda   help, aid
la ayuda en dinero   financial assistance
el Departamento de Bienestar Social   Social
   Welfare Department
el dinero   money
el estado civil   marital status
**las estampillas para alimentos, los cupones para
   comida**   food stamps
el (la) extranjero(a)   foreigner
el inglés   English (language)
la planilla, la forma   form
el seguro social   social security
el (la) trabajador(a) social   social worker
la zona postal, el código postal *(Méx.)*   zip code,
   postal code

VERBOS

desear   to wish, to want
esperar   to wait
hablar   to speak, to talk
llenar   to fill out
necesitar   to need
pagar   to pay

ADJETIVOS

americano(a)   American
extranjero(a)   foreign
viudo(a)   widower, widow

OTRAS PALABRAS Y EXPRESIONES

bueno   okay, fine, good
con   with
despacio   slowly
en   at, in
para   to, in order to, for
¿para qué?   for what reason?, why?
primero   first
¿qué?   what?
¿Qué hora es?   What time is it?
sí   yes
Son las diez y cinco.   It's five after ten.
un, una   a, an

Vocabulario adicional *(Additional vocabulary)*

el apartado postal   post office box
la familia   family
la hipoteca   mortgage
la inicial   initial
**el (la) jefe(a) de la familia, el (la) cabeza de
   familia**   head of household
el nombre de pila   first name
el recibo, el comprobante   receipt
el segundo nombre   middle name
la subvención, el subsidio   subsidy

Notas culturales

- In Spanish-speaking countries a woman doesn't change her last name when she marries, but she may add her husband's last name after her own, preceded by **de.** For example, if Teresa Gómez marries Juan Pérez, she may sign Teresa **Gómez de Pérez.** Many Latina women in the U.S., however, do use their husband's last name.
- In Spanish-speaking countries, people generally have two surnames: the father's surname and the mother's maiden name. For example, the children of María **Rivas** and Juan **Pérez** would use the surnames **Pérez Rivas** or *Pérez y Rivas.* In this country, this custom may cause some confusion when completing forms, making appointments, or filing records. In addition, many Spanish surnames include **de, del, de la(s),** or **de los.** When this happens, these words are placed after the name. The proper order for alphabetizing Latino names is to list people according to the father's surname.

Nodal Ortiz, Fernando
Orta Sánchez, Josefina
Peña Aguilar, Rosa María
Peña Gómez, Ricardo
Peña Gómez, Tomás

Alba, Antonio de
Casas, Juan Carlos de las
Cerros, Andrés de los
Torre, Margarita de la
Valle, Fernando del

¿Recuerdan ustedes? *(Do you remember?)*

Answer the following questions, basing your answers on the dialogue.

1. ¿Qué desea la señora Gutiérrez?

2. ¿Qué necesita llenar la señora Gutiérrez?

3. ¿Habla inglés bien la señora Gutiérrez?

4. ¿Qué ayuda necesita la señora Gutiérrez?

5. ¿Para qué necesita dinero la señora Gutiérrez?

6. ¿Es extranjera la señora Gutiérrez?

7. ¿Para qué necesita dinero la señora Gutiérrez?

8. ¿Cuánto tiempo *(How long)* necesita esperar la señora Gutiérrez?

Para conversar

Interview a classmate, using the following questions. When you have finished, switch roles.

1. ¿Es usted extranjero(a)?

   _____

2. ¿Qué idioma *(language)* habla usted?

   _____

3. ¿Habla usted español *(Spanish)* bien?

   _____

4. ¿Habla usted despacio?

   _____

5. ¿Paga usted alquiler?

   _____

6. ¿Necesita usted dinero para pagar el alquiler?

   _____

7. ¿Necesita usted hablar con un trabajador social?

   _____

8. ¿Qué hora es?

   _____

Vamos a practicar

A. **Write sentences with the subjects and verbs given. Use vocabulary from this lesson to provide as much information as possible.**

   Modelo: usted / hablar
            Usted habla exspañol bien.

1. ella / esperar

   _____

2. yo / llenar

   _____

3. el recepcionista / necesitar

   _____

4. nosotras / desear

   _____

5. ustedes / pagar

_____

6. tú / llenar

_____

7. ella / desear

_____

8. ellos / necesitar

_____

B. **Answer the following questions in the negative.**

Modelo: ¿Carlos habla inglés?
        No, Carlos no habla inglés.

1. ¿Necesita usted ayuda?

_____

2. ¿Ellos hablan despacio?

_____

3. ¿La trabajadora social paga el alquiler?

_____

4. ¿Deseas esperar veinte minutos?

_____

5. ¿Llenamos las planillas hoy?

_____

C. **Write in Spanish what time the following people have scheduled appointments for today.**

1. Ana María Santos: 9:15 A.M.

_____

2. Roberto Montes: 10:00 A.M.

_____

3. José Vera Acosta: 10:45 A.M.

   _____

4. Dulce Peña: 11:30 A.M.

   _____

5. María Teresa Ruiz: 1:20 P.M.

   _____

6. Jorge Ibáñez: 2:50 P.M.

   _____

D. Complete the following sentences with the Spanish equivalent of the words in parentheses.

1. La señora Gutiérrez no es _____ (*an American citizen*).
2. Ella necesita hablar con un _____ (*social worker*).
3. Carlos y Antonio son _____ (*American citizens*).
4. Inés y Maritza son _____ (*foreigners*).
5. Ellas son _____ (*married*) y él es _____ (*single*).

Conversaciones breves

Complete the following dialogue, using your imagination and the vocabulary from this lesson.

Con la recepcionista:

SR. PÉREZ —Buenos días, señorita.

RECEPCIONISTA —_____

SR. PÉREZ —Necesito hablar con un trabajador social.

RECEPCIONISTA —_____

SR. PÉREZ —No, no hablo inglés.

RECEPCIONISTA —_____

SR. PÉREZ —Roberto Pérez.

RECEPCIONISTA —_____

SR. PÉREZ —Avenida Olmos, trescientos cuarenta y dos, apartamento siete.

RECEPCIONISTA —_____

SR. PÉREZ —Setecientos cinco, cincuenta, treinta y uno, veintitrés.

RECEPCIONISTA —_____

SR. PÉREZ —Casado.

RECEPCIONISTA —_____

SR. PÉREZ —No, no necesito estampillas para alimentos. Necesito ayuda en dinero.

RECEPCIONISTA —_____

SR. PÉREZ —No, necesito dinero para pagar el alquiler.

En estas situaciones

What would you say in the following situations? What might the other person say?

1. You are a receptionist at the Welfare Department. A person comes into the office wishing to speak with a social worker. Tell him that he needs to fill out a form and ask whether he needs help.

2. You are obtaining information from a client. Ask for the client's complete name, address, zip code, and social security number.

3. You ask a client whether he/she needs financial assistance to pay the rent. Ask him/her also if he/she needs food stamps.

Casos *(Cases)*

Act out the following scenarios with a partner.

1. A receptionist is talking with a person who needs to see a social worker. The receptionist obtains pertinent information.

2. You inquire how you can help a client who is having financial problems.

Un paso más *(A step further)*

Review the *Vocabulario adicional* in this lesson and complete the following sentences with the appropriate word or phrase.

1. El _____ del Departamento de Bienestar Social es 842.

2. El _____ llena la planilla.

3. Necesito dinero para pagar la _____ de la casa.

4. Nombre de _____: Marco. _____ nombre: Antonio.

5. _____: A.

6. ¿Necesito llenar un _____ cuando *(when)* pagan el alquiler?

7. La _____ Rodríguez necesita estampillas para alimentos.

8. Ella necesita una _____ del gobierno *(government)*.

B. With a partner, write a case scenario similar to the one presented in this lesson, in which you incorporate the additional vocabulary.

🌑 *En el Departamento de Bienestar Social (II)*

La trabajadora social habla con la Sra. Acosta.

TRABAJADORA SOCIAL	—¿Cuántos meses debe?
SRA. ACOSTA	—Debo tres meses.
TRABAJADORA SOCIAL	—¿Cuándo debe pagar el alquiler?
SRA. ACOSTA	—Si no pago mañana, debo desocupar la casa.
TRABAJADORA SOCIAL	—Ud. necesita ayuda urgente.
SRA. ACOSTA	—También necesito alimentos para mis hijos.
TRABAJADORA SOCIAL	—¿Es Ud. casada?
SRA. ACOSTA	—No, soy divorciada.
TRABAJADORA SOCIAL	—¿Cuántas personas viven en su casa?
SRA. ACOSTA	—Somos seis. Mis cinco hijos y yo.
TRABAJADORA SOCIAL	—Bien. Debe firmar aquí.
SRA. ACOSTA	—¿Con quién debo hablar ahora?
TRABAJADORA SOCIAL	—A ver... Con el Sr. Pérez, en la segunda oficina a la derecha.

El Sr. Pérez, trabajador social, llama a la Sra. Acosta y habla con ella.

SR. PÉREZ	—Sra. Acosta... Pase, señora. Tome asiento, por favor.
SRA. ACOSTA	—Gracias.
SR. PÉREZ	—(*Lee la planilla.*) ¿Trabaja Ud., Sra. Acosta?
SRA. ACOSTA	—No, yo no trabajo.
SR. PÉREZ	—¿Recibe Ud. alguna ayuda económica?
SRA. ACOSTA	—No, ahora no.
SR. PÉREZ	—¿Reciben los niños pensión alimenticia?
SRA. ACOSTA	—No, señor.
SR. PÉREZ	—¿Su ex esposo no ayuda a los niños?
SRA. ACOSTA	—No, señor.
SR. PÉREZ	—¿Dónde vive él?
SRA. ACOSTA	—Vive en la casa de su madre. Su dirección es Calle 4, número 156.
SR. PÉREZ	—Bien, ¿Cuánto paga de alquiler?
SRA. ACOSTA	—Quinientos treinta y cinco dólares mensuales.
SR. PÉREZ	—¿Qué otras cuentas debe pagar?
SRA. ACOSTA	—La electricidad, el agua, el gas y el teléfono.
SR. PÉREZ	—¿Eso es todo?
SRA. ACOSTA	—Creo que sí...

Vocabulario

COGNADOS

el dólar dollar	**la persona** person
la electricidad electricity	**el teléfono** telephone
el gas gas	**urgente** urgent
la oficina office	

NOMBRES

el agua[1] water
la casa house
la cuenta bill
la esposa, la señora, la mujer wife
el esposo, el marido husband
el hijo[2] son
la madre mother, mom
el mes month
el (la) niño(a) child
la pensión alimenticia alimony, child support

VERBOS

ayudar to help
creer to think, to believe
deber to owe
deber (+ *inf.*) should, must (do something)
desocupar, desalojar to vacate
firmar to sign
leer to read
llamar to call
recibir to receive
trabajar to work
vivir to live

ADJETIVOS

algún, alguna any, some
divorciado(a) divorced
económico(a) financial
mensual monthly
mi(s) my
otro(a) other, another
segundo(a) second
su(s) your, his, her, their

OTRAS PALABRAS Y EXPRESIONES

a la derecha to the right
A ver. Let's see.
ahora, ahorita (*Méx.*) at present, now
ahora no not now, not at the present time
aquí here
con ella with her
Creo que sí. I think so.
¿cuándo? when?
¿cuánto(a)? how much?
¿cuántos(as) how many?
¿Cuánto paga de alquiler? How much do you pay in rent?
¿dónde? where?
ex ex, former
¿quién? who?, whom?
si if
Somos seis. There are six of us (We are six).
también also

Vocabulario adicional

a la izquierda to the left
a la semana, por semana, semanal weekly, per week
el aire acondicionado air conditioning
al día, por día, diario(a) daily, per day
alimentar, dar de comer to feed
la calefacción heat
Creo que no. I don't think so.

desalojado(a), sin hogar homeless
el desalojo eviction
la deuda debt
entrar (en) to go in, to enter
evitar to avoid
pasado mañana the day after tomorrow
la puerta door
el trabajo work, job

---

[1]**Agua** is a feminine noun, but the masculine **el** is used because it begins with a stressed **a**.
[2]**Hijos** is the equivalent of *children* when referring to sons and daughters.

Notas culturales

In most Spanish-speaking countries women shake hands when greeting someone other than a friend. Generally, members of the opposite sex do not touch when greeting each other, except for shaking hands, unless they are family members or close friends. Note that Latinos use a polite handshake when meeting someone for the first time. A hand-shake is also used for leave-taking.

¿Recuerdan ustedes?

Answer the following questions, basing your answers on the dialogues.

1. ¿Con quién habla la trabajadora social?

    _____

2. ¿Cuántos meses de alquiler debe la Sra. Acosta?

    _____

3. ¿Cuándo debe pagar el alquiler la Sra. Acosta?

    _____

4. ¿Para quiénes necesita alimentos la Sra. Acosta?

    _____

5. La Sra. Acosta, ¿es casada?

    _____

6. ¿El ex esposo de la Sra. Acosta ayuda a los niños?

    _____

7. ¿Dónde vive el Sr. Acosta? ¿Con quién?

    _____

8. ¿Cuántas personas viven con la Sra. Acosta?

    _____

9. ¿Cuánto paga de alquiler la Sra. Acosta?

    _____

10. ¿Qué otras cuentas necesita pagar la Sra. Acosta?

    _____

Para conversar

Interview a classmate, using the following questions. When you have finished, switch roles.

1. ¿Es Ud. recepcionista?

   _____

2. ¿Vive Ud. en la casa de su mamá?

   _____

3. ¿Cuántas personas viven con Ud.?

   _____

4. ¿Dónde *(Where)* trabaja Ud. ahora?

   _____

5. ¿Cuántas cuentas mensuales debe pagar Ud.?

   _____

6. ¿Qué cuentas mensuales debe pagar Ud.?

   _____

7. ¿Cuándo debe Ud. pagar el alquiler o la hipoteca?

   _____

8. ¿Con quién debe hablar Ud. mañana?

   _____

9. ¿Dónde vive Ud.?

   _____

10. ¿Ayuda Ud. a su familia?

    _____

Vamos a practicar

A. Complete the following sentences, using the appropriate form of the verbs given.

1. ¿La señora _____ (recibir) alguna ayuda ahora?

2. ¿Cuándo _____ (deber) pagar Ud. la electricidad?

3. ¿Cuántos _____ (vivir) en su casa?

4. Nosotras _____ (creer) que ella necesita ayuda.

5. Tú _____ (leer) la planilla despacio.

6. Nosotras _____ (deber) cien dólares.

B. Write phrases with the following elements to indicate possession or relationship.

Modelo: la Sra. Acosta / la casa
La casa de la Sra. Acosta

1. la Sra. Alonso / los hijos

_____

2. los niños / la pensión alimenticia

_____

3. Alfredo / la oficina

_____

4. la Sra. Barrios / la dirección

_____

C. Complete the following sentences with the Spanish equivalent of the words in parentheses.

1. _____ (*The other ladies*) son extranjeras.

2. _____ (*Our daughters*) viven en California.

3. El Sr. Pérez llama _____ (*my husband*).

4. Yo pago _____ (*the monthly bills*).

5. ¿Su esposo ayuda _____ (*your children*), Sra. Rivas?

Conversaciones breves

Complete the following dialogue, using your imagination and the vocabulary from this lesson.

El Sr. García habla con la Sra. Ruiz, trabajadora social.

SRA. RUIZ   —¿Dónde vive, Sr. García, y dónde trabaja?

SR. GARCÍA   —_____

SRA. RUIZ   —¿Recibe Ud. alguna ayuda económica?

SR. GARCÍA   —_____

SRA. RUIZ   —¿Qué cuentas necesita pagar Ud.?

SR. GARCÍA   —_____

SRA. RUIZ —¿Cuántos meses de alquiler debe Ud.?

SR. GARCÍA —_____

SRA. RUIZ —¿Cuándo debe pagar el alquiler Ud.?

SR. GARCÍA —_____

SRA. RUIZ —¿Necesita Ud. estampillas para alimentos para los niños?

SR. GARCÍA —_____

SRA. RUIZ —A ver... ¿Eso es todo?

SR. GARCÍA —_____

SRA. RUIZ —Bien. Ahora debe firmar aquí.

En estas situaciones

What would you say in the following situations? What might the other person say?

1. You are a social worker. Ask when your client must pay the rent and how many months he/she owes. The client is upset because if the rent isn't paid tomorrow, he/she must vacate the house.

2. You are a receptionist at a state agency. Greet a person who has just entered the office. He/She needs to talk to a social worker; tell the person that he/she must speak with Miss Cortés, who is in the second office on the right.

3. You need to obtain some information about a new client's financial status. Ask his/her marital status, whether he/she is working, whether he/she receives any financial assistance, how much rent he/she pays, and what other bills he/she must pay.

4. You ask Mrs. Torres if her ex-husband helps her children.

Casos

Act out the following scenarios with a partner.

1. A receptionist at a social service agency helps a client fill out a form.

2. A social worker discusses the kind of assistance the client needs and why.

Un paso más

A. Review the *Vocabulario adicional* in this lesson and then match the
   questions in column A with answers in column B.

A	B
1. _____ ¿Cuándo llaman?	a. No, es la segunda puerta a la derecha.
2. _____ ¿Cuánto pagan?	b. Los problemas del desalojo.
3. _____ ¿Necesitan calefacción?	c. Son sin hogar.
4. _____ ¿Es aquí?	d. A las ocho de la mañana.
5. _____ ¿Qué deben hacer (*to do*)?	e. Sí, dan de comer a los desalojados.
6. _____ ¿Viven en un apartamento o en una casa?	f. Pasado mañana.
7. _____ ¿Ellos ayudan?	g. Sí, tiene (*he/she has*) muchas deudas.
8. _____ ¿Debe mucho dinero?	h. Doscientos dólares por semana.
9. _____ ¿A qué hora entran?	i. El trabajo.
10. _____ ¿Qué debemos evitar?	j. Creo que no, pero necesitan aire acondicionado.

B. With a partner, write a case scenario similar to the one presented in
   this lesson, in which you incorporate the additional vocabulary.

🔊 En el Departamento de Bienestar Social (III)

La Sra. Lupe Vega va al Departamento de Bienestar Social para solicitar ayuda. Ahora una trabajadora social ayuda a la Sra. Vega a llenar la planilla con la información sobre su caso.

TRABAJADORA SOCIAL	—¿Cuántas personas viven en su casa, señora?
SRA. VEGA	—Cinco. Mi padre y yo, mis dos hijos y la hija de mi hermana.
TRABAJADORA SOCIAL	—Dos adultos y tres niños. Bien. ¿Cuál es la edad de su padre?
SRA. VEGA	—Sesenta y dos años, pero está incapacitado para trabajar.
TRABAJADORA SOCIAL	—¿Por qué?
SRA. VEGA	—Porque él es ciego y sordo, y ahora está enfermo.
TRABAJADORA SOCIAL	—¿Está Ud. separada de su esposo?
SRA. VEGA	—Sí.
TRABAJADORA SOCIAL	—¿Dónde vive él ahora?
SRA. VEGA	—Creo que vive en otro estado... o en otro país... No estoy segura.
TRABAJADORA SOCIAL	—¿Desde cuándo está Ud. separada del padre de sus hijos?
SRA. VEGA	—Desde el año pasado, y él no da ni un centavo para los gastos de la casa.
TRABAJADORA SOCIAL	—¿Ud. trabaja, señora?
SRA. VEGA	—Sí, en una cafetería.
TRABAJADORA SOCIAL	—Ud. está embarazada, ¿verdad?
SRA. VEGA	—Sí, pero de otro hombre, y él es muy pobre.
TRABAJADORA SOCIAL	—¿Dónde trabaja él?
SRA. VEGA	—En el campo, pero ahora hay poco trabajo.
TRABAJADORA SOCIAL	—¿Toda esta información es correcta y verdadera?
SRA. VEGA	—Sí, señorita.
TRABAJADORA SOCIAL	—¿Cuándo va a dar a luz?
SRA. VEGA	—En mayo.
TRABAJADORA SOCIAL	—Muy bien, ahora debe firmar aquí y escribir la fecha de hoy.
SRA. VEGA	—Entonces, ¿voy a recibir ayuda?
TRABAJADORA SOCIAL	—Bueno, ahora debe ir a ver al Sr. Peña. Él va a estudiar su caso para ver si Ud. es elegible para recibir ayuda.
SRA. VEGA	—¿Quién es el Sr. Peña?
TRABAJADORA SOCIAL	—Es el administrador del departamento. Su oficina queda al final del pasillo. A la izquierda.

La Sra. Vega va a la oficina del Sr. Peña.

🔊 Vocabulario

COGNADOS

el (la) administrador(a) administrator	**el estado** state
el (la) adulto(a) adult	**incapacitado(a)** incapacitated, handicapped
el caso case	**la información** information
correcto(a) correct	**separado(a)** separated
elegible eligible	

NOMBRES

el año year
el campo field, country
el centavo, el chavo *(Puerto Rico)* cent
la edad age
el esposo, el marido husband
la fecha date
el gasto expense
  los gastos de la casa household expenses
la hermana sister
el hombre man
el padre, el papá father, dad
el país country (nation)
el pasillo hallway
el trabajo work, job

VERBOS

ayudar to help
dar[1] to give
escribir to write
estar[2] to be
estudiar to study
ir[3] to go
quedar to be located
solicitar to apply
ver[4] to see

ADJETIVOS

ciego(a) blind
embarazada pregnant
enfermo(a) sick, ill
este, esta this
mi, mis my
pasado(a) last
pobre poor
seguro(a) sure
sordo(a) deaf
su, sus your, his, her, their
todo(a) all
verdadero(a) true, real

---

[1]Irregular first-person present indicative: **yo doy.**
[2]Irregular first-person present indicative: **yo estoy.**
[3]**Ir** is irregular in the present indicative: **voy, vas, va, vamos, van.**
[4]The irregular verb **ver** is conjugated in Lesson 7 of *Basic Spanish Grammar*. Its present indicative forms are as follows: **veo, ves, ve, vemos, ven.**

OTRAS PALABRAS Y EXPRESIONES

a   to, at
a la izquierda (derecha)   to the left (right)
¿adónde?   where (to)?
al final   at the end
antes   before
¿cuál?   which?, what?
dar a luz[1], parir   to give birth
de   of
desde   since, from
¿dónde?   where?
la fecha de hoy   today's date
hay   there is, there are
incapacitado(a) para trabajar   handicapped,
    unable to work
la información sobre el caso   case history

ni un centavo   not a cent
o   or
para ver si...   to see if...
pero   but
poco   little
por eso   that's why, for that reason
¿por qué?   why?
porque   because
que   that
sobre   about
¿verdad?   right?

Vocabulario adicional

LA FAMILIA

la abuela   grandmother
el abuelo   grandfather
la cuñada   sister-in-law
el cuñado   brother-in-law
la esposa, la mujer   wife
la hermanastra   stepsister
el hermanastro   stepbrother
el hermano   brother
el (la) hijo(a) de crianza   foster child
la madrastra   stepmother
la madre, la mamá   mother, mom
la media hermana   half-sister
el medio hermano   half-brother

la nieta   granddaughter
el nieto   grandson
la nuera   daughter-in-law
el padrastro   stepfather
los padres   parents
los padres de crianza   foster parents
el (la) primo(a)   cousin
la sobrina   niece
el sobrino   nephew
la suegra   mother-in-law
el suegro   father-in-law
la tía   aunt
el tío   uncle
el yerno   son-in-law

Notas culturales

- Each culture has its own norms governing personal interactions. Sociolinguistic patterns tend to be very polite in Spanish. When greeting an adult one just met, the **Ud.** form should be used, as well as a polite handshake. First names should not be used in formal conversations. **Hola** should not be used when greeting strangers. Instead **Buenos días, Buenas tardes, Buenas noches** should be used.
- Because many Latinos are reticent about revealing personal information, the social service professional should explain from the beginning that personal questions are necessary, and true and accurate answers must be given. On the other hand, even in formal situations, Latinos tend to stand closer to each other when talking than do Anglos because personal space boundaries differ in the two cultures.

---

[1]**Dar a luz** is considered more polite than **parir**.

¿Recuerdan ustedes?

Answer the following questions, basing your answers on the dialogue.

1. ¿Cuántas personas viven en la casa de la Sra. Vega? ¿Quiénes son?

   _____

2. ¿Quién es ciego y sordo? ¿Puede trabajar?

   _____

3. ¿Es elegible el padre de la Sra. Vega para recibir ayuda?

   _____

4. ¿Está segura la Sra. Vega de dónde está el padre de sus hijos?

   _____

5. ¿Desde cuándo está separada de su esposo la Sra. Vega?

   _____

6. ¿Manda dinero el Sr. Vega?

   _____

7. ¿Está embarazada la Sra. Vega? ¿Cuándo va a dar a luz?

   _____

8. ¿Da la Sra. Vega información correcta y verdadera?

   _____

9. ¿Adónde va luego (*later*) la Sra. Vega?

   _____

10. ¿Dónde queda la oficina del Sr. Peña?

    _____

Para conversar

Interview a classmate, using the following questions. When you have finished, switch roles.

1. ¿Cuál es la fecha de hoy?

   _____

2. ¿Cuántas personas viven en su casa?

   _____

3. ¿Hay niños en su casa?

   _____

4. ¿En qué estado vive su familia?

   _____

5. ¿Vive su padre en otro estado? ¿En cuál?

   _____

6. ¿Cuál es la edad de su padre?

   _____

7. ¿Cuánto dinero da Ud. para los gastos de su casa?

   _____

8. ¿Está Ud. incapacitado(a) para trabajar?

   _____

9. ¿Está Ud. enfermo(a)?

   _____

10. ¿Es Ud. elegible para recibir ayuda económica?

    _____

11. ¿Adónde va a ir Ud. mañana?

    _____

12. ¿En qué calle queda su casa?

    _____

Vamos a practicar

A. Answer the following questions addressed to you.

1. ¿Quién está enfermo?

   Yo _____

2. ¿Quién va a la oficina ahora?

   Yo _____

3. ¿Quién da dinero para los gastos de su casa?

   Yo _____

4. ¿Quién va a estudiar el caso?

   Yo _____

B. **Complete the following sentences, using *ser* or *estar* as needed.**

1. ¿Dónde _____ su papá ahora?

2. La información _____ verdadera.

3. Yo no _____ su hija.

4. Nosotros _____ enfermos ahora.

5. Yo _____ incapacitada para trabajar.

6. Ella _____ elegible para recibir ayuda.

7. La Sra. Morales _____ embarazada.

8. La casa _____ en la Avenida 8.

9. ¿Quién _____ este niño?

C. **Change the verbs to indicate what is going to happen.**

   Modelo: Yo hablo con Alberto.
              Yo **voy a hablar** con Alberto.

1. Tú solicitas ayuda.

    _____

2. Nosotros escribimos la fecha de hoy.

    _____

3. Ella da a luz en mayo.

    _____

4. Uds. ven a Marisa.

    _____

5. Yo recibo ayuda.

    _____

6. Carlos lee la planilla.

    _____

Conversaciones breves

Complete the following dialogue, using your imagination and the vocabulary from this lesson.

La Sra. Cruz llena la planilla con la información sobre su caso en el Departamento de Bienestar Social.

RECEPCIONISTA —¿Desde cuándo está Ud. separada de su esposo, señora?

SRA. CRUZ —_____

RECEPCIONISTA —¿Dónde vive su esposo ahora?

SRA. CRUZ —_____

RECEPCIONISTA —¿Da dinero su esposo para los gastos de la casa?

SRA. CRUZ —_____

RECEPCIONISTA —¿Cuántas personas adultas viven con Ud. en su casa?

SRA. CRUZ —_____

RECEPCIONISTA —¿Cuál es la edad de su papá?

SRA. CRUZ —_____

RECEPCIONISTA —¿Está incapacitado para trabajar su papá?

SRA. CRUZ —Sí, _____

RECEPCIONISTA —¿Está Ud. embarazada?

SRA. CRUZ —_____

RECEPCIONISTA —Ahora debe hablar con el Sr. González para ver si Ud. es elegible para recibir ayuda.

En estas situaciones

What would you say in the following situations? What might the other person say?

1. You are interviewing a client who wants to know if he/she is eligible for financial assistance. The client is separated from his/her spouse and has no job. Find out how many adults and children live with him/her and if the spouse sends money.

2. A handicapped person wants to apply for assistance from your department. Inquire about whether this person works, and if so, where. If not, why not?

3. You have just obtained information from a new client. Confirm that all the information is correct and true. Explain where to sign and write today's date on the form. Then thank the person and say good-bye.

4. You tell a client that Mrs. Mena is going to study his/her case. Tell him/her also that Mrs. Mena's office is at the end of the hallway, on the right.

Casos

Act out the following scenarios with a partner.

1. A social worker is talking with a client who is pregnant and is separated from her husband. The husband is not supporting her or the children.

2. The wife of an unemployed farm worker with a large family and extended family members living with them discusses her financial problems with a social worker.

Un paso más

A. **Review the *Vocabulario adicional* in this lesson and match the definitions in column A with the appropriate words in column B.**

	A	B
_____	1. la mamá de mi padre	a. nuera
_____	2. el hijo de mi tío	b. cuñado
_____	3. la hija de mi hermano	c. abuela
_____	4. la madre de mi esposo	d. padrastro
_____	5. la esposa de mi hermano	e. padres
_____	6. la esposa de mi papá, que no es mi mamá	f. suegra
_____	7. el esposo de mi hija	g. cuñada
_____	8. la esposa de mi hijo	h. primo
_____	9. el esposo de mi mamá, que no es mi padre	i. hermanastro
_____	10. el hermano de mi esposo	j. nieto
_____	11. el papá y la mamá	k. sobrina
_____	12. el hijo de mi madrastra	l. madrastra
_____	13. el hijo de mi hija	m. ahijado
_____	14. la hija de mi madrastra	n. yerno
_____	15. opuesto de padrino y madrina	o. hermanastra

B. **With a partner, write a case scenario similar to the one presented in this lesson, in which you incorporate the additional vocabulary.**

🌐 *En la Oficina del Seguro Social*

La Sra. Ana Ruiz Cortés viene a la Oficina del Seguro Social para solicitar un número para su hijo.

Con una empleada.

SRA. RUIZ	—Vengo a solicitar un número para mi hijo menor.
EMPLEADA	—¿Cuántos años tiene su hijo?
SRA. RUIZ	—Menos de un año. Once meses.
EMPLEADA	—Bien. Ud. tiene que llenar esta solicitud.

Al rato.

EMPLEADA	—Gracias. A ver... ¿Está completa?
SRA. RUIZ	—Creo que sí.
EMPLEADA	—Bien. Ahora tiene que ir a ver al Sr. Méndez.
SRA. RUIZ	—Bueno. Enseguida voy. Ahora el bebé tiene hambre.

Tan pronto como la Sra. Ruiz termina de dar de comer a su hijo, va a la oficina del Sr. Méndez.

SR. MÉNDEZ	—Necesitamos el certificado de nacimiento de su hijo.
SRA. RUIZ	—Aquí tiene el original y una copia fotostática.
SR. MÉNDEZ	—¿Es Ud. ciudadana norteamericana, Sra. Ruiz?
SRA. RUIZ	—No, pero soy residente legal.
SR. MÉNDEZ	—Necesito ver su tarjeta de inmigración, por favor.
SRA. RUIZ	—¿La tarjeta verde? Aquí está.
SR. MÉNDEZ	—Muy bien. Dentro de diez días, más o menos, Ud. va a recibir la tarjeta por correo.

La Srta. Sonia Pérez Alonso llega a la oficina del Sr. Méndez para solicitar un permiso de trabajo.

SRTA. PÉREZ	—Yo estoy en este país con una visa de estudiante y deseo trabajar. Necesito un permiso de trabajo. ¡Creo que tengo más gastos que dinero!
SR. MÉNDEZ	—Ud. tiene derecho a trabajar en este país, señorita, pero no más de veinte horas a la semana.
SRTA. PÉREZ	—Está bien, señor. ¿Es posible recibir el permiso hoy mismo?
SR. MÉNDEZ	—Sí, pero tiene que esperar una o dos horas.
SRTA. PÉREZ	—En ese caso, mejor regreso mañana. Ahora tengo prisa.
SR. MÉNDEZ	—Eso es mejor. Mañana vamos a estar menos ocupados que hoy.

● Vocabulario

COGNADOS

el certificado certificate	**legal** legal
completo(a) complete	**el original** original
la copia copy	**posible** possible
la inmigración immigration	**el (la) residente** resident

NOMBRES

el (la) bebé baby

el certificado de nacimiento, la inscripción de nacimiento (*Cuba*), **la partida de nacimiento** birth certificate

el (la) ciudadano(a) citizen

la copia fotostática, la fotocopia photocopy

el derecho right

el (la) empleado(a) employee, clerk

la hora hour

el permiso de trabajo work permit

la solicitud application

la tarjeta de inmigración (verde) immigration card

la tarjeta de seguro social Social Security card

la visa de estudiante student visa

VERBOS

llegar to arrive

regresar to return, to come back

solicitar to apply for

tener[1] to have

venir[2] to come

ADJETIVOS

menor younger, youngest

mismo(a) same

norteamericano(a) (North) American

ocupado(a) busy

verde green

OTRAS PALABRAS Y EXPRESIONES

al rato a while later

Aquí está. Here it is.

aquí tiene here is

Bueno. O.K.

¿Cuántos años tiene… ?, ¿Qué edad tiene… ? How old is… ?

dar de comer, amamantar, dar el pecho to feed, to nurse

dentro de in, within

en ese caso in that case

enseguida, ahorita (*Méx.*) right away

eso that

Está bien. Okay., That's fine.

hoy today

hoy mismo this very day

más more

más de (+ *number*) more than (+ number)

más… que more… than

más o menos more or less

mejor better

menos less, fewer

menos de (+ *number*) less than (+ number)

por correo by mail

tan pronto como as soon as

tener derecho a to have the right to

tener hambre to be hungry

tener que (+ *inf.*) to have to (do something)

tener prisa to be in a hurry

---

[1]**Tener** is irregular in the present indicative: **tengo, tienes, tiene, tenemos, tienen.**

[2]**Venir** is irregular in the present indicative: **vengo, vienes, viene, venimos, vienen.**

Vocabulario adicional

DOCUMENTOS Y ESTADO LEGAL

el certificado de bautismo, la inscripción de bautismo, la partida de bautismo, la fe de bautismo baptism certificate

el certificado de defunción, la inscripción de defunción, la partida de defunción death certificate

el certificado de matrimonio, la inscripción de matrimonio, la partida de matrimonio marriage certificate

la ciudadanía (americana) (American) citizenship

el documento document

el (la) inmigrante immigrant

los inmigrantes ilegales, los inmigrantes indocumentados illegal aliens

el pasaporte passport

EL TRABAJO

el cargo position

desocupado(a) jobless

jubilado(a), pensionado(a), retirado(a) retired

el oficio trade

la profesión profession

renunciar to resign

INFORMACIÓN PERSONAL

fallecido(a) deceased

el lugar de nacimiento place of birth

mayor de edad of age

menor de edad minor

la nacionalidad nationality

el país de origen country of origin

el sexo sex, gender

Notas culturales

- When reading a document that originated in a Spanish-speaking country, remember that in Spanish the day comes before the month in dates. For example, 5/12/99 is equivalent to **el 5 de diciembre de 1999** (December 5, 1999), not May 12, 1999.
- In most Spanish-speaking countries, children are not given a birth certificate right after they are born. Parents generally have up to six months to register the birth of a baby.
- In the English-speaking world, time is considered a valuable commodity to be taken seriously. Many Latinos tend to be more relaxed about time. So while, on the one hand, Latinos often may be late for appointments, on the other hand, they may be more accepting of and unperturbed about long waits in an office. Different culturally-bound time-related behaviors should not be unexpected, nor should they be viewed judgmentally.

¿Recuerdan ustedes?

Answer the following questions, basing your answers on the dialogues.

1. ¿Qué viene a solicitar la Sra. Ruiz a la Oficina del Seguro Social?

   _____

2. ¿Qué edad tiene el hijo menor de la Sra. Ruiz?

   _____

3. ¿Qué debe llenar la Sra. Ruiz para solicitar un número?

   _____

4. ¿Cree la Sra. Ruiz que su solicitud está completa?

   _____

5. ¿Cuándo va la Sra. Ruiz a la oficina del Sr. Méndez?

   _____

6. La Sra. Ruiz, ¿es ciudadana norteamericana?

   _____

7. ¿Qué necesita ver el Sr. Méndez?

   _____

8. ¿Dentro de cuántos días va a recibir la tarjeta la Sra. Ruiz?

   _____

9. ¿Qué solicita la Srta. Pérez?

   _____

10. ¿Cuántas horas a la semana tiene derecho a trabajar la Srta. Pérez?

    _____

11. ¿Cuántas horas tiene que esperar la Srta. Pérez?

    _____

12. ¿Por qué no espera? ¿Cuándo va a regresar?

    _____

Para conversar

Interview a classmate, using the following questions. When you have finished, switch roles.

1. ¿Es Ud. ciudadano(a) americano(a)?

   _____

2. ¿Tiene Ud. su certificado de nacimiento? ¿Es el original o una copia fotostática?

   _____

3. ¿Tiene Ud. una tarjeta verde? ¿Por qué o por qué no?

   _____

4. ¿Cuál es su número de seguro social?

   _____

5. ¿Tiene Ud. más gastos que dinero o más dinero que gastos?

   _____

6. ¿Trabaja Ud. más de veinte horas a la semana?

   _____

7. ¿A qué hora regresa Ud. a su casa hoy?

_____

8. ¿Generalmente (*Generally*) tiene hambre Ud. cuando llega del trabajo?

_____

Vamos a practicar

A. Complete the following sentences, using the appropriate form of *tener* or *venir*.

1. Ella no _____ el certificado de nacimiento.

2. Yo _____ a solicitar un permiso de trabajo.

3. Ud. _____ copias de la solicitud.

4. Ellas _____ del Departamento de Inmigración.

5. La tarjeta _____ por correo.

6. Tú _____ todas las copias fotostáticas.

7. Yo _____ que ver la solicitud hoy.

8. José y tú _____ las fotocopias del certificado.

9. María y yo _____ a las siete.

10. ¿Ud. _____ a solicitar la tarjeta verde?

B. Express comparisons by completing the following sentences with the Spanish equivalent of the words in parentheses.

1. El Sr. Soto está _____ (*as sick as*) su esposa.

2. Mi padre es _____ (*younger than*) mi madre.

3. Tengo _____ (*more than 20*) dólares.

4. ¿Es la Sra. Muñoz _____ (*poorer than*) la Sra. Menéndez?

5. Esta fotocopia es _____ (*better*).

6. ¿El Sr. Castro necesita _____ (*less financial assistance than*) la Srta. Delgado?

C. Complete the following sentences with the Spanish equivalent of the words in parentheses.

1. Mis hijos _____ (*are hungry*).

2. Si Ud. _____ (*are in a hurry*), no tiene que esperar.

3. Ellos están _____ (*as busy as*) yo.

4. Yo _____ (*come*) con Alicia porque no _____ (*have*) coche.

5. Mi hijo _____ (*is ten years old*).

Conversaciones breves

Complete the following dialogues, using your imagination and the vocabulary from this lesson.

En la Oficina del Seguro Social, el Sr. Parra habla con la Srta. Díaz.

SRTA. DÍAZ   —Buenos días. ¿Qué desea Ud.?

SR. PARRA   —_____

SRTA. DÍAZ   —Para solicitar una tarjeta de seguro social, Ud. debe llenar una solicitud.

SR. PARRA   —_____

SRTA. DÍAZ   —A la oficina del Sr. Soto.

SR. PARRA   —_____

SRTA. DÍAZ   —Es la segunda oficina, a la izquierda.

El Sr. Parra va a la oficina del Sr. Soto.

SR. SOTO   —_____

SR. PARRA   —Sí. Creo que está completa.

SR. SOTO   —_____

SR. PARRA   —Yo tengo una visa de estudiante.

SR. SOTO   —_____

SR. PARRA   —Porque tengo más gastos que dinero.

SR. SOTO   —_____

SR. PARRA   —Aquí tengo el original y una fotocopia. ¿Cuándo recibo mi número?

SR. SOTO   —_____

En estas situaciones

What would you say in the following situations? What might the other person say?

1. You are speaking with a person who has just filled out a form for a social security card. He/She has an immigration card. Find out if the form is complete and ask for a photocopy of his/her birth certificate.

2. A client inquires when he/she will receive his/her social security card. Explain that it should come by mail in about two weeks.

3. Explain to a foreign student that he/she has the right to work 20 hours per week, but that he/she needs a work permit. He/She has to wait one to two hours for it, but does not have to come back tomorrow.

Casos

Act out the following scenarios with a partner.

1. You are in the Social Security Office. Apply for a number for your six-week-old daughter.

2. Inquire about a client's legal status and ask to see various documents.

Un paso más

A. **Review the *Vocabulario adicional* in this lesson and complete the following sentences.**

1. Tengo que ver dos _____ , señora: el pasaporte y _____ de bautismo.

2. ¿Cuál es la _____ de su esposo? ¿Es trabajador social?

3. La Sra. Ramos no trabaja. Está _____ .

4. ¿Qué _____ tiene él? ¿Es mecánico?

5. No son inmigrantes _____ . Tienen _____ y visa.

6. ¿Fallecido? Entonces necesitamos _____ .

7. Aquí está su certificado de nacimiento, pero necesito su certificado de _____ también.

8. ¿Qué _____ tiene el Sr. Álvarez en la compañía?

9. ¿Mi _____ ? Cubana. ¿Mi _____ ? La Habana.

10. Su _____ es Perú.

11. Aquí no hay discriminación por raza *(race)*, religión ni _____ .

12. Elena tiene 15 años. Es _____ de edad. Yo tengo 30 años. Soy _____ de edad.

B. **With a partner, write a case scenario similar to the one presented in this lesson, in which you incorporate the additional vocabulary.**

🎧 *Una entrevista*

Son las nueve y veinticinco de la mañana. En la Oficina del Departamento de Bienestar Social, hay varias personas que están esperando porque necesitan ayuda del condado. La Sra. Soto, trabajadora social, comienza su tercera entrevista del día. Ahora está hablando con la Sra. Lara.

SRA. SOTO	—Buenos días, señora. ¿En qué puedo servirle?
SRA. LARA	—Buenos días. Necesito ayuda económica porque mi esposo y yo ya no vivimos juntos.
SRA. SOTO	—¿Esa situación es permanente o hay alguna posibilidad de reconciliación?
SRA. LARA	—Yo estoy segura de que él no piensa regresar.
SRA. SOTO	—¿Y qué va a hacer Ud. si él viene?
SRA. LARA	—Él no va a venir. Él está viviendo con otra mujer.
SRA. SOTO	—Bueno, voy a traer las planillas que Ud. debe llenar.
SRA. LARA	—Si lleno las planillas ahora, ¿voy a recibir ayuda hoy mismo?
SRA. SOTO	—No, hoy no.
SRA. LARA	—Entonces, prefiero regresar la semana próxima.
SRA. SOTO	—Está bien porque, de todos modos, necesita traer otros papeles.
SRA. LARA	—¿Qué papeles?
SRA. SOTO	—Una prueba de su ciudadanía...
SRA. LARA	—Yo soy extranjera, pero soy residente.
SRA. SOTO	—Entonces, prueba de su residencia legal, su certificado de nacimiento...
SRA. LARA	—Pero mi certificado de nacimiento está en español.
SRA. SOTO	—No importa, señora. Tenemos traductores. También necesita tener un documento de identificación con su fotografía.
SRA. LARA	—¿Mi tarjeta de seguro social?
SRA. SOTO	—No, debe tener su fotografía.
SRA. LARA	—Ah, sí, tiene razón. ¿Eso es todo?
SRA. SOTO	—No. ¿Ud. o su familia tienen casa propia?
SRA. LARA	—Sí. ¿Quiere ver los documentos?
SRA. SOTO	—Sí, y también copia de los cupones si todavía está pagando la hipoteca.
SRA. LARA	—¿Necesita también los papeles del coche?
SRA. SOTO	—Sí, el registro del carro y un estimado de su valor. También la póliza del seguro del coche.
SRA. LARA	—Muy bien. Voy a regresar el lunes con los papeles.
SRA. SOTO	—El lunes es día feriado, señora.
SRA. LARA	—Es cierto. Entonces voy a regresar el primero de abril.

El primero de abril:

SRA. LARA	—Aquí están mis papeles. ¿Voy a recibir ayuda a largo plazo?
SRA. SOTO	—No, señora. Va a recibir ayuda temporal, pero debe regresar a la escuela o tomar un curso de entrenamiento para un oficio.
SRA. LARA	—Pero yo estoy atravesando una situación muy difícil...
SRA. SOTO	—Lo siento, pero Ud. está capacitada para trabajar.

Vocabulario

COGNADOS

el documento document	**la posibilidad** possibility
el estimado estimate	**la reconciliación** reconciliation
la familia family	**la residencia** residence
la fotografía photograph	**la situación** situation
la identificación identification	**temporal** temporary

NOMBRES

la ciudadanía citizenship
el coche, el auto, el automóvil, el carro, la máquina (*Cuba*) car
el condado county
el curso course, class
el día feriado, el día de fiesta holiday
el entrenamiento, la capacitación training
la entrevista interview
la escuela school
el español Spanish (language)
el (la) extranjero(a) foreigner, foreign
la hipoteca mortgage
la mañana morning
la mujer woman
el oficio trade
el papel paper
la póliza policy
la prueba proof
el registro, la registración (*Méx.*) registration
el seguro, la aseguranza (*Méx.*) insurance
el (la) traductor(a) translator
el valor value

VERBOS

atravesar (e:ie) to go through
comenzar (e:ie), empezar (e:ie) to begin
hacer[1] to do
importar to matter
ir a (+ *inf.*) to be going to (do something)
pensar (e:ie) (+ *inf.*) to plan (to do something)
preferir (e:ie) to prefer
querer (e:ie) to want, to wish
tomar to take
traer[2] to bring

ADJETIVOS

capacitado(a) able
difícil difficult
ese, esa that
juntos(as) together
propio(a) own
próximo(a) next
tercero(a) third
varios(as) several

OTRAS PALABRAS Y EXPRESIONES

a largo plazo long term
de todos modos anyway
¿En qué puedo servirle?, ¿En qué puedo ayudarle?[3] How may I help you?, What can I do for you?
Es cierto. That's right., It's true.
No importa. It doesn't matter.
la semana próxima, la semana entrante, la semana que viene next week
tener casa propia to own a house
tener razón to be right
todavía still
ya no no longer

---

[1]Irregular first-person present indicative: **yo hago.**
[2]Irregular first-person present indicative: **yo traigo.**
[3]The expression **¿En qué puedo servirle?** (Literally, How may I serve you?) is considered more polite than the expression **¿En qué puedo ayudarle?** (How can I help you?).

Vocabulario adicional

PARA LLENAR PLANILLAS

al dorso   on the back, over
anotar   to write down, to take note
**la contestación afirmativa, la respuesta
  afirmativa**   affirmative answer
la contestación negativa, la respuesta negativa
  negative answer
contestar   to answer
la cruz, la equis   cross, X
el cuadro, el cuadrado   box, square
el cuestionario   questionnaire

escribir a máquina   to type
el espacio en blanco   blank space
la firma   signature
firmar   to sign
la letra de molde   print, printing
la línea, el renglón   line (*on a paper or form*)
lo siguiente   the following
marcar   to mark, to check (off)
la pregunta   question
el (la) solicitante   applicant

Notas culturales

- Upon arriving in North America, the immigrant married couple confronts a different society full of new needs that can be difficult to accommodate. The pressures to which the spouses are exposed can give rise to situations that end in domestic abuse, temporary or permanent separations, and problems with alcohol and drugs. When the marriage dissolves, both spouses frequently seek shelter in the homes of relatives or friends, which can cause new conflicts, especially for the woman to whom, in general, the care of the children devolves.
- Latina women of the middle and upper classes and with a high level of education tend to be as independent as North American women. Generally, however, the female Latina immigrants who seek aid from social services programs are poor, have a low level of education, and have not been trained for any trade or profession. In their countries of origin, they were expected to be mothers and housewives. Helping these women become more independent is, therefore, not a simple undertaking. Many lack experience in administering their personal or household finances, and, for some, working outside the home will be a first-time experience.

¿Recuerdan ustedes?

Answer the following questions, basing your answers on the dialogue.

1. ¿Cuántas personas hay en la Oficina de Bienestar Social? ¿Qué necesitan?

_____

2. ¿Con quién tiene una entrevista la Sra. Lara?

_____

3. ¿Viven juntos la Sra. Lara y su esposo?

_____

4. ¿Es permanente la situación de la Sra. Lara o hay posibilidad de reconciliación? ¿Por qué o por qué no?

_____

5. ¿La Sra. Lara va a recibir ayuda hoy mismo? ¿Por qué o por qué no?

    _____

6. ¿Es la Sra. Lara norteamericana o extranjera?

    _____

7. ¿En qué idioma *(language)* está la inscripción de nacimiento de la Sra. Lara?

    _____

8. ¿Qué papeles del coche tiene que traer la Sra. Lara?

    _____

9. ¿Qué tipo de documento necesita ver la Sra. Soto?

    _____

10. ¿Cuándo prefiere regresar la Sra. Lara?

    _____

11. ¿Por qué no debe regresar la Sra. Lara el lunes?

    _____

12. ¿Qué tiene que hacer la Sra. Lara para comenzar a recibir ayuda?

    _____

Para conversar

Interview a classmate, using the following questions. When you have finished, switch roles.

1. ¿De qué estado es Ud. residente?

    _____

2. ¿Tiene Ud. prueba de su ciudadanía norteamericana o de su residencia legal?

    _____

3. ¿Tienen Ud. y su familia casa propia?

    _____

4. ¿Son extranjeros sus padres?

    _____

5. La tarjeta de seguro social no es un documento de identificación. ¿Por qué?

    _____

6. ¿Dónde tiene Ud. el registro de su carro?

    _____

7. ¿Cuál es el valor de su carro? Un estimado, por favor.

   _____

8. ¿Hay trabajo el día 4 de julio? ¿Por qué o por qué no?

   _____

9. ¿Prefiere Ud. trabajar los días feriados? ¿Por qué o por qué no?

   _____

10. ¿A qué hora empieza a trabajar Ud.?

    _____

11. ¿Cuáles son los días feriados en los Estados Unidos?

    _____

12. ¿Por qué es el primero de enero un día feriado?

    _____

Vamos a practicar

A. **Complete the following exchanges, using the present indicative of the verbs given.**

1. —¿Uds. _____ (querer) tener casa propia?

   —No, _____ (preferir) vivir en un apartamento.

2. —¿Adónde _____ (pensar) ir Ud., señora?

   —_____ (Pensar) ir a México.

3. —¿Cuándo _____ (comenzar) a trabajar tú?

   —_____ (Empezar) el lunes próximo.

B. **Complete the following sentences with the appropriate definite article if needed.**

1. Ud. debe venir _____ 4 de julio.

2. Debe regresar _____ lunes.

3. Mañana es _____ lunes.

4. Voy a pagar el alquiler _____ próxima semana.

5. _____ Sra. Díaz recibe dinero.

6. ¿Cuánto paga de alquiler, _____ Sra Rojas?

C. Write sentences to say what the following people are doing right now, or that what they are doing is not habitual or customary.

> *Modelo:* Mi esposo trabaja en el hospital.
> Mi esposo **está trabajando** en el hospital.

1. Los niños atraviesan una situación difícil.

   _____

2. Yo tomo español este año.

   _____

3. ¿Qué piensas tú?

   _____

4. Ella ayuda al Sr. Lago.

   _____

5. Mi hijo vive en casa de su abuela.

   _____

Conversaciones breves

Complete the following dialogue, using your imagination and the vocabulary from this lesson.

En una oficina del condado, la Sra. Martí habla con el Sr. Díaz porque ella necesita ayuda.

SR. DÍAZ —_____

SRA. MARTÍ —No, él no trabaja, y nosotros ya no vivimos juntos.

SR. DÍAZ —_____

SRA. MARTÍ —No, él no manda dinero para los niños.

SR. DÍAZ —_____

SRA. MARTÍ —Si lleno la planilla ahora, ¿voy a recibir la ayuda hoy mismo?

SR. DÍAZ —_____

SRA. MARTÍ —¿Qué otros papeles necesito traer?

SR. DÍAZ —_____

SRA. MARTÍ —No, señor. Yo no soy norteamericana; soy extranjera.

SR. DÍAZ —_____

SRA. MARTÍ —Sí, señor. Soy residente legal de los Estados Unidos.

SR. DÍAZ —_____

SRA. MARTÍ   —Sí, aquí tengo un documento de identificación con mi fotografía. ¿Eso es todo?

SR. DÍAZ   — _____

SRA. MARTÍ   —No, señor, no tengo casa propia.

SR. DÍAZ   — _____

SRA. MARTÍ   —Sí, tengo coche. ¿Necesita ver los papeles del coche?

SR. DÍAZ   — _____

SRA. MARTÍ   —¿Debo traer todos los papeles mañana?

SR. DÍAZ   — _____

En estas situaciones

What would you say in the following situations? What might the other person say?

1. You are a social worker talking to a woman who has come to apply for financial assistance because she is no longer living with her husband. Confirm that she is sure that he is not going to return, and then tell her you are going to bring some forms that she must fill out. Tell her she is also going to need her birth certificate and proof of citizenship or legal residence.

2. You are an eligibility worker telling a new client from El Salvador that you need his/her green card and also an I.D. with a photo on it. Remind him/her that tomorrow is a holiday, and he/she should come back with the necessary papers on Thursday.

3. You are a social worker explaining to a client that if he/she owns a house, he/she must bring the mortgage coupons to the office. Find out if the client owns a car. If so, tell the client that he/she must also bring the car registration and a copy of the auto insurance policy. If the client is in a hurry today, he/she should come back on Monday.

4. Inform your client about the documents he/she needs to bring to the office. Specify which ones you will need tomorrow and whether he/she needs to bring any on Monday or Tuesday of next week.

Casos

Act out the following scenarios with a partner.

1. An eligibility worker is talking with a woman who has come to apply for financial aid from the county. Question her about her separation (**la separación**) from her husband and try to determine if the separation is permanent.

2. Explain to a client all the documents that he/she must bring in order to apply for financial assistance.

Un paso más

A. Review the *Vocabulario adicional* in this lesson and complete the following sentences.

1. Debe llenar todos los _____ en este documento.

2. Ud. tiene que firmar aquí y también necesita la _____ de su esposo.

3. Si la contestación no es _____ , debe marcar el segundo _____ .

4. Tengo que _____ el número de su cuenta.

5. El _____ debe firmar donde está la _____ .

6. Si la respuesta es negativa, debe llenar lo _____ .

7. Debe llenar el cuestionario con letra de _____ o debe escribir a
_____ .

8. Ésos no son los gastos de la casa; están en la otra _____ .

B. With a partner, write a case scenario similar to the one presented in this lesson, in which you incorporate the additional vocabulary.

Lectura 1

⊙ Subsidios adicionales de asistencia pública

Read the following information from a pamphlet about expenses related to
living arrangements. Try to guess the meaning of all cognates. Then do
the exercise item that follows.

Necesidades relacionadas con la vivienda	
1. Alquiler atrasado,° para evitar el desalojo.	*back*
2. Hipoteca e/o impuestos° de propiedad atrasados, para evitar perder° la casa.	*taxes* *to lose*
3. Pago° para mantener o restaurar servicios públicos.	*Payment*
4. Un subsidio bimensual de combustible° para la calefacción.°	*fuel/heating*
5. Subsidio adicional para combustible.	
6. Pago por reparaciones realizadas en su hogar.°	*home*
7. Dinero para comprar muebles° y artículos esenciales para el hogar.	*furniture*
8. Gastos de mudanza° a otra vivienda.	*Gastos... Moving expenses*
9. Depósito de seguridad.	
10. Honorarios del corredor.°	*broker*
11. Almacenaje° de muebles y de pertenencias° personales.	*Storage / belongings*
Usted puede° solicitar un subsidio para necesidades especiales o puede incorporar a alguna otra persona en su presupuesto° de tres maneras°: en persona, por teléfono o por correo.	*can* *budget* *ways*

After reading the *Lectura* very carefully, try to remember the details. Match
the phrases in column A with the endings in column B.

	A		B
_____	1. Almacenaje		a. realizadas en su hogar.
_____	2. Impuestos		b. de seguridad.
_____	3. Pago para mantener o restaurar		c. para la calefacción.
_____	4. Subsidio bimensual de combustible		d. de propiedad atrasados.
_____	5. Pago por reparaciones		e. muebles.
_____	6. Dinero para comprar		f. a otra vivienda.
_____	7. Gastos de mudanza		g. servicios públicos.
_____	8. Depósito		h. en persona, por teléfono o por correo.
_____	9. Honorarios		i. de muebles y de pertenencias personales.
_____	10. Ud. puede solicitar un subsidio para necesidades especiales		j. del corredor.

Repaso

LECCIONES 1–5

PRÁCTICA DE VOCABULARIO

A. Circle the word or phrase that does not belong in each group.

1. esposo   trabajo   marido

2. apartamento   niño   casa

3. alimento   comida   ayuda

4. derecho   domicilio   dirección

5. año   avenida   mes

6. creer   desocupar   desalojar

7. empleada   recepcionista   residencia

8. coche   carro   entrevista

9. registro   seguro   aseguranza

10. llegar   traer   regresar

11. electricidad   teléfono   edad

12. separado   divorciado   mensual

13. centavo   cupón   dólar

14. mandar   enviar   tener

15. económico   primero   segundo

16. solicitud   estado   país

17. fotografía   hermana   identificación

18. dinero   inglés   español

19. residente   fecha   ciudadano

20. padre   hijo   campo

21. ¿Cuántos años tiene?   ¿Edad?   ¿Dónde?

22. enseguida   menor   ahorita

B. Circle the word or phrase that best completes each sentence.

1. Mi hijo está incapacitado para trabajar porque es (ciego / soltero / casado).

2. Ud. debe (desear / llenar / vivir) la planilla.

3. Necesitamos dinero para (esperar / creer / pagar) la hipoteca.

4. Ella es soltera; no es (mensual / pobre / casada).

5. En mi casa viven tres personas (verdaderas / adultas / mismas).

6. Tenemos que pagar la cuenta del (número / nombre / gas).

7. Mi esposo no (firma / manda / lee) dinero para mi hija.

8. Si Ud. necesita ayuda (urgente / segunda / toda) debe hablar con la Srta. Vega.

9. Él trabaja en el (mes / hombre / campo).

10. Mi familia debe desocupar la (casa / cuenta / ciudadanía) si no pago el alquiler mañana.

11. ¿Recibe Ud. (estampillas / formas / trabajos) para alimentos?

12. Mi hija y su marido tienen tres hijos y ahora ella está (pobre / verde / embarazada).

13. Toda la información es verdadera y (económica / mensual / correcta).

14. Ud. debe firmar aquí y (querer / escribir / esperar) la fecha de hoy.

15. Ahora debe ir a la oficina del Sr. Pérez para ver si es elegible para (recibir / vivir / estar) ayuda.

16. Necesitamos la inscripción de nacimiento de su (póliza / hija / hora).

17. Él es residente legal. Aquí tiene su tarjeta de (correo / zona postal / inmigración).

18. Hoy no trabajamos porque es día (ahora / feriado / semana).

19. Mi padre paga renta porque no tiene casa (próxima / tercera / propia).

20. Mi esposo y yo no (vivimos / pensamos / preferimos) juntos.

21. Ella es (viuda / capacitada / extranjera); es de Argentina.

22. Mi casa (queda / ayuda / llama) en la calle Victoria.

23. Su (entrenamiento / oficio / nombre de pila) es Isabel.

24. Ellos van a (solicitar / terminar / atravesar) ayuda.

25. Tan pronto (menos / como / bueno) llega a su casa, llama a su hijo.

26. El bebé (está con su mamá / está ocupado / tiene casa propia).

C. Match the questions in column A with the answers in column B.

A

_____ 1. ¿Qué desea Ud.?

_____ 2. ¿Necesita dinero?

_____ 3. ¿Cuántos meses de alquiler debe?

_____ 4. ¿Recibe su familia alguna ayuda?

_____ 5. ¿Cuánto paga de alquiler?

_____ 6. ¿Qué otras cuentas debe pagar?

_____ 7. ¿Está separada de su esposo?

_____ 8. ¿Viene Ud. mañana?

_____ 9. ¿Es Ud. extranjero?

_____ 10. ¿Su certificado de nacimiento está en inglés?

_____ 11. ¿Su esposa está enferma?

_____ 12. ¿Cuál es su nombre?

_____ 13. ¿Tiene Ud. casa propia?

_____ 14. ¿Dónde debo llenar los documentos?

_____ 15. ¿Viven Uds. juntos?

_____ 16. ¿Cuál es su apellido de soltera?

_____ 17. ¿Tiene Ud. el documento original?

_____ 18. ¿Cuándo voy a recibir la tarjeta?

_____ 19. ¿Dónde está su oficina?

_____ 20. ¿Tiene muchos problemas?

B

a. Sí, desde el año pasado.

b. Trescientos dólares mensuales.

c. No, pago renta.

d. Hablar con un trabajador social.

e. El gas y el teléfono.

f. Sí, pero soy residente.

g. No, en español.

h. No, está embarazada.

i. Aquí en la oficina.

j. Sí, para pagar el alquiler.

k. No, la semana próxima.

l. No, estamos separados.

m. Tres.

n. Rodríguez.

o. Sí, estampillas para comida.

p. José Pérez García.

q. Dentro de diez días.

r. No, una copia fotostática.

s. Sí, está atravesando una situación difícil.

t. Al final del pasillo.

D. Crucigrama

HORIZONTAL

4. Necesito _____ para comida.

5. Mi fecha de _____ es el 15 de enero de 1964.

8. Ella es de los Estados Unidos. Es _____.

10. papá

11. *slowly*, en español

14. Creo _____ no.

15. No ve nada porque es _____.

18. ¿_____ hijos tiene Ud.?

19. renta

20. Necesitamos _____ para pagar las cuentas.

21. En una _____ hay siete días.

23. California es un _____ .

27. Ella no es de este país. Es _____ .

28. Él es _____ social.

29. *nothing*, en español

30. La oficina está al _____ del pasillo.

VERTICAL

1. No es casado. Es _____ .

2. Ella tiene _____ de estudiante.

3. *Welfare Department:* Departamento de _____ Social

6. *It doesn't matter:* No _____ .

7. *to be sure:* estar _____ (*fem.*)

9. la tarjeta verde: la tarjeta de _____

10. la semana que viene: la semana _____

12. *electricity*, en español

13. Necesitamos su _____ de nacimiento.

16. Hay cien _____ en un dólar.

17. *zip code:* zona _____

22. *interview*, en español

23. Tengo veinte años de _____ .

24. nombre: ayuda; verbo: _____

25. *citizenship*, en español

26. seguro

🔘 PRÁCTICA ORAL

Listen to the following exercise on the audio program. The speaker will ask you some questions. Answer the questions, using the cues provided. The speaker will confirm the correct answer. Repeat the correct answer.

1. ¿Necesita Ud. ayuda? (sí, debo el alquiler)

2. ¿Cuántos meses debe Ud.? (tres meses)

3. ¿Cuánto paga Ud. de alquiler? (doscientos dólares)

4. ¿Cuándo debe pagar Ud. el alquiler? (mañana)

5. ¿Es Ud. casada? (sí)

6. ¿Vive Ud. con su esposo? (no, estamos separados)

7. ¿Desde cuándo están Uds. separados? (desde el año pasado)

8. ¿Hay posibilidad de una reconciliación? (no)

9. ¿Tienen Uds. hijos? (sí, uno)

10. ¿Qué edad tiene su hijo? (cinco años)

11. ¿Tiene Ud. el certificado de nacimiento de su hijo? (sí)

12. ¿El certificado de nacimiento está en inglés? (no, en español)

13. ¿Cuántas personas viven en su casa? (tres: mi padre, mi hijo y yo)

14. ¿Cuál es la edad de su padre? (cincuenta y ocho años, pero no trabaja)

15. ¿Por qué no trabaja su padre? (está incapacitado)

16. ¿Tiene Ud. que pagar otras cuentas? (sí, la electricidad y el gas)

17. ¿Necesita Ud. estampillas para alimentos? (sí, no tengo trabajo)

18. ¿Recibe Ud. alguna ayuda económica? (no, ahora no)

19. ¿Es Ud. ciudadana norteamericana? (no, pero soy residente legal)

20. ¿Tiene Ud. un documento de identificación? (sí)

21. ¿Tiene Ud. carro? (sí)

22. ¿Tiene Ud. los papeles del carro aquí? (sí, el registro del carro)

23. ¿Tiene Ud. la póliza del seguro del carro? (no, no aquí)

24. ¿Necesito venir mañana? (sí, con la póliza)

25. ¿A qué hora debo venir? (a las dos y media)

◉ *Al año siguiente*

Un año después la Sra. Lara vuelve a la oficina del Departamento de Bienestar Social. Ahora, el Sr. Juárez la está entrevistando para reevaluar su caso.

SR. JUÁREZ	—Vamos a ver cuál es su situación actual, Sra. Lara.
SRA. LARA	—La misma que antes, pero ahora recibo menos dinero. ¿Por qué?
SR. JUÁREZ	—Porque su hija mayor ya no vive con Uds.
SRA. LARA	—Pero mi hija menor todavía vive conmigo y ahora todo cuesta más.
SR. JUÁREZ	—Son los reglamentos. Si hay menos personas, Ud. recibe menos dinero.
SRA. LARA	—El dinero que recibo ahora no alcanza para nada.
SR. JUÁREZ	—Pero ahora Ud. trabaja ocho horas al día.
SRA. LARA	—Solamente los lunes, miércoles y viernes. Tengo que trabajar para hacer los pagos de la casa.
SR. JUÁREZ	—Pero tiene que notificar esos cambios en seguida, Sra. Lara.
SRA. LARA	—Es que mi situación es muy difícil. El dinero que recibo es poco, pero si no lo recibo no puedo pagar las cuentas.
SR. JUÁREZ	—¿Qué otros gastos tiene ahora?
SRA. LARA	—Primero, ahora que trabajo, gasto más en ropa y gasolina. También necesitamos un refrigerador nuevo.
SR. JUÁREZ	—Lo siento, señora, pero de acuerdo con los reglamentos, Ud. no califica para recibir más dinero.
SRA. LARA	—No es justo. ¿No puede hacer algo por mí, Sr. Juárez?
SR. JUÁREZ	—Yo no puedo hacer nada, pero si Ud. no está de acuerdo, puede escribir una carta y pedir una revisión de su caso.
SRA. LARA	—¿Cuánto tiempo demora una revisión?
SR. JUÁREZ	—Depende. Generalmente, unos dos meses.
SRA. LARA	—¿Puedo hablar con el Sr. Osorio o con algún otro supervisor?
SR. JUÁREZ	—El Sr. Osorio está atendiendo a otra persona y no hay ningún otro supervisor disponible.
SRA. LARA	—¿Puedo pedir una entrevista para la semana próxima?
SR. JUÁREZ	—El Sr. Osorio va a estar disponible más tarde. ¿No quiere esperarlo?
SRA. LARA	—No, no tengo tiempo. ¿Puedo volver el jueves?
SR. JUÁREZ	—Sí, cómo no. El Sr. Osorio la puede recibir el jueves a las ocho de la mañana.
SRA. LARA	—¿No me puede recibir a las siete y media?
SR. JUÁREZ	—No, a esa hora no hay nadie aquí.

🖸 Vocabulario

COGNADOS

la gasolina gasoline
el refrigerador refrigerator
la revisión review
el (la) supervisor(a) supervisor

NOMBRES

el cambio change
la carta letter
el pago payment
el reglamento rule
la ropa clothes, clothing
el tiempo time

VERBOS

alcanzar to be enough
atender (e:ie) to take care of, to wait on
calificar to qualify
costar (o:ue) to cost
demorar to take (*time*)
depender to depend
entrevistar to interview
gastar to spend (*money*)
notificar to report, to notify
pedir (e:i)[1] to ask for, to request
poder (o:ue) to be able, can
reevaluar[2] to reevaluate
volver (o:ue) to return

ADJETIVOS

actual present
difícil difficult
disponible available
justo(a) fair, just
mayor older, oldest
menor younger, youngest
ningún, ninguna no, not any
nuevo(a) new
siguiente following

OTRAS PALABRAS Y EXPRESIONES

al día a day, per day
alguien someone, anyone
cómo no sure, of course
conmigo with me
¿cuánto tiempo... ? how long . . . ?
de acuerdo con according to
de la mañana (tarde, noche)[3] in the morning (afternoon, evening)
estar de acuerdo to agree
generalmente generally
más tarde later
menos less
la misma que antes the same as before
nadie no one, anyone
otra persona someone else
poco little (*amount*)
por mí for me
solamente, sólo only
todavía yet, still
todo all, everything
unos(as) about, some
Vamos a ver. Let's see.
ya already

---

[1]This stem-changing verb is conjugated in *Lección 7* of *Basic Spanish Grammar*.
[2]Present indicative: **reevalúo, reevalúas, reevalúa, reevaluamos, reevalúan**
[3]**De la mañana (tarde, noche)** is used to indicate specific time of day.

Vocabulario adicional

PARA HABLAR DEL TIEMPO (*To talk about time*)

a (la) medianoche   at midnight
a(l) mediodía   at midday, at noon
a menudo   often
ahora mismo   right now
con frecuencia, frecuentemente   frequently
cuanto antes, lo más pronto posible   as soon
  as possible
inmediatamente   immediately
luego   later, then
media hora   half an hour
por la mañana (tarde, noche)[1]   in the morning
  (afternoon, evening)
pronto   soon
tan pronto como, en cuanto   as soon as
tarde   late
temprano   early
un cuarto de hora   a quarter of an hour
un momento   a moment
un rato, un tiempo   a while

ENTRADAS Y GASTOS

la entrada bruta   gross earnings
la entrada neta   net income
los gastos de transportación   transportation
  expenses
ir y venir   to commute

Notas culturales

- The so-called "extended Hispanic family" includes other relatives besides parents and children. A Latino household may also include grandparents, single aunts, and cousins. In addition, in most Latino families, children live with their parents until they get married.
- Although attitudes are changing in both Latino and Anglo cultures, generally Latino families tend to be closer. Sometimes the close bonds in Latino families are misunderstood by Anglos, who are oriented more toward fostering independence. In Hispanic cultures, the family is the main source of emotional and material support, and the family feels responsible for helping its members in need. In the U.S. and Canada, recently-arrived relatives may live with a family member until they have achieved financial independence.

¿Recuerdan ustedes?

Answer the following questions, basing your answers on the dialogue.

1. ¿Cuál es la situación actual de la Sra. Lara?

   _____

2. La Sra. Lara recibe menos dinero ahora. ¿Por qué?

   _____

---

[1]**Por la mañana (tarde, noche)** does not indicate a specific time.

3. ¿Cuántas horas al día trabaja ahora la Sra. Lara?

_____

4. ¿Cuántos días a la semana trabaja la Sra. Lara? ¿Cuáles son?

_____

5. ¿Por qué tiene que trabajar la Sra. Lara?

_____

6. Ahora que trabaja, ¿qué otros gastos tiene la Sra. Lara?

_____

7. ¿Califica la Sra. Lara para recibir más dinero?

_____

8. ¿Qué puede hacer la Sra. Lara si no está de acuerdo?

_____

9. Para pedir una revisión del caso, ¿qué tiene que hacer la Sra. Lara?

_____

10. La Sra. Lara desea hablar con un supervisor. ¿Hay alguno disponible?

_____

11. ¿Qué día y a qué hora puede recibirla el Sr. Osorio?

_____

12. ¿Hay alguien en la oficina a las siete y media?

_____

Para conversar

Interview a classmate, using the following questions. When you have finished, switch roles.

1. ¿Trabaja Ud.? ¿Cuántas horas al día?

_____

2. ¿Qué días de la semana trabaja Ud.?

_____

3. ¿Puede trabajar el sábado?

_____

4. ¿Quiénes trabajan mucho y ganan poco dinero?

_____

5. ¿Qué gastos mensuales tiene Ud.?

   _____

6. Su situación económica, ¿es la misma que antes? ¿Por qué o por qué no?

   _____

7. ¿Cuestan los libros de texto (*textbooks*) más o menos que antes?

   _____

8. Yo creo que los estudiantes deben recibir más ayuda económica. ¿Está Ud.
   de acuerdo?

   _____

9. ¿Con quién puede hablar si necesita ayuda?

   _____

10. ¿Recibe Ud. ayuda económica? ¿De quién(es)?

   _____

11. ¿Cree Ud. que tiene derecho a recibir más dinero?

   _____

12. Generalmente, ¿está de acuerdo con sus padres (*parents*)?

   _____

Vamos a practicar

**A. Complete the following exchanges, using the present indicative of the
verbs given.**

1. (volver)   —¿A qué hora _____ Uds. a la oficina?

   —Nosotros _____ a las cinco. ¿A qué hora _____ Ud.?

   —Yo _____ a las cuatro y media.

2. (poder)   —¿Cuándo _____ (tú) traer las cartas?

   —El viernes, porque (yo) no _____ venir mañana.

3. (costar)   —¿Cuánto _____ los zapatos (*shoes*)?

   —Ochenta dólares.

   —¿Y la ropa?

   —La ropa _____ trescientos dólares.

61

B. **Complete each of the following exchanges with a negative expression from the list provided, and add any words needed.**

nada   tampoco   ningún   nunca   ni... ni

1. —¿Recibe Ud. alguna ayuda económica?

   —¿Yo? No, _____.

2. Señora, ¿puede hacer algo por mí? Mi situación es muy difícil.

   —Lo siento, pero no _____.

3. —¿Ellos siempre (*always*) vienen a hablar con el supervisor?

   —Sí, pero el Sr. Soto no _____ con ellos.

4. —¿Su papá necesita ayuda económica o estampillas para alimentos?

   —No, mi papá no _____.

5. —Yo no recibo ayuda económica. ¿Y Ud.?

   —Yo no _____.

C. **Answer the questions in the negative, using the appropriate object pronoun in place of each underlined phrase.**

Modelo: ¿Ella completa la planilla?

   No, ella no **la** completa.

1. ¿Necesita ella un refrigerador nuevo?

   _____

2. ¿Reevalúa los casos el supervisor?

   _____

3. ¿Paga Ud. todas sus cuentas?

   _____

4. ¿La Sra. Lara quiere ver al Sr. Osorio hoy?

   _____

5. ¿El Sr. Lara está esperando a su esposa?

   _____

Conversaciones breves

Complete the following dialogue, using your imagination and the vocabulary from this lesson.

El Sr. Mora reevalúa el caso de la Sra. Otero.

SR. MORA —¿Qué problemas tiene Ud., Sra. Otero?

SRA. OTERO —_____

SR. MORA —¿Cuánto dinero recibe Ud. ahora?

SRA. OTERO —_____

SR. MORA —¿Viven en su casa las mismas personas?

SRA. OTERO —_____

SR. MORA —Señora, si hay menos personas en su casa, Ud. recibe menos dinero.

SRA. OTERO —_____

SR. MORA —Sí, señora, es justo y es el reglamento.

SRA. OTERO —_____

SR. MORA —¿Qué otros gastos tiene Ud. ahora?

SRA. OTERO —_____

SR. MORA —¿Trabaja Ud. más tiempo ahora?

SRA. OTERO —_____

SR. MORA —¿Qué días trabaja Ud. y cuántas horas al día trabaja?

SRA. OTERO —_____

SR. MORA —Ud. debe notificar todos los cambios en seguida, señora.

SRA. OTERO —_____

SR. MORA —Está bien, señora. Su situación es difícil, pero no califica para recibir más dinero.

SRA. OTERO —_____

SR. MORA —Si Ud. no está de acuerdo, puede pedir una revisión de su caso.

En estas situaciones

What would you say in the following situations? What might the other person say?

1. You are interviewing a client for a case reevaluation. Tell the client that he/she is receiving less money because his/her younger children are no longer living at home. Explain that the rule is if fewer people are living in the house, he/she must receive less money.

2. Interview a client about his/her difficult financial situation. Find out how many hours a day he/she works and if the money he/she earns is enough to make the house payments.

3. Remind a client that all changes must be reported right away. Also explain that, if he/she doesn't agree with the rules, he/she can write a letter and request a review of the case. Mention how long a review takes and that he/she can also request an interview next week with a supervisor.

Casos

Act out the following scenarios with a partner.

1. Explain to a client the procedures for requesting a case reevaluation.

2. A social worker is reevaluating a case and explaining the regulations to a client, who is complaining about receiving less money. Discuss the factors that affect the amount of money received.

Un paso más

A. **Review the *Vocabulario adicional* in this lesson and give the word or phrase that means the same as the following.**

1. treinta minutos _____

2. quince minutos _____

3. los gastos que uno tiene para ir y venir de la casa al trabajo
   _____

4. opuesto (*opposite*) de mediodía _____

5. con frecuencia o frecuentemente _____

6. cuanto antes _____

7. no la entrada bruta _____

8. en cuanto _____

9. inmediatamente _____

10. opuesto de tarde _____

11. más tarde _____

12. un tiempo _____

13. de cinco a once de la mañana, por ejemplo _____

B. **With a partner, write a case scenario similar to the one presented in this lesson, in which you incorporate the additional vocabulary.**

💿 *Estampillas para alimentos*

El Sr. López habla con la Srta. Roca, trabajadora social, y le pide información sobre las estampillas para alimentos.

SR. LÓPEZ	—Buenos días, señorita. ¿Me puede Ud. dar información sobre el programa de estampillas para alimentos?
SRTA. ROCA	—¿Cuál es su situación? ¿Está Ud. sin trabajo?
SR. LÓPEZ	—No, pero gano muy poco y tengo una familia grande.
SRTA. ROCA	—¿Cuántos hijos tiene Ud.?
SR. LÓPEZ	—Tengo siete, y no puedo mantenerlos con mi sueldo.
SRTA. ROCA	—¿Tiene Ud. un trabajo extra?
SR. LÓPEZ	—No, el trabajo que hago es duro y salgo tarde.
SRTA. ROCA	—¿Qué hace su esposa?
SR. LÓPEZ	—Mi esposa cuida a los niños.
SRTA. ROCA	—¿Cuánto dinero recibe Ud. al mes?
SR. LÓPEZ	—Ochocientos veinte dólares. No nos alcanzan para nada.
SRTA. ROCA	—¿Recibe Ud. alguna ayuda del condado?
SR. LÓPEZ	—No, pero la necesito urgentemente.
SRTA. ROCA	—¿Tienen casa propia o pagan alquiler?
SR. LÓPEZ	—Vivimos en un proyecto de la ciudad y pagamos setenta dólares mensuales.
SRTA. ROCA	—¿Tiene Ud. cuenta de ahorros o cuenta corriente en el banco?
SR. LÓPEZ	—Tengo solamente unos doscientos dólares en una cuenta corriente.
SRTA. ROCA	—¿Cuántos de sus hijos asisten a la escuela?
SR. LÓPEZ	—Cuatro. Los otros son muy pequeños.
SRTA. ROCA	—¿Pagan Uds. por su almuerzo?
SR. LÓPEZ	—No, no pagamos nada. Pero, a veces, no comen la comida que les dan y tenemos que prepararles algo en casa.
SRTA. ROCA	—¿Cuáles son sus gastos mensuales en médico y medicinas?
SR. LÓPEZ	—No sé. Muchas veces, cuando los niños están enfermos, no los llevamos al médico porque no tenemos dinero.
SRTA. ROCA	—¿No tienen Uds. seguro médico?
SR. LÓPEZ	—No, señorita.
SRTA. ROCA	—Hay un programa del estado que puede ayudarlos.
SR. LÓPEZ	—¡Qué bueno! Yo siempre le digo a mi esposa que necesitamos seguro médico.
SRTA. ROCA	—Bien. Ud. no paga por el cuidado de sus hijos, ¿verdad?
SR. LÓPEZ	—No, mi esposa los cuida siempre.
SRTA. ROCA	—Si su esposa consigue empleo, ¿puede alguien cuidar a los niños?
SR. LÓPEZ	—No, no conocemos a nadie en el barrio y mi esposa dice que ella prefiere cuidarlos.

SRTA. ROCA	—Bueno, Ud. es elegible para recibir estampillas.
SR. LÓPEZ	—Bien, pero, ¿dónde podemos conseguir las estampillas?
SRTA. ROCA	—Debe llevar las pruebas de sus entradas y gastos al Departamento de Asistencia Social. Allí puede conseguirlas.

 **Vocabulario**

COGNADOS

el banco   bank
extra   extra
la medicina   medicine
el programa   program

NOMBRES

el almuerzo   lunch
la asistencia social   social services
el barrio   neighborhood
la ciudad   city
la cuenta corriente (de cheques) checking account
la cuenta de ahorros   savings account
el cuidado   care
el empleo   job
la entrada   income
la esposa, la señora, la mujer   wife
el (la) médico(a)   doctor
el proyecto de la ciudad   city (housing) project
el seguro médico   medical insurance
el sueldo, el salario   salary

VERBOS

asistir a   to attend
conocer[1]   to know, to be acquainted with
   (*a person, a place*)
conseguir (e:i), obtener[2]   to get
cuidar   to take care of
decir[3] **(e:i)**   to tell, to say
ganar   to earn
llevar   to take (*someone or something somewhere*)
mantener[4]   to support

preparar   to prepare
saber[5]   to know (*something*)
salir[6]   to leave, to go out

ADJETIVOS

duro(a)   hard
grande   big, large
pequeño(a)   small

OTRAS PALABRAS Y EXPRESIONES

a veces   sometimes
al mes   monthly
alguien   somebody, anybody
allí   there
estar sin trabajo   to be unemployed (out of work)
muchas veces   many times
nadie   nobody
poco   little (*quantity*)
¡Qué bueno!   That's great!
siempre   always
sin   without
tarde   late
urgentemente   urgently

---

[1]Irregular first-person present indicative: **yo conozco.**
[2]Conjugated like **tener.**
[3]Irregular first-person present indicative: **yo digo.**
[4]Conjugated like **tener.**
[5]Irregular first-person present indicative: **yo sé.**
[6]Irregular first-person present indicative: **yo salgo.**

Vocabulario adicional

PARA HABLAR DE FINANZAS
a plazos   on installments
al contado   cash, not on installments
el alojamiento y las comidas   room and board
la bancarrota, la quiebra   bankruptcy
los beneficios   benefits
cambiar un cheque, cobrar un cheque   to cash a check
la cantidad   quantity
la fuente de ingreso   source of income
el impuesto   tax

el impuesto sobre la propiedad   property tax
el impuesto sobre la renta   income tax
la libreta de ahorros   passbook (*for savings account*)
el pago (la cuota) inicial, la entrada, el enganche (*Méx.*)   down payment
el préstamo   loan
el saldo   balance
el talonario de cheques, la chequera (*Cuba y Puerto Rico*) checkbook
la tarjeta de crédito   credit card

Notas culturales

- The scientific system of health care, considered mainstream in the U.S. and Canada, is also the one preferred by most Latinos. Nevertheless, immigrants coming from small towns or belonging to a poorer class might first try home remedies or go to a **curandero**. In many Spanish-speaking neighborhoods, the **botánicas** have become popular. These stores, which sell herbal medicines, are the Latino version of the American natural food and health stores.
- In many Spanish-speaking countries, some types of medicine may be bought without a doctor's prescription, and pharmacists are allowed to diagnose some minor ailments and prescribe remedies directly to the patient.

¿Recuerdan ustedes?

Answer the following questions, basing your answers on the dialogue.

1. ¿Qué información necesita el Sr. López? ¿Quién le da la información?

2. ¿Está sin trabajo el Sr. López?

3. ¿Por qué necesita estampillas para alimentos el Sr. López?

4. ¿Cuántos hijos tiene el Sr. López?

5. ¿Qué hace la esposa del Sr. López?

6. ¿Cuánto gana mensualmente el Sr. López?

7. ¿Dónde vive el Sr. López?

   _____

8. ¿Por qué, muchas veces, la familia López no lleva a sus niños al médico?

   _____

9. ¿Tienen los López seguro médico?

   _____

10. ¿Sabe el Sr. López cuánto gasta al mes en médico y medicinas?

    _____

11. ¿Conocen los López a alguien en el barrio?

    _____

Para conversar

Interview a classmate, using the following questions. When you have finished, switch roles.

1. ¿Está Ud. sin trabajo ahora?

   _____

2. ¿Sabe Ud. dónde se puede conseguir empleo aquí?

   _____

3. ¿Sabe Ud. cuánto gana al mes un(a) recepcionista? ¿Y un(a) médico(a)?

   _____

4. ¿Cuáles son sus gastos mensuales en médico y medicinas?

   _____

5. ¿Tiene Ud. cuenta corriente o cuenta de ahorros? ¿En qué banco?

   _____

6. ¿Tiene Ud. hijos? ¿Cuántos? ¿Quién los cuida?

   _____

7. Si tiene hijos, ¿asisten a la escuela? ¿Quién los lleva?

   _____

8. ¿Conoce a alguien en su barrio?

   _____

9. ¿Qué hace Ud. por la tarde?

_____

10. ¿A qué hora de la mañana sale Ud. de su casa?

_____

Vamos a practicar

A. Complete the following verb chart.

	INFINITIVO	YO	TÚ	UD., ÉL, ELLA	NOSOTROS(AS)	UDS., ELLOS, ELLAS
1.	conseguir					
2.		sirvo				
3.			pides			
4.					decimos	

B. Change the *nosotros(as)* form to *yo* in each of the following sentences.

1. No conocemos a nadie en el barrio.

    Yo _____

2. No sabemos cuáles son las entradas de la familia.

    Yo _____

3. Traemos el dinero para las medicinas.

    Yo _____

4. Hacemos un trabajo muy duro.

    Yo _____

5. Salimos temprano para el trabajo.

    Yo _____

C. Rewrite each sentence, substituting the appropriate indirect object pronoun for the words in parentheses.

   Modelo: La Srta. Roca da información. (al Sr. López)

   La Srta. Roca **le** da información al Sr. Lopez.

1. Ella pregunta cuál es mi situación. (a mí)

    _____

2. El condado da ayuda. (a nosotros)

    _____

3. Mi esposa prepara la comida. (a los niños)

   _____

4. Yo digo que eres elegible para recibir estampillas. (a ti)

   _____

5. No alcanza el dinero. (a ellos)

   _____

6. Ellos no dan nada. (a Ud.)

   _____

7. Ella no cree. (a él)

   _____

Conversaciones breves

Complete the following dialogue, using your imagination and the vocabulary from this lesson.

La Sra. Salinas va al Departamento de Bienestar Social para solicitar estampillas para alimentos. El Sr. Ríos habla con ella.

SR. RÍOS —¿Qué desea Ud., señora?

SRA. SALINAS —_____

SR. RÍOS —¿Por qué necesita Ud. estampillas para alimentos?

SRA. SALINAS —_____

SR. RÍOS —¿Cuánto gana Ud. al mes?

SRA. SALINAS —_____

SR. RÍOS —¿Cuántas personas hay en su familia?

SRA. SALINAS —_____

SR. RÍOS —¿Tiene Ud. hijos?

SRA. SALINAS —_____

SR. RÍOS —¿Quién los cuida?

SRA. SALINAS —_____

SR. RÍOS —¿Vive su mamá con Uds.?

SRA. SALINAS —_____

SR. RÍOS —¿En qué barrio está el proyecto donde Ud. vive?

SRA. SALINAS —_____

SR. RÍOS	—¿Recibe Ud. alguna otra ayuda del condado?
SRA. SALINAS	—_____
SR. RÍOS	—Muy bien. ¿Tiene Ud. algún dinero en el banco?
SRA. SALINAS	—_____
SR. RÍOS	—¿Solamente una cuenta corriente?
SRA. SALINAS	—_____
SR. RÍOS	—¿Sabe Ud. cuánto dinero tiene en su cuenta?
SRA. SALINAS	—_____
SR. RÍOS	—Bien. Ud. es elegible para recibir cupones para comida.
SRA. SALINAS	—_____
SR. RÍOS	—Para recibir las estampillas Ud. debe llevar pruebas de sus entradas y de sus gastos al Departamento de Asistencia Social.

En estas situaciones

What would you say in the following situations? What might the other person say?

1. You are an eligibility worker talking to Mrs. Cabrera about food stamps. Determine if she is unemployed and whether she receives any county aid. Ask how many children she has and what her medical expenses are. Find out if she is separated from her husband and if he works.

2. Your client earns very little money and has a big family, which he/she cannot support on his/her salary. Expenses include paying for the children's lunch at school and child care for the youngest child. Verify the clients' monthly earnings and whether he/she has an extra job. Also, find out how much he/she has in savings and/or checking accounts and whether he/she has medical insurance.

3. Inform Mr. Fernández, who is applying for food stamps, that he is eligible to receive stamps, but that he must take proof of his income and expenses to the Department of Social Services. Tell him where that office is.

Casos

Act out the following scenarios with a partner.

1. An eligibility worker gathers employment and financial information from a person applying for food stamps and describes the next steps in the application procedure.

2. Discuss with a client who wishes to receive food stamps his/her family responsibilities and expenses.

Un paso más

A. Review the *Vocabulario adicional* in this lesson and complete the following sentences.

1. ¿Qué _____ de dinero tiene Ud. en su cuenta de ahorros?

2. ¿Dónde está su _____ de ahorros?

3. ¿Recibe Ud. _____ del Departamento de Bienestar Social?

4. ¿Cuál es el _____ de su cuenta corriente?

5. ¿Cuánto gana Ud. y cuáles son sus fuentes _____ ?

6. No tengo dinero. Voy a _____ un cheque.

7. ¿Cuánto paga Ud. por _____ y _____ en ese hotel?

8. ¿Cuánto paga Ud. de _____ sobre la propiedad?

9. No tengo dinero para pagar el impuesto sobre la _____ . Voy a pedir un

   _____ .

10. Necesito pagar con un cheque. ¿Dónde está mi _____ ?

11. ¿Lo va a comprar (*buy*) al contado o a _____ ?

12. Un sinónimo de bancarrota es _____.

13. Voy a pagar el carro a plazos. Voy a dar $500 de _____.

B. With a partner, write a case scenario similar to the one in this lesson, in which you incorporate the additional vocabulary.

En el Departamento de Servicios Sociales

La Srta. Rivas, del Departamento de Servicios Sociales, está ayudando a la Sra. Báez a llenar una solicitud para recibir estampillas para alimentos.

SRTA. RIVAS	—Para empezar, debe completar esta primera página.
SRA. BÁEZ	—Después, ¿qué hago?
SRTA. RIVAS	—Me la da, y sigue llenando las demás páginas.
SRA. BÁEZ	—¿Lleno nada más que esa página ahora?
SRTA. RIVAS	—Bueno, ésta es la principal, así que debe llenarla lo más pronto posible.
SRA. BÁEZ	—Muy bien, pero yo necesito ayuda urgente. No tenemos nada.
SRTA. RIVAS	—En ese caso debe contestar estas otras preguntas también.
SRA. BÁEZ	—¿Y puedo recibir las estampillas en seguida?
SRTA. RIVAS	—Sí, dentro de unos días. ¿Alguien de su familia recibe algún sueldo?
SRA. BÁEZ	—No, porque mi esposo no está trabajando en este momento.
SRTA. RIVAS	—¿Y más tarde en el mes?
SRA. BÁEZ	—No, no creo, porque tiene problemas de salud.
SRTA. RIVAS	—¿Cuánto tiempo cree Ud. que va a durar esa situación, Sra. Báez?
SRA. BÁEZ	—No sé. Le duele mucho un hombro y el médico dice que le hace falta descansar por un tiempo.
SRTA. RIVAS	—¿Su esposo tiene seguro de salud?
SRA. BÁEZ	—No, él es jardinero y trabaja por su cuenta.
SRTA. RIVAS	—Contándola a Ud., ¿cuántas personas viven y comen en su casa?
SRA. BÁEZ	—Nueve: mi marido y yo, mis seis hijos y mi mamá.
SRTA. RIVAS	—¿Ud. no trabaja?
SRA. BÁEZ	—No, mi mamá es muy vieja, y no me gusta dejarla sola con los niños.
SRTA. RIVAS	—¿Cuánto dinero tienen Uds. en efectivo y en ahorros, más o menos?
SRA. BÁEZ	—Unos ochenta dólares.
SRTA. RIVAS	—¿Está segura, señora? Debo avisarle que si Uds. tienen más dinero y no me lo dicen, no van a recibir las estampillas.
SRA. BÁEZ	—Bueno, para estar segura, se lo voy a preguntar a mi marido.
SRTA. RIVAS	—Si Ud. quiere, puede completar estas formas en casa y mandármelas por correo.
SRA. BÁEZ	—Bueno, pero quiero pedirle un favor. Si no las llenamos por completo, ¿puede Ud. ayudarme a completarlas?
SRTA. RIVAS	—Sí, cómo no, señora.

🎵 Vocabulario

COGNADOS

el problema   problem
el servicio   service

NOMBRES

el dolor   pain
el hombro   shoulder
el (la) jardinero(a)   gardener
la mamá, la madre   mother
la página   page
la pregunta   question
la salud   health
el seguro de salud, la aseguranza de salud
   (*Méx.*)   health insurance

VERBOS

avisar, hacer saber   to advise, to warn, to let
   (someone) know
comer   to eat
completar   to complete
contar (o:ue)   to count
contestar   to answer
dejar   to leave (behind)
descansar   to rest
doler (o:ue)   to hurt, to ache
durar   to last
gustar   to be pleasing, to like
mandar, enviar[1]   to send
preguntar   to ask
seguir (e:i), continuar[2]   to continue, to follow

ADJETIVOS

principal   main
solo(a)   alone
viejo(a)   old

OTRAS PALABRAS Y EXPRESIONES

así que   so
después   afterwards
en casa   at home
en efectivo   in cash
en este momento   at the moment
éste, ésta   this one
los (las) demás, los (las) otros (as)   the others
hacer falta   to need, to lack
lo más pronto posible   as soon as possible
más tarde   later
nada más que, no más que   just
pedir (e:i) un favor   to ask a favor
por completo   completely
por un tiempo   for a while
**trabajar por su cuenta, trabajar por cuenta
   propia**   to be self-employed

Vocabulario adicional

la discriminación   discrimination
hacer una declaración falsa   to make a false statement
imponer[3] **una multa**   to give a fine, to give a ticket
la pena, la penalidad   the penalty
la policía   police force
el (la) agente de policía   police officer
el ama (*fem.*) **de casa**   housewife
el (la) cocinero(a)   cook
la fábrica, la factoría   factory
la niñera   nanny
el (la) obrero(a)   worker, laborer
el (la) sirviente(a)   servant
el (la) trabajador(a) agrícola   farm worker
trabajar parte del tiempo, trabajar medio día
   to work part-time
trabajar tiempo completo   to work full-time

---

[1]Present indicative: **envío, envías, envía, enviamos, envían.**
[2]Present indicative: **continúo, continúas, continúa, continuamos, continúan.**
[3]Conjugated like **poner.**

Notas culturales

The Hispanic immigrant family frequently includes a relatively large number of children. While many attribute this principally to the influence of the Catholic church and to the concept of **machismo**, in reality, it is a much more complex social phenomenon. The majority of Spanish-speaking immigrants come from countries with a high infant mortality rate and without efficient systems of financial resources for the elderly. Because of this, having several children helps to ensure that some will survive to adulthood and that they can support their parents in their old age. Many Spanish-speaking immigrants also come from social classes that have had little-to-no exposure to sex education courses and, thus, lack experience in the use of contraceptives. Although the birth control pill and other contraceptives are available in Spanish-speaking countries, they are fairly expensive and, therefore, frequently beyond the economic reach of many people. Abortion is, for the most part, illegal in the countries from which the majority of Hispanic immigrants come. Many more factors contribute to the phenomenon of there often being a number of children in Hispanic families, but it is important to keep in mind that the family is generally seen as a close-knit unit in which all members help and support each other.

¿Recuerdan ustedes?

Answer the following questions, basing your answers on the dialogue.

1. ¿Qué debe hacer la Sra. Báez para empezar?

2. ¿Qué debe hacer después de llenar la primera página?

3. ¿Cuándo puede recibir las estampillas la Sra. Báez?

4. ¿Por qué no está trabajando ahora el esposo de la Sra. Báez? ¿Qué le duele?

5. ¿Cuántas personas viven en la casa de la Sra. Báez, contándola a ella?

6. ¿Por qué no trabaja la Sra. Báez?

7. ¿Cuánto dinero tienen la Sra. Báez y su familia en efectivo y en ahorros?

8. ¿Qué pasa (*happens*) si la familia Báez tiene más dinero y no lo dice?

9. ¿Está segura la Sra. Báez de que solamente tienen ochenta dólares? ¿A quién se lo va a preguntar?

_____

10. ¿Cómo puede mandarle las formas a la Srta. Rivas?

_____

Para conversar

Interview a classmate, using the following questions. When you have finished, switch roles.

1. ¿Cuánto dinero en efectivo tiene Ud. aquí?

_____

2. ¿Cuántas personas de su familia reciben sueldo?

_____

3. ¿Alguna persona de su familia trabaja por cuenta propia?

_____

4. ¿Le gusta trabajar para otros o prefiere trabajar por cuenta propia?

_____

5. ¿Trabaja Ud. parte del tiempo o tiempo completo?

_____

6. Sin contarlo(a) a Ud., ¿cuántas personas adultas viven en su casa?

_____

7. ¿Tiene Ud. problemas de salud?

_____

8. ¿Tiene Ud. seguro de salud?

_____

9. ¿Le duele algo? ¿Le hace falta descansar?

_____

10. En esta ciudad, ¿reciben estampillas para alimentos muchas personas?

_____

11. ¿Qué está Ud. haciendo ahora mismo?

_____

12. ¿Puede Ud. hacerme un favor?

_____

Vamos a practicar

A. Complete each of these sentences with the appropriate form of the demonstrative adjective or pronoun in italics.

1. La Srta. Rivas necesita *estos* papeles.

   Mi marido no tiene trabajo _____ mes.

   La Sra. Báez debe llenar _____ forma ahora.

   Ud. debe contestar _____ preguntas.

2. *Esa* señora está trabajando aquí.

   _____ señores van al Departamento de Bienestar Social.

   Ellos no reciben _____ dinero en efectivo.

   Ud. debe completar _____ páginas lo más pronto posible.

3. *Aquéllos* son mis hijos.

   _____ es mi hija.

   _____ son sus estampillas.

   _____ es mi esposo.

B. Write sentences using the elements given.

Modelo: Magdalena / no gustar / pedir favores

   A Magdalena no le gusta pedir favores.

1. los niños / gustar / la comida de la escuela

   _____

2. la Sra. Báez / no gustar / contestar preguntas personales

   _____

3. Ud. / doler / los dos hombros

   _____

4. mi esposo(a) / doler / la cabeza (*head*)

   _____

5. mi mamá / hacer falta / descansar más

   _____

6. nosotros / hacer falta / estudiar más

   _____

C. Answer the questions using the cues in parentheses and replacing the words in italics with the appropriate direct and indirect object pronouns.

Modelo: ¿Quién *me* puede traer *las estampillas*?

Yo puedo **traértelas.** *or* Yo **te las** puedo traer.

1. ¿Quién *le* da *ayuda a la Sra. Báez*? (El Departamento de Bienestar Social)

   _____

2. ¿Quién *le* dice *a la Sra. Báez que debe completar la primera página*? (La Srta. Rivas)

   _____

3. ¿Quién puede mandarle *las formas a la Srta. Rivas*? (La Sra. Báez)

   _____

4. ¿Quién *me* puede contestar *esa pregunta*? (Yo)

   _____

5. ¿Quién *te* puede *enviar el dinero?* (La Sra. Rojas)

   _____

Conversaciones breves

Complete the following dialogue, using your imagination and the vocabulary from this lesson.

La Sra. Orta habla con el Sr. Caro, empleado del Departamento de Bienestar Social.

SRA. ORTA —Por favor, señor, ¿puede ayudarme a llenar esta forma?

SR. CARO —_____

SRA. ORTA —¿Qué página debo llenar primero?

SR. CARO —_____

SRA. ORTA —¿Solamente la primera página? ¿Por qué?

SR. CARO —_____

SRA. ORTA —Yo necesito ayuda ahorita.

SR. CARO —_____

SRA. ORTA —Entonces, ¿puedo recibir las estampillas ahora? No tenemos ninguna comida para hoy.

SR. CARO —_____

SRA. ORTA —No, nadie recibe sueldo en mi familia. Nadie está trabajando.

SR. CARO — _____

SRA. ORTA —Mi esposo no trabaja porque está enfermo. Le duele un hombro.

SR. CARO — _____

SRA. ORTA —No, no trabajo. No me gusta dejar solos a los niños.

SR. CARO — _____

SRA. ORTA —No, señor. No tenemos ni ahorros ni dinero en efectivo.

SR. CARO — _____

SRA. ORTA —Muy bien, voy a llenarlas y se las traigo en seguida.

SR. CARO — _____

En estas situaciones

What would you say in the following situations? What might the other person say?

1. You are helping Miss Gutiérrez fill out an application for food stamps. She must complete the first page as soon as possible and give it to you. If she cannot fill it out completely, you're going to help her.

2. You are helping a client who is applying for food stamps. This client is not working at the moment because of health problems and has only $90 in cash and savings. He/She wants to fill out the forms at home and send them to you by mail.

3. Question Mr. Arana about whether anybody in his family receives any salary; how many people, including himself, live and eat at his house; and how much money they have in cash and savings. Advise him that if the information about their money is not correct, they are not going to receive the stamps.

Casos

Act out the following scenarios with a partner.

1. An eligibility worker is helping a client fill out an application for food stamps. Salaries, the number of people in the household, and the amount of money available in cash and savings should be discussed.

2. A social worker and one of his/her clients discuss the client's health problems.

Un paso más

A. Review the *Vocabulario adicional* in this lesson and match the questions in column A with the answers in column B.

	A		B
_____ 1.	¿Es obrero?	a.	No, medio día.
_____ 2.	¿Le van a imponer una multa?	b.	Con la niñera.
_____ 3.	¿Con quién están los niños?	c.	Sí, es cocinero.
_____ 4.	¿Cuál es su ocupación?	d.	Un año en la cárcel (*jail*).
_____ 5.	¿Trabaja tiempo completo?	e.	Sí, contra las mujeres.
_____ 6.	¿Juan trabaja en un restaurante?	f.	Sí, por hacer una declaración falsa.
_____ 7.	¿Es un accidente?	g.	No, trabajadores agrícolas.
_____ 8.	¿Cuál es la pena?	h.	Ama de casa.
_____ 9.	¿Son sirvientes?	i.	Sí, voy a llamar a la policía.
_____ 10.	¿Hay discriminación?	j.	Sí, trabaja en una fábrica.

B. With a partner, write a case scenario similar to the one presented in this lesson, in which you incorporate the additional vocabulary.

💿 *El programa de empleo y entrenamiento (I)*

La Sra. Rojas tiene una entrevista con el Sr. Torres, del programa de empleo y entrenamiento. Después de tomarle los datos, el Sr. Torres le explica a la Sra. Rojas en qué consiste el programa.

SRA. ROJAS	—Mi problema es éste: Yo estoy separada de mi esposo y quiero divorciarme, pero no tengo trabajo.
SR. TORRES	—¿Tienen Uds. hijos?
SRA. ROJAS	—Tenemos tres hijos y él tiene una niña de un matrimonio anterior.
SR. TORRES	—¿Viven con Ud.?
SRA. ROJAS	—Los míos viven conmigo, pero la suya vive con la madre de él.
SR. TORRES	—¿Hablaron Uds. con algún consejero familiar? ¿No es posible una reconciliación?
SRA. ROJAS	—No, él quiere casarse con otra mujer. Y yo también quiero divorciarme.
SR. TORRES	—Bueno, vaya al juzgado y pida las planillas para iniciar los trámites de divorcio.
SRA. ROJAS	—¿Puedo hacerlo yo misma, sin necesidad de abogado?
SRA. TORRES	—Sí, pero, para evitar problemas, es mejor utilizar a un abogado.
SRA. ROJAS	—Eso va a ser muy caro. Los abogados cobran mucho y yo no tengo dinero.
SR. TORRES	—Entonces vaya al Departamento de Ayuda Legal. Solicite ver a un abogado y cuéntele su problema.
SRA. ROJAS	—Mañana voy, sin falta.
SR. TORRES	—Muy bien. Dígame, ¿tiene algún oficio o profesión?
SRA. ROJAS	—No, por desgracia no. Me casé[1] muy joven, antes de terminar la escuela secundaria.
SR. TORRES	—Mire, Sra. Rojas, éste es un programa federal para personas como Ud., que puede ayudarla a mantenerse mientras aprende un oficio.
SRA. ROJAS	—Yo quiero ser auxiliar de enfermera y trabajar en un hospital. ¿Es posible eso?
SR. TORRES	—Sí, pero necesita terminar la escuela secundaria antes de comenzar el entrenamiento para auxiliar de enfermera.
SRA. ROJAS	—Y después, ¿me ayudan a pagar el entrenamiento?
SR. TORRES	—Sí, como Ud. participa en el programa AFDC,[2] es elegible para este tipo de ayuda. Llene las planillas y tráigamelas cuanto antes. No las mande por correo.

---

[1]**Me casé**, meaning *I married*, is a past tense (preterit) form of the reflexive verb **casarse**.
[2]**El programa de ayuda a familias con niños** (Aid to Families with Dependent Children).

⚙ Vocabulario

COGNADOS

federal federal
el hospital hospital
la profesión profession
el tipo type

NOMBRES

el (la) abogado(a) lawyer
el (la) auxiliar de enfermero(a) nurse's aid
el (la) consejero(a) familiar family counselor
los datos information, data
el entrenamiento training
la escuela secundaria secondary school (*junior high and high school*)
el juzgado, el tribunal courthouse
el matrimonio marriage
la necesidad need
el oficio trade

VERBOS

aprender to learn
casarse (con) to marry, to get married
cobrar to charge
consistir (en) to consist (of)
divorciarse to divorce
explicar to explain
iniciar to start, to initiate
mantener(se)[1] to support (oneself)
mirar to look at
participar to take part, to participate
utilizar, usar to use

ADJETIVOS

anterior previous
caro(a) expensive
joven young

OTRAS PALABRAS Y EXPRESIONES

antes de before
como like, as
cuanto antes as soon as possible
después (de) after, afterward
mientras while
por desgracia, desgraciadamente unfortunately
sin falta without fail
Solicite ver..., Pida ver... Ask to see . . .
los trámites de divorcio divorce proceedings
yo mismo(a) myself

Vocabulario adicional

barato(a) inexpensive, cheap
cambiar de trabajo to change jobs
cooperar to cooperate
la demanda lawsuit
demandar to sue
elegir (e:i),[2] **escoger**[3] to choose
especificar to specify
gratis (*adv.*), **gratuito(a)** (*adj.*) free, without cost
el (la) notario(a) público(a) notary public
presentar una demanda to file a lawsuit
la queja complaint
quejarse to complain
la reorientación vocacional vocational training
responsable responsible
los servicios gratuitos free services

---

[1]Conjugated like **tener.**
[2]First-person present indicative: **yo elijo.**
[3]First-person present indicative: **yo escojo.**

Notas culturales

Some of the Latinos who immigrate to North America come from places where secondary school is beyond their reach and aspirations for several reasons. Such schools may not exist in rural areas of their country of origin; economic necessities may oblige children to begin working before having finished elementary school; and the traditional path taken by their family members and people of the community may have been to attend vocational or technical schools in order to prepare themselves for a trade. Generally, these schools are parallel to secondary schools and one may enter them after having completed elementary school. Therefore, depending on their backgrounds and experiences in their countries of origin, some recently-arrived Latinos may view secondary school solely as a step toward entering a university, which they see as inaccessible to them. Their goal is, in general, to learn a trade in order to have greater access to employment opportunities and to earn a good wage. It is important to realize, however, that many Spanish-speaking immigrants come from backgrounds and countries that have afforded them access to excellent educational systems and opportunities through which they have earned respected diplomas and degrees in both secondary and higher education.

¿Recuerdan ustedes?

Answer the following questions, basing your answers on the dialogue.

1. ¿Con quién tiene una entrevista la Sra. Rojas?

    _____

2. ¿Qué hace el Sr. Torres después de tomarle los datos a la Sra. Rojas?

    _____

3. ¿Vive la Sra. Rojas con su esposo?

    _____

4. ¿Tiene ella hijos de un matrimonio anterior?

    _____

5. ¿Por qué no es posible una reconciliación de los esposos Rojas?

    _____

6. ¿Qué debe pedir la Sra. Rojas en el juzgado?

    _____

7. ¿Por qué no quiere la Sra. Rojas utilizar a un abogado?

    _____

8. ¿Qué tiene que terminar la Sra. Rojas antes de comenzar el entrenamiento?

    _____

9. ¿Por qué es elegible la Sra. Rojas para el programa de empleo y entrenamiento?

   _____

10. ¿Cómo puede ayudar el programa de ayuda a familias con niños a la Sra. Rojas?

   _____

Para conversar

Interview a classmate, using the following questions. When you have finished, switch roles.

1. ¿Quiénes deben hablar con un consejero familiar?

   _____

2. ¿Hablan sus clientes, a veces, con un consejero familiar?

   _____

3. Quiero divorciarme. ¿Dónde puedo conseguir las planillas para iniciar los trámites?

   _____

4. ¿Puedo divorciarme sin utilizar a un abogado?

   _____

5. ¿Sabe Ud. cuánto cobra un abogado por un divorcio, más o menos?

   _____

6. ¿Qué oficio o profesión tiene Ud.?

   _____

7. ¿Es el AFDC un buen programa? ¿Por qué?

   _____

8. ¿Es una buena idea casarse antes de terminar de estudiar? ¿Por qué o por qué no?

   _____

9. Si Ud. no es casado(a), ¿a qué edad piensa casarse?

   _____

Vamos a practicar

A. Complete the following sentences with the Spanish equivalent of the possessive pronoun in parentheses.

1. Ésas son mis planillas; _____ (*yours*) son aquéllas (*those*), Sr. Pérez.

2. La escuela secundaria de ellos es buena; _____ (*ours*) es mala.

3. Nuestro abogado es mejor que _____ (*his*).

4. Mi esposo es joven; _____ (*yours, tú form*), no.

5. Su hija es auxiliar de enfermera; _____ (*mine*) es recepcionista.

B. Change the following statements into commands.

   Modelo: Ud. tiene que explicármelo ahora.

   Explíquemelo ahora.

1. Ud. tiene que ayudarla.

   _____

2. Ud. debe aprender otro oficio.

   _____

3. Uds. tienen que ir al juzgado.

   _____

4. Ud. tiene que contármelo.

   _____

5. Uds. no deben divorciarse.

   _____

6. Ud. debe participar en ese programa.

   _____

7. Uds. no deben iniciar los trámites de divorcio.

   _____

8. Uds. no deben mirarlo.

   _____

9. Ud. no debe dárselo.

   _____

10. Uds. tienen que tomarle los datos.

   _____

C. Complete the following exchanges, using the appropriate form of the verbs given.

1. (casarse)   —¿Con quién piensa _____ tu hermana?

                               —Con Roberto Vera.

                               —¿Cuándo _____ (ellos)?

                               —El veinte de junio.

2. (mantenerse)   —¿Tú _____ con tu trabajo?

                               —No, yo no _____ con eso.

3. (divorciarse)   —¿Es verdad que Uds. van a _____?

                               —No, nosotros no vamos a _____.

Conversaciones breves

Complete the following dialogue, using your imagination and the vocabulary from this lesson.

La Sra. Armas pide información sobre el programa de empleo y entrenamiento. El Sr. Brito habla con ella y le explica en qué consiste el programa.

SR. BRITO   —¿Es Ud. casada o soltera?

SRA. ARMAS   —_____

SR. BRITO   —¿No es posible una reconciliación?

SRA. ARMAS   —_____

SR. BRITO   —Bueno, entonces, ¿desea Ud. iniciar los trámites de divorcio?

SRA. ARMAS   —_____

SR. BRITO   —Ud. no tiene necesidad de pagarle a un abogado. Puede iniciar los trámites de divorcio Ud. misma.

SRA. ARMAS   —_____

SR. BRITO   —En el juzgado. Vaya y pida las planillas.

SRA. ARMAS   —_____

SR. BRITO   —Bueno, si Ud. prefiere utilizar los servicios de un abogado, debe ir al Departamento de Ayuda Legal.

SRA. ARMAS   —_____

SR. BRITO — Otra cosa. ¿Qué oficio tiene Ud., señora?

SRA. ARMAS — _____

SR. BRITO — ¿Para qué oficio o profesión desea recibir entrenamiento?

SRA. ARMAS — _____

SR. BRITO — Para ser secretaria legal, primero necesita terminar la escuela secundaria.

SRA. ARMAS — _____

SR. BRITO — Sí, puede estudiar en una escuela para adultos.

SRA. ARMAS — _____

SR. BRITO — De nada, señora.

En estas situaciones

What would you say in the following situations? What might the other person say?

1. You are a worker with the Employment and Training Program. You are meeting with a woman who wants to divorce her husband but does not have money to pay a lawyer. Find out if a reconciliation is possible. Direct her to the Legal Aid Department in order to see a lawyer.

2. Your friend wants to divorce his wife but does not have any money. Tell him to go to the courthouse and ask for the forms to start divorce proceedings. Explain that he can do it without a lawyer.

3. You are a social worker talking to Mrs. Valenzuela, who wants to get a job but needs training. Explain that the Employment and Training Program can help her support herself and her family while she learns a trade. Point out that, since she is a participant in the AFDC program, she is eligible for that type of aid.

Casos

Act out the following scenarios with a partner.

1. A social worker is talking with a woman who wants to divorce her husband. Discuss legal procedures and related issues.

2. A social worker discusses with a single parent the question of job training and how the Employment and Training Program can be of help.

Un paso más

A. Review the *Vocabulario adicional* in this lesson and give the word or phrase that means the same as the following.

1. La necesitan las personas que van a cambiar de trabajo.

   _____

2. opuesto de caro

   _____

3. demandar

   _____

4. gratis

   _____

5. presentar una queja

   _____

6. elegir

   _____

7. ayudar

   _____

8. dar especificaciones

   _____

9. que tiene la responsabilidad

   _____

B. With a partner, write a case scenario similar to the one presented in this lesson, in which you incorporate the additional vocabulary.

💿 *El programa de empleo y entrenamiento (II)*

La Sra. Rojas llenó las planillas que le dio el Sr. Torres y volvió al Departamento tres días después.

SR. TORRES	—¿Ya fue a matricularse?
SRA. ROJAS	—Sí, fui anoche y me matriculé en tres clases.
SR. TORRES	—¿Cuál es su horario de clases, señora?
SRA. ROJAS	—Tengo dos clases por la mañana y una por la tarde.
SR. TORRES	—¿Qué arreglos puede hacer Ud. para el cuidado de sus hijos?
SRA. ROJAS	—Bueno, yo fui a hablar con mi tía ayer y ella puede cuidarlos en su casa por muy poco dinero.
SR. TORRES	—Ella debe ir a la casa de Ud.; si no, el Departamento no paga.
SRA. ROJAS	—Y si los niños pequeños van a una guardería, ¿recibo el dinero para pagar eso?
SR. TORRES	—En ese caso nosotros le pagamos directamente a la guardería, no a Ud.
SRA. ROJAS	—Yo prefiero dejarlos con mi tía. Ya hablé con ella y sé que necesita el dinero.
SR. TORRES	—Está bien. Ahora, ¿a qué escuela asiste su hijo mayor?
SRA. ROJAS	—Le dieron una beca para asistir a una escuela parroquial.
SR. TORRES	—Y los otros dos, ¿se quedan en casa?
SRA. ROJAS	—No, uno está en el primer grado, en el programa bilingüe, y vuelve a casa a las dos.
SR. TORRES	—Ud. necesita tomar más clases para mejorar su inglés, Sra. Rojas.
SRA. ROJAS	—Sí. El verano pasado tomé clases de inglés para adultos en una escuela nocturna, pero aprendí muy poco. Falté mucho a clase por enfermedad.
SR. TORRES	—Para ser auxiliar de enfermera necesita hablar bien el inglés.
SRA. ROJAS	—Entonces voy a matricularme otra vez en el semestre de primavera. Bueno, ¿qué le digo a mi tía?
SR. TORRES	—Dígale que tiene que llamarme por teléfono para pedir una cita.
SRA. ROJAS	—¿Cuál es la mejor hora para llamarlo?
SR. TORRES	—Por la mañana, de ocho a diez.
SRA. ROJAS	—Muy bien. Le agradezco mucho su ayuda.
SR. TORRES	—No hay de qué, señora.

🔊 Vocabulario

COGNADOS

bilingüe   bilingual
la clase   class
el grado   grade
parroquial   parochial
el semestre   semester

NOMBRES

el arreglo   arrangement
la beca   scholarship
la cita   appointment
la enfermedad   sickness
la escuela nocturna   night school
la guardería, el centro de cuidado de niños
   (*Puerto Rico*)   nursery school
el horario   schedule
la primavera   spring
el verano   summer
la tía   aunt

VERBOS

agradecer[1]   to thank
dejar   to leave
matricularse   to register
mejorar   to improve
quedarse   to stay

ADJETIVO

pasado(a)   last

OTRAS PALABRAS Y EXPRESIONES

anoche   last night
ayer   yesterday
directamente   directly
faltar a clase   to miss class
llamar por teléfono   to phone
otra vez   again
por enfermedad   due to illness
por la mañana   in the morning
por la tarde   in the afternoon

Vocabulario adicional

en la escuela   at school
ausente   absent
el (la) consejero(a)   counselor
el diploma, el título   diploma
el (la) director(a) de la escuela   school principal
el (la) maestro(a)   teacher
presente   present
el trimestre   quarter (*division of school year*)
el (la) amigo(a)   friend
el (la) compañero(a)   companion, pal, buddy
la familia   family
el concubinato   common-law marriage
la crianza   raising
la custodia   custody
el derecho a visitar   visiting right
el hogar de crianza, el hogar sustituto   foster
   home
la licencia para cuidar niños   child care license
el parentesco   relationship (*in a family*)
el (la) tutor(a)   guardian
otras estaciones   other seasons
el otoño   autumn
el invierno   winter

---

[1]First-person present indicative: **yo agradezco.**

Notas culturales

- In Latino families, grandmothers or aunts are often involved in the daily care and raising of the children.
- In Spain and Latin America, sending children to private schools is a status symbol, one that is an option for the middle and upper classes only. Many of these schools are religious in orientation. For these reasons, many Latinos living in the U.S. and Canada prefer to send their children to parochial schools.

¿Recuerdan ustedes?

Answer the following questions, basing your answers on the dialogue.

1. ¿Cuándo volvió al Departamento la Sra. Rojas?

_____

2. ¿Quién puede cuidar a los niños de la Sra. Rojas?

_____

3. ¿Dónde puede cuidarlos?

_____

4. Si los niños van a una guardería, ¿a quién le paga el Departamento?

_____

5. ¿Qué necesita la tía de la Sra. Rojas?

_____

6. ¿A qué escuela va el hijo mayor de la Sra. Rojas?

_____

7. ¿A qué programa asiste el niño que está en primer grado?

_____

8. ¿Qué debe hacer la Sra. Rojas para mejorar su inglés?

_____

9. ¿Por qué necesita mejorar su inglés?

_____

10. ¿Cuándo va a matricularse otra vez?

_____

11. ¿Qué debe decirle la Sra. Rojas a su tía?

_____

Para conversar

Interview a classmate, using the following questions. When you have finished, switch roles.

1. ¿Cuál es su horario de clases?

   _____

2. ¿Tiene Ud. hijos? ¿Qué arreglos hace para el cuidado de ellos?

   _____

3. Cuando Ud. está en la clase de español, ¿están en una guardería sus hijos o
   se quedan en casa?

   _____

4. ¿Sabe Ud. dónde hay una buena guardería para niños?

   _____

5. ¿A qué escuela primaria asistió Ud.? ¿En qué estado?

   _____

6. ¿Tomó Ud. clases de español el año pasado?

   _____

7. ¿Va Ud. a tomar otras clases para mejorar su español?

   _____

8. Si el profesor (la profesora) me pregunta por qué no está Ud. en clase, ¿qué
   le digo?

   _____

9. ¿Cuál es la mejor hora para llamarlo(a) a Ud. por teléfono?

   _____

10. ¿Tiene Ud. una beca para estudiar aquí?

    _____

11. ¿Qué cree Ud. de los programas bilingües?

    _____

12. ¿Qué va a hacer en el verano?

    _____

Vamos a practicar

A. Rewrite the following sentences, changing the italicized verbs to the preterit tense.

1. Este semestre *estudio* español.

   El semestre pasado _____.

2. Mis tías *van* a mi casa para cuidar a los niños.

   Ayer _____.

3. Este año mis hijos más pequeños *asisten* a la escuela primaria.

   El año pasado _____.

4. Él me *da* el dinero para el cuidado de mis hijos.

   La semana pasada _____.

5. Mi tía me *cuida* a los niños.

   Anoche (*Last night*) _____.

6. Ella *es* auxiliar de enfermera.

   _____ por dos años.

B. Write the following dialogues in Spanish, using *por* and *para* as appropriate.

1. "Where did you go yesterday, Mr. Vega?"

   "I went to the nursery school."

   "Did you go by the hospital?"

   "Yes. Carlos and I went in the afternoon."

   _____

   _____

   _____

2. "When did your children go to Mexico?"

   "They went last summer."

   _____

   _____

3. "They missed class a lot because of illness."

   "Yes, they didn't learn anything."

   _____

   _____

4. "Did you go to his house, Carlos?"

   "No, he called me on the phone."

   _____

   _____

5. "When can you (*pl.*) get the money, Miss Rivera?"

   "We can get it tomorrow afternoon."

   _____

   _____

6. "I have to pay $100 for the medicine."

   "I can give you the money Friday morning, Mrs. Barrios."

   _____

   _____

7. "Is the scholarship for you, Miss Soto?"

   "No, it's for my oldest sister."

   _____

   _____

8. "What do you need the money for, Anita?"

   "I need it in order to pay him."

   _____

   _____

Conversaciones breves

**Complete the following dialogue, using your imagination and the
vocabulary from this lesson.**

La Sra. Armas volvió a ver al Sr. Brito dos días después.

SRA. ARMAS —Ya llené las planillas, pero necesito saber si Uds. pagan por el cuidado de mis hijos.

SR. BRITO —_____

SRA. ARMAS —Mi mamá puede cuidarlos, pero ella no puede ir a mi casa.

SR. BRITO —_____

SRA. ARMAS —¿Puedo mandarlos a una guardería?

SR. BRITO —_____

SRA. ARMAS —¿Le pagan Uds. a la guardería o recibo yo el dinero?

SR. BRITO —_____

SRA. ARMAS —Van a ir a la guardería los dos niños más pequeños. Los mayores van a una escuela primaria.

SR. BRITO —_____

SRA. ARMAS —No, pero están en el programa bilingüe.

SR. BRITO —_____

SRA. ARMAS —Sí, yo voy a matricularme en una clase de inglés para adultos.

SR. BRITO —_____

SRA. ARMAS —Sí, yo tomé dos clases de inglés el año pasado, pero falté mucho a clase.

SR. BRITO —_____

SRA. ARMAS —Por enfermedad. Bueno, ¿qué le digo a mi mamá?

SR. BRITO —_____

SRA. ARMAS —¿Cuál es la mejor hora para llamarlo?

SR. BRITO —_____

SRA. ARMAS —Bueno. Le agradezco su ayuda, Sr. Brito.

SR. BRITO —_____

En estas situaciones

What would you say in the following situations? What might the other person say?

1. You are a social worker with an employment and training program. You are talking to Mrs. Gutiérrez about arrangements she can make for the care of her children. Her sister wants to take care of the older children at her house after school. Explain that if the younger children go to a nursery, the Department pays the nursery, not her. Find out what school the older children attend.

2. Urge Mr. Carreras to register next semester to take English classes. Tell him he cannot get a good job if he doesn't improve his English.

3. Tell Mrs. González that her husband should call you to make an appointment. Tell her what the best time to call is. When Mrs. González thanks you for your help, respond appropriately.

Casos

Act out the following scenarios with a partner.

1. A social worker with an employment and training program is talking to a client about child care and related issues.

2. Inquire about your client's English classes and encourage him/her to continue improving his/her English.

Un paso más

A. Review the *Vocabulario adicional* in this lesson and complete the following sentences.

1. La Srta. Peralta es la _____ de mi hija.

2. ¿Quién es la _____ de la escuela Lincoln?

3. ¿Qué _____ tiene ella con Ud.? ¿Es su tía?

4. Antonio no está en clase hoy. Está _____. Los demás niños están _____.

5. Ella vive en un _____ . Ésos son sus padres de crianza.

6. Voy a tomar otra clase de español el _____ que viene.

7. Mi hijo terminó la escuela secundaria y recibió su _____ .

8. ¿Quién tiene la _____ de los niños, el padre o la madre?

9. Si no tiene padres, su _____ debe firmar el documento.

10. Sus padres no son casados, pero viven juntos. Viven en _____ .

11. Su tía debe ir a la casa de Ud. para cuidar a los niños, porque ella no

    tiene _____ .

12. Estamos divorciados, y mi esposo no tiene _____ a los niños.

B.   **With a partner, write a case scenario similar to the one presented in this lesson, in which you incorporate the additional vocabulary.**

Lectura 2

⬤ **Departamento de Servicios Sociales del Estado de Nueva York**

Read the following information about how to fill out a Social Services
form. Try to guess the meaning of all cognates. Then do the exercise item
that follows.

Cómo llenar la solicitud de servicios sociales

Para poder ayudarlo, el Departamento de Servicios Sociales debe saber quién es usted y
qué necesita. Por eso, usted debe llenar esta solicitud, que nos informa de lo siguiente
sobre usted:

    *Quién es usted.   *Dónde vive usted.   *Cómo vive.   *Cómo podemos ayudarlo.

Las instrucciones y la solicitud están numeradas por sección para ayudarlo. No les preste
atención a los números impresos en las casillas que usted completa. Puede escribir sobre
estos números, si es necesario.

    *ESCRIBA EN LETRAS DE MOLDE Y CLARAMENTE.

    *NO ESCRIBA EN LAS ÁREAS SOMBREADAS.°   *shaded*

    *ASEGÚRESE DE LLENAR CADA UNA DE LAS SECCIONES.

    *SI USTED ESTÁ SOLICITANDO AYUDA EN REPRESENTACIÓN DE AL-
    GUIEN, HAGA EL FAVOR DE ESCRIBIR EN LETRAS DE MOLDE LA INFOR-
    MACIÓN SOBRE ESA OTRA PERSONA, Y NO LA DE USTED.

RENUNCIA: Si usted desea renunciar a su solicitud o retirarla, discuta esto con su
examinador(a) de elegibilidad.

Además de la forma DSS-2921-S NYC: "Solicitud", asegúrese de obtener los siguientes
folletos:

1. "Lo que usted debe saber acerca de sus derechos y responsabilidades"

2. "Lo que usted debe saber acerca de los programas de servicios sociales"

3. "Lo que usted debe saber si tiene una emergencia"

After reading the *Lectura* carefully, answer the following questions.

1. ¿Qué necesita saber el Departamento de Servicios Sociales para poder ayudar a una persona?

   _____

2. ¿Qué información tiene el Departamento de Servicios Sociales cuando una persona llena la solicitud?

   _____

3. ¿Cómo están numeradas las instrucciones y la solicitud?

   _____

4. ¿Con qué tipo de letra debe escribir la persona?

   _____

5. ¿Dónde no debe escribir?

   _____

6. Si la persona desea renunciar a su solicitud o retirarla, ¿con quién debe discutir esto?

   _____

7. ¿Qué información puede obtener la persona que tiene los folletos que sugiere (*suggests*) la lectura?

   a. _____

   b. _____

   c. _____

Repaso

LECCIONES 6–10

PRÁCTICA DE VOCABULARIO

A. Circle the word or phrase that does not belong in each group.

1. volver   gastar   costar

2. menor   siguiente   mayor

3. salario   sueldo   almuerzo

4. ir   mantener   asistir

5. barrio   empleo   entrada

6. duro   difícil   actual

7. hacer saber   durar   avisar

8. preguntar   contestar   completar

9. ahora   en este momento   en efectivo

10. solamente   nada más que   por un tiempo

11. dato   oficio   profesión

12. juzgado   entrenamiento   abogada

13. cobrar   casarse   divorciarse

14. lo más pronto posible   después   cuanto antes

15. enfermedad   beca   dolor

16. horario   hijos   guardería

17. clase   matricularse   agradecer

18. no asiste   falta   mira

19. después   más tarde   poco

20. doler   mandar   enviar

21. continuar   preparar   seguir

22. escuela   factoría   fábrica

23. primavera   cocinero   verano

24. alguien   nadie   a veces

25. barato   viejo   caro

B.   Circle the word or phrase that best completes each sentence.

1. ¿Cuál es su situación (dura / actual / mayor)?

2. Todo (cuesta / demora / depende) mucho dinero.

3. El dinero no me (atiende / alcanza / gasta).

4. Ellos van a (volver / poder / costar) a las dos.

5. ¿Hay algún supervisor (disponible / nocturno / anterior)?

6. Elena no vive en mi (cuenta corriente / barrio / empleo).

7. Yo (gano / pido / asisto) a la escuela secundaria.

8. ¿Vas a (conseguir / llevar / consistir) a María a la oficina?

9. ¿A qué hora es (el banco / el reglamento / el almuerzo)?

10. ¿Es grande o (principal, primera, pequeña)?

11. No tiene dinero porque (está sin trabajo / no hay nadie / no reevalúa).

12. Está en (el ahorro / el hombro / la página) veinte.

13. Voy a (completar / preguntar / conocer) si todos van a ir.

14. Van a estar allí (por completo / por un tiempo / en efectivo).

15. Quiere ser auxiliar (familiar / de enfermera / de la necesidad).

16. ¿Cuánto (cuentan / cuestan / cobran) las copias?

17. ¡Es muy (anterior / menor / joven)! Tiene veinte años.

18. Tienen que venir mañana (mientras / sin falta / yo mismo).

19. Tengo una (cita / beca / enfermedad) con el supervisor.

20. ¿Te vas o (te quedas / dejas / mejoras)?

21. Ellos (gastan / se mantienen / se quejan) mucho dinero.

22. Los demás regresaron el sábado (anoche / pasado / domingo).

C. Match the questions in column A with the answers in column B.

A B

_____ 1. ¿Qué quieres?

_____ 2. ¿Cuánto tiempo demoran?

_____ 3. ¿Cuánto van a gastar?

_____ 4. ¿Quién va a reevaluar tu caso?

_____ 5. ¿Eres mayor que ella?

_____ 6. ¿Tienes una cuenta corriente?

_____ 7. ¿Es médico?

_____ 8. ¿Tiene un oficio?

_____ 9. ¿Tiene algún dolor?

_____ 10. ¿Cuándo vienen?

_____ 11. ¿Estás sin trabajo?

_____ 12. ¿Qué vas a tomar?

_____ 13. ¿Trabaja mucho?

_____ 14. ¿Quién está con el bebé?

_____ 15. ¿Qué le hace falta?

_____ 16. ¿Hay alguien con usted?

a. El supervisor.

b. No, abogado.

c. Lo más pronto posible.

d. No, menor.

e. Sí, es jardinero.

f. Cien dólares. No tienen más.

g. Sí, y por desgracia no tengo dinero...

h. Sí, en el hombro.

i. La ropa.

j. Una clase de inglés.

k. No, de ahorros.

l. Dos días.

m. Dinero.

n. La niñera.

o. Sí, nunca descansa.

p. No, estoy sola.

D. Crucigrama

HORIZONTAL

2. opuesto de mayor

4. Vive en un _____ de la ciudad.

5. sólo

6. *medicine*, en español

7. La necesitamos para el coche.

9. opuesto de mucho

11. Tengo una cuenta en el _____ de América.

15. opuesto de alguien

17. Asiste a la _____ secundaria.

18. *health*, en español

19. opuesto de preguntar

20. doctor en medicina

21. usar

23. Voy a hablar con una _____ familiar.

24. dar gracias

25. tomar parte

26. Habla dos idiomas (*languages*); es _____ .

VERTICAL

1. *schedule*, en español

3. *to interview*, en español

5. sueldo

8. ser suficiente

10. Seis trabajadoras sociales trabajan para ella. Es la _____ del departamento.

12. opuesto de antes

13. centro de cuidado de niños

14. *training*, en español

16. opuesto de grande

22. Voy a iniciar los _____ de divorcio.

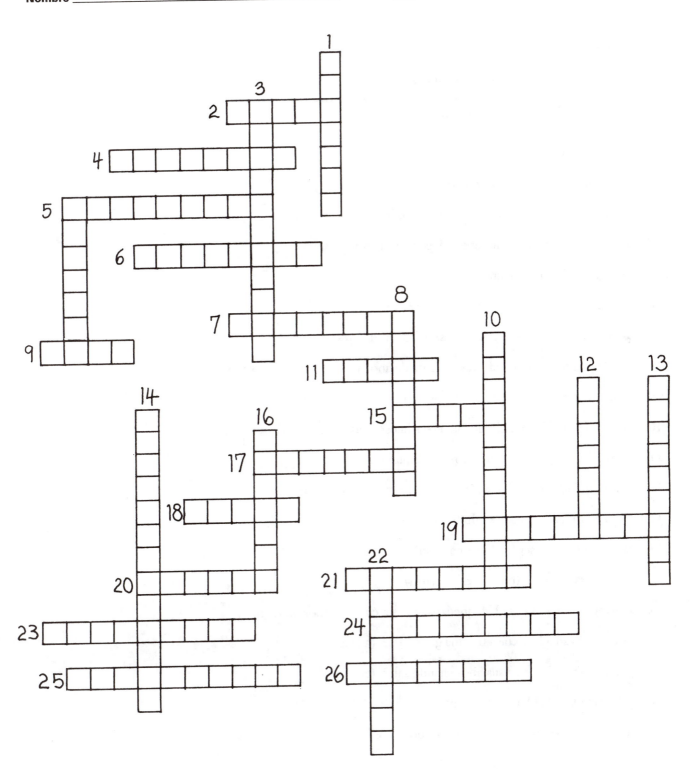

PRÁCTICA ORAL

Listen to the following exercise on the audio program. The speaker will ask you some questions. Answer the questions using the cues provided. The speaker will confirm the correct answer. Repeat the correct answer.

1. ¿Está Ud. sin trabajo en este momento? (no)

2. ¿Trabaja Ud. por cuenta propia? (no)

3. ¿Cuántas horas al día trabaja Ud.? (ocho horas)

4. ¿A cuántas personas mantiene Ud. con su sueldo? (a tres)

5. ¿Gastan Uds. mucho dinero? (sí)

6. ¿Le alcanza a Ud. el dinero que recibe? (no)

7. ¿Cuánto dinero recibe Ud. al mes? (dos mil dólares)

8. ¿Cuánto dinero tiene Ud. en su cuenta de ahorros? (quinientos dólares)

9. ¿Cuánto dinero tiene Ud. en efectivo en este momento? (diez dólares)

10. ¿Cuánto paga Ud. por el cuidado de sus hijos? (cuatrocientos dólares al mes)

11. ¿Necesita Ud. algo nuevo este mes? (sí, un refrigerador)

12. ¿Prefiere Ud. los refrigeradores grandes o pequeños? (grandes)

13. ¿Tiene Ud. problemas de salud? (sí)

14. ¿A quién le va a escribir Ud. una carta? (a mi padre)

15. ¿Qué le va a decir? (que necesito ayuda)

16. ¿Cuánto tiempo piensa Ud. quedarse en esta ciudad? (por un tiempo)

17. ¿Sus hijos van a la escuela o a una guardería? (a la escuela)

18. ¿Con quién deja Ud. a sus hijos cuando sale? (con mi tía)

19. ¿Necesita Ud. hablar con un consejero familiar? (no)

20. ¿Cuántas clases tomó Ud. el año pasado? (dos)

21. ¿Aprendió Ud. mucho? (no)

22. ¿Por qué faltó Ud. mucho a clase? (por enfermedad)

23. ¿Cuándo piensa Ud. tomar otra clase de español? (el semestre próximo)

24. ¿Cuándo va a matricularse Ud. para la clase? (mañana)

25. ¿A qué hora termina la clase hoy? (a las diez)

◉ *Medicaid: El programa federal de servicios médicos*

El Sr. Ortiz habla con la Srta. Juárez, del programa federal de ayuda médica (Medicaid).

SRTA. JUÁREZ	—Debe llenar estas planillas en su casa y traérmelas o mandármelas por correo.
SR. ORTIZ	—Yo tengo que venir al centro mañana, de modo que se las puedo traer.
SRTA. JUÁREZ	—Perfecto. Ahora, si además de su casa tiene alguna otra propiedad, debe traer los papeles.
SR. ORTIZ	—Solamente tenemos la casa en que vivimos.
SRTA. JUÁREZ	—¿Tienen Uds. automóviles?
SR. ORTIZ	—Sí, mi señora tiene un carro, y yo tengo un camioncito para mi trabajo.
SRTA. JUÁREZ	—Entonces, traiga el registro del camioncito, por favor.

Al día siguiente, el Sr. Ortiz y su esposa hablan con la Srta. Juárez.

SR. ORTIZ	—Traje el registro y los otros papeles que Ud. me pidió.
SRTA. JUÁREZ	—Muy bien. ¿Recibieron Uds. ayuda económica alguna vez?
SR. ORTIZ	—Sí, en Oklahoma tuvimos que pedir ayuda. Estuvimos allí por unos seis meses, hasta que pudimos mudarnos.
SRTA. JUÁREZ	—¿Cuándo dejaron de recibir ayuda?
SRA. ORTIZ	—El año pasado, cuando vinimos a Arizona.
SRTA. JUÁREZ	—¿Cuánto tiempo hace que viven en Arizona?
SR. ORTIZ	—Hace ocho meses que vivimos en este estado.
SRTA. JUÁREZ	—Bien. Uds. son elegibles para recibir ayuda. Van a recibir su tarjeta de Medicaid dentro de dos semanas, más o menos.
SRA. ORTIZ	—Pero yo necesito llevar a mi hijo al médico hoy.
SRTA. JUÁREZ	—En ese caso les voy a dar un documento provisional. Lleve esta planilla y el médico va a llenar esta sección. Fírmela al pie de la página y mándemela.
SR. ORTIZ	—¿Medicaid cubre todos los gastos médicos, incluidas las medicinas?
SRTA. JUÁREZ	—No, no todos. Este folleto les explica lo que cubre y lo que no cubre Medicaid.
SR. ORTIZ	—*(A su esposa)* Llama a Rosita y dile que ya tenemos ayuda médica.
SRA. ORTIZ	—*(Por teléfono)* Rosita, conseguimos Medicaid. Llama a la Dra. González por teléfono y pídele un turno para tu hermano, para hoy mismo si es posible.

🔘 Vocabulario

COGNADOS

perfecto(a)   perfect
provisional   provisional
la sección   section

NOMBRES

el camioncito   pickup truck
el centro   downtown area
el folleto   brochure
el hermano   brother
la propiedad   property
el turno   appointment

VERBOS

cubrir   to cover
llamar   to call
mudarse   to move (*from one place to another*)

ADJETIVOS

incluido(a)   including
médico(a)   medical

Vocabulario adicional

LA SALUD Y EL HOSPITAL

la ambulancia   ambulance
el análisis, la prueba   test
el antibiótico   antibiotic
el cardiograma   cardiogram
el (la) cirujano(a)   surgeon
la clínica, la policlínica   clinic, hospital
la Cruz Roja   The Red Cross
dar de alta   to discharge (*from the hospital*)
la emergencia   emergency
el (la) especialista   specialist
la farmacia, la botica   pharmacy, drugstore
los gastos funerarios   funeral expenses
el laboratorio   laboratory
morir (o:ue)   to die
operarse   to have surgery
el (la) paciente externo(a)   outpatient
el (la) paciente interno(a)   inpatient
el (la) paramédico(a)   paramedic
los primeros auxilios   first aid
la radiografía   X-ray
la receta   prescription
la sala de emergencia   emergency room
el sonograma   sonogram

OTRAS PALABRAS Y EXPRESIONES

además (de)   besides, in addition to
al día siguiente   the next day, the following day
al pie de la página   at the bottom of the page
¿Cuánto tiempo hace que... ?   How long have. . . ?
de modo que   so that
dejar de (+ *inf.*)   to stop (doing something)
hasta que   until
hoy   today
lo que   what
para hoy mismo   for today
pedir (e:i) ayuda   to apply for aid
si es posible   if possible

Notas culturales

In some Spanish-speaking countries, people not only consult medical doctors about their health problems, but also their local pharmacists. In general, pharmacists in the Spanish-speaking world receive rigorous training and are up-to-date in pharmacology. They often give shots and recommend or prescribe medicines because many drugs, such as antibiotics, can be bought without a prescription. In view of this, many newly-arrived Latinos in the United States are surprised to learn that they cannot get some medicines they bought over-the-counter in their countries without a doctor's prescription, and that they need to factor in the cost of seeing a doctor to the cost of some of the medicine they may need.

¿Recuerdan ustedes?

Answer the following questions, basing your answers on the dialogue.

1. ¿Qué debe llenar el Sr. Ortiz?

   _____

2. ¿Qué debe hacer después de llenarlas?

   _____

3. ¿Adónde tiene que ir el Sr. Ortiz mañana?

   _____

4. ¿Qué propiedades tiene la familia Ortiz?

   _____

5. ¿Cuántos automóviles tiene la familia Ortiz? ¿Cuáles son?

   _____

6. ¿Recibió ayuda alguna vez la familia Ortiz?

   _____

7. ¿Cuándo dejó de recibir ayuda la familia Ortiz?

   _____

8. ¿Cuánto tiempo hace que vive en Arizona la familia Ortiz?

   _____

9. ¿Qué explica el folleto que la Srta. Juárez le da al Sr. Ortiz?

   _____

10. ¿Para qué va a llamar Rosita al médico?

    _____

Para conversar

Interview a classmate, using the following questions. When you have finished, switch roles.

1. ¿Tiene Ud. alguna propiedad?

   _____

2. ¿Usa Ud. un automóvil para su trabajo? ¿De qué tipo?

   _____

3. ¿Cuánto tiempo hace que Ud. vive en este estado?

   _____

4. ¿Le gusta su barrio o quiere mudarse?

   _____

5. ¿Tiene Ud. seguro médico?

   _____

6. ¿Qué cubre y qué no cubre su seguro médico?

   _____

7. ¿Fue Ud. al médico ayer?

   _____

8. ¿Cuánto tiempo hace que no va al médico?

   _____

9. ¿Vino Ud. a clase ayer? ¿Qué más hizo?

   _____

10. ¿Cuánto tiempo hace que asiste a esta universidad?

   _____

Vamos a practicar

A. Write the following dialogues in Spanish.

1. "How long have they lived in New York?"

   "They have been living in New York for ten years."

   _____

   _____

2. "How long have you been receiving financial aid?"

   "I have been receiving it for six months."

   _____

   _____

3. "How long has she been working here?"

   "She has been working here for two weeks."

   _____

   _____

B. Rewrite the following sentences, changing the italicized verbs to the preterit.

1. Ella *viene* porque *tiene* que firmar los documentos.

   _____

2. Nosotros no *podemos* llenar la otra sección.

   _____

3. ¿*Traes* los papeles de la otra propiedad?

   _____

4. Ellos *tienen* que llevar a su hijo al médico.

   _____

5. Yo no *quiero* pagar los servicios médicos.

   _____

6. Él lo *hace* por su cuenta.

   _____

7. No *es* posible pagar todos los servicios médicos.

   _____

8. María y Rosa *están* en la oficina del Sr. Pérez.

   _____

9. Ellos les *piden* las planillas.

   _____

10. Ud. *consigue* ayuda del condado.

    _____

11. El Sr. Paz *sigue* hablando.

    _____

12. Ella *prefiere* hablar con el supervisor.

    _____

C. **Change the following sentences to familiar (*tú*) commands.**

   Modelo: *Tienes que hablar* con él.
   Habla con él.

1. *Tienes que venir* a las dos y *traerme* el registro.

   _____

2. *Tienes que darle* las planillas al supervisor; *no debes dárselas* al Sr. Peña.

   _____

3. *Tienes que ir* a la oficina y *decirle* a la Sra. Parra que la necesitamos.

   _____

4. *Tienes que hacerme* un favor. *Tienes que llamarme* a las cuatro.

   _____

5. *No debes quedarte* aquí. *Debes mudarte.*

   _____

Conversaciones breves

Complete the following dialogue, using your imagination and the vocabulary from this lesson.

La Srta. Paz habla con el Sr. Miró sobre el programa de ayuda médica.

SR. MIRÓ —Señorita, necesito ayuda económica y también ayuda médica.

SRTA. PAZ —_____

SR. MIRÓ   —Hace dos meses que no tengo trabajo.

SRTA. PAZ   —_____

SR. MIRÓ   —Trabajé nueve meses en un banco.

SRTA. PAZ   —_____

SR. MIRÓ   —Hace diez meses que vivo en este estado.

SRTA. PAZ   —_____

SR. MIRÓ   —Empecé a recibir ayuda cuando me mudé a este estado.

SRTA. PAZ   —_____

SR. MIRÓ   —Sí, soy casado y tengo dos niños.

SRTA. PAZ   —_____

SR. MIRÓ   —¿Puedo llenar las planillas aquí mismo? Necesito llevar a uno de mis niños al médico.

SRTA. PAZ   —_____

SR. MIRÓ   —¿Dónde debo firmar yo?

SRTA. PAZ   —_____

SR. MIRÓ   —Después, ¿qué hago con la planilla?

SRTA. PAZ   —_____

En estas situaciones

What would you say in the following situations? What might the other person say?

1. You are a Medicaid worker, talking to a client. Tell him/her to fill out the forms and to bring them or mail them to you. Say also that if the client has any other property besides a house, he/she must bring the papers. Find out if the client has any other car in addition to the one he/she uses for transportation.

2. You are talking to a friend who is very poor. Tell your friend to apply for financial aid in order to get help and to go to the Department of Social Services tomorrow and fill out the forms. Explain that a Medicaid card will arrive in two or three weeks.

3. You are talking to a client. Ask your client how long he/she has lived in the state, and whether he/she has ever received financial aid. Tell the client that he/she is eligible to receive aid but that he/she must pay part of the medical expenses. Offer a brochure that explains what Medicaid covers.

Casos

Act out the following scenarios with a partner.

1. A Medicaid worker is telling a client what to do to receive Medicaid. All possible information about the client should be obtained.

2. Help a new client obtain medical assistance before his/her Medicaid card comes in.

Un paso más

A. Review the *Vocabulario adicional* in this lesson and then match the questions in column A with the answers in column B.

<table>
<tr><td>A</td><td>B</td></tr>
<tr><td>_____ 1. ¿Cómo la trajeron a la sala de emergencia?</td><td>a. Sí, y yo tengo que pagar los gastos funerarios.</td></tr>
<tr><td>_____ 2. ¿Está en el hospital?</td><td>b. Sí, necesita un antibiótico.</td></tr>
<tr><td>_____ 3. ¿Qué te dijo tu médica?</td><td>c. Que tenía que operarme.</td></tr>
<tr><td>_____ 4. ¿Murió tu abuela?</td><td>d. Un buen cirujano.</td></tr>
<tr><td>_____ 5. ¿Quién te va a operar?</td><td>e. Sí, me van a hacer unos análisis.</td></tr>
<tr><td>_____ 6. ¿Vas a ir a la farmacia?</td><td>f. No, una radiografía.</td></tr>
<tr><td>_____ 7. ¿Tienes que ir al laboratorio?</td><td>g. No, le dieron de alta.</td></tr>
<tr><td>_____ 8. ¿Tiene una infección?</td><td>h. Los paramédicos.</td></tr>
<tr><td>_____ 9. ¿Es un paciente interno?</td><td>i. No, porque no tengo la receta.</td></tr>
<tr><td>_____ 10. ¿Te hicieron un sonograma?</td><td>j. Un cardiograma.</td></tr>
<tr><td>_____ 11. ¿Quiénes te dieron los primeros auxilios?</td><td>k. No, externo.</td></tr>
<tr><td>_____ 12. ¿Qué necesita el paciente?</td><td>l. En una ambulancia.</td></tr>
</table>

B. With a partner, write a case scenario similar to the one presented in this lesson, in which you incorporate the additional vocabulary.

❻ *Maltrato de un niño (I)*

La Sra. Rosa Soto toca a la puerta de la casa de la familia Torres y un hombre le abre.

SRA. SOTO	—Buenos días. ¿Es Ud. el Sr. Pedro Torres?
SR. TORRES	—Sí, soy yo. ¿Qué se le ofrece?
SRA. SOTO	—Soy Rosa Soto y trabajo para la Sección Protectora de Niños. Aquí tiene mi tarjeta.
SR. TORRES	—Pase y siéntese. ¿En qué puedo servirle?
SRA. SOTO	—Vine para investigar cierta información que recibimos ayer. Alguien llamó para decir que aquí estaban maltratando a un niño.
SR. TORRES	—¿Qué? ¿Quién dijo eso?
SRA. SOTO	—Lo siento, pero no puedo decírselo. Las denuncias de este tipo son confidenciales.
SR. TORRES	—Pero eso es mentira. Además, nadie tiene autoridad para decirnos cómo disciplinar a nuestros hijos.
SRA. SOTO	—Está equivocado, Sr. Torres. En este país no aceptan ciertas formas de disciplinar a los niños. ¿Puedo ver a su hijo, por favor? Se llama... Raúl, ¿verdad?
SR. TORRES	—Sí... Voy a llamarlo. Un momento.

El Sr. Torres trae a Raúl de la mano. El niño es muy delgado y está muy pálido. La Sra. Soto lo examina y ve que tiene un chichón en la cabeza, cicatrices en las piernas, y moretones en los brazos y en las nalgas.

SRA. SOTO	—¿Qué le pasó al niño?
SR. TORRES	—Anoche se cayó en la escalera. Yo no lo vi porque no estaba en casa, pero mi esposa me contó lo que pasó.
SRA. SOTO	—¿Lo llevaron al médico?
SR. TORRES	—No. El niño dijo que estaba bien y no lloró. Además, eran las ocho de la noche.
SRA. SOTO	—¿Dónde estaba su esposa?
SR. TORRES	—Ella estaba en la cocina.
SRA. SOTO	—El médico debe examinar a este niño, Sr. Torres. ¿Cuándo puede llevarlo?
SR. TORRES	—Esta tarde o mañana.
SRA. SOTO	—Muy bien. Necesito el nombre de su médico. Voy a hablar con él y voy a regresar dentro de tres días.

Tres días después:

SRA. SOTO	—Tuve que llamar a la policía, Sra. Torres. Ellos van a venir a llevar a su hijo a la casa de una familia que lo va a cuidar.
SRA. TORRES	—¡No, Uds. no me van a quitar a mi hijo!

SRA. SOTO —Va a haber una audiencia y, después de oírlos a Uds., al médico y a otros testigos, un juez va a decidir si su hijo tiene que quedarse con la otra familia.

SRA. TORRES —Eso no puede ser. Mi hijo no se va a criar con gente extraña.

SRA. SOTO —Es para ayudar al niño, Sra. Torres, ...y a Uds. también.

🔊 Vocabulario

COGNADOS

la **autoridad**   authority
confidencial   confidential
la **policía**   police (force)

NOMBRES

la **audiencia**, la **vista**   (court) hearing
el **brazo**   arm
la **cabeza**   head
el **chichón**   bump (*on the head*)
la **cicatriz**   scar
la **cocina**   kitchen
la **denuncia**   accusation, report (*of a crime*)
la **escalera**   stairs
la **forma**   way
la **gente**   people
el (la) **juez(a)**   judge
el **maltrato**   abuse
la **mentira**   lie
el **moretón**, el **morado**, el **cardenal**   bruise
la **nalga**   buttock, rump
la **noche**   night
la **pierna**   leg
la **Sección Protectora (el Departamento de Protección) de Niños**   Children's Protection Department
el (la) **testigo**   witness
el (la) **vecino(a)**   neighbor

VERBOS

abrir   to open
aceptar   to accept
caerse[1]   to fall down
examinar, **chequear**   to examine, to check
criarse   to be raised
decidir   to decide
disciplinar   to discipline
investigar   to investigate
irse   to go away
llamarse   to be named, to be called
llorar   to cry
maltratar   to abuse, to mistreat
oír[2]   to hear
pasar, **suceder**   to happen
quitar   to take away

---

[1]Irregular first-person present indicative: **me caigo.**
[2]Irregular present indicative: **oigo, oyes, oye, oímos, oyen.**

ADJETIVOS

cierto(a)   certain
delgado(a)   thin
extraño(a)   strange (unknown)
pálido(a)   pale

OTRAS PALABRAS Y EXPRESIONES

anoche   last night
¿cómo?   how?
de la mano   by the hand
estar equivocado(a)   to be wrong
¿Qué se le ofrece?   What can I do for you?
Siéntese.   Sit down.
tocar a la puerta   to knock at the door
va a haber   there is going to be

Vocabulario adicional

LAS PARTES DEL CUERPO

la boca   mouth
la cadera   hip
la cara   face
el corazón   heart
el cuello   neck
el dedo   finger
el dedo del pie   toe
el diente tooth
la espalda   back
el estómago   stomach
el hígado   liver
la lengua   tongue

la muela   molar, tooth
la nariz   nose
la oreja   ear
el ojo   eye
el pecho   chest
el pelo, el cabello   hair
el pie   foot
el pulmón   lung
el riñón   kidney
la rodilla   knee
el seno   breast
el tobillo   ankle

Notas culturales

In some Spanish-speaking countries, parents are still accustomed to disciplining their children through corporal punishment. This type of discipline is either not prohibited by law or it is tolerated by the authorities. Generally speaking, mothers do the spanking, but if the misbehavior is serious, the father administers more serious punishment. He may hit the children with a belt or a leather strap. It is important, however, not to overgeneralize this disciplinary practice. Keep in mind also that, in general, Latino families tend to be close-knit units in which all family members spend time together and help and support each other. Usually, unless questions of study or work arise, children continue to live with their parents until they get married, even beyond the time when they are no longer minors.

¿Recuerdan ustedes?

Answer the following questions, basing your answers on the dialogue.

1. ¿Quién es la Sra. Soto?

   _____

2. ¿Para qué fue la Sra. Soto a casa de la familia Torres?

   _____

3. ¿Cuál es el nombre del niño maltratado?

   _____

4. ¿Cómo es Raúl? ¿Cómo está?

   _____

5. ¿Dónde tiene cicatrices y moretones?

   _____

6. ¿Qué dice el Sr. Torres que le pasó al niño? ¿Cómo lo sabe?

   _____

7. ¿Quién llamó a la Sección Protectora de Niños ayer? ¿Por qué llamó?

   _____

8. ¿Por qué llamó a la policía la Sra. Soto?

   _____

9. ¿Adónde van a llevar a Raúl?

   _____

Para conversar

Interview a classmate, using the following questions. When you have finished, switch roles.

1. ¿Sabe Ud. si alguno de sus vecinos maltrata a sus hijos?

   _____

2. Si Ud. sabe que alguien está maltratando a un niño, ¿qué hace?

   _____

3. ¿Por qué no puede decir la Sección Protectora de Niños quién fue la persona que informó acerca del (*about*) maltrato?

   _____

4. Si una familia está maltratando a un niño, ¿qué hace la Sección Protectora de Niños?

_____

5. ¿Por qué debe ser examinado el niño por un médico?

_____

6. ¿Por qué necesita saber la Sección Protectora de Niños el nombre del médico?

_____

7. ¿Un niño maltratado debe ser criado por una familia extraña? ¿Por qué o por qué no?

_____

8. ¿A quiénes llaman como testigos en una audiencia por maltrato de un niño?

_____

9. ¿Quiénes maltratan más a los niños, los padres o las madres? ¿Por qué cree Ud. eso?

_____

10. ¿Hay muchos casos de maltrato de niños en este país? ¿Por qué?

_____

Vamos a practicar

A. Complete the following sentences, using the preterit or the imperfect of the verbs given.

Modelo: La vecina le _____ (decir) a la policía que tú _____ (maltratar) al niño.

La vecina le **dijo** a la policía que tú **maltratabas** al niño.

1. Ayer ellos no _____ (poder) venir porque _____ (tener) un accidente.

2. Anoche yo le _____ (decir) que nosotros _____ (tener) que llevar a Raúl al médico.

3. Ayer nosotros te _____ (decir) que nosotros no _____ (poder) hablar con el juez.

4. _____ (Ser) las cuatro cuando el juez _____ (llegar).

5. Anoche el Sr. Torres le _____ (decir) al policía que nadie _____ (tener) autoridad para decirle cómo _____ (deber) disciplinar a sus hijos.

6. La Sra. Soto le _____ (informar) que en este país no _____ (aceptar) ciertos tipos de castigo.

B. **Answer the questions, using the cues provided.**

  Modelo: —¿Qué hizo la Sra. Soto? *(She knocked at the door.)*

      —**La Sra. Soto tocó a la puerta.**

1. —¿Dónde la viste? *(at school)*

    —_____

2. —¿Cuándo vino? *(at noon)*

    —_____

3. —¿Dónde estaba su esposa? *(at home)*

    —_____

4. —¿Dónde se cayó? *(at the end of the hallway)*

    —_____

Conversaciones breves

Complete the following dialogues, using your imagination and the vocabulary from this lesson.

La Sra. Arocha, de la Sección Protectora de Niños, habla con la Sra. Silva.

SRA. AROCHA   —Buenos días, señora. Soy de la Sección Protectora de Niños y deseo ver a su hija.

SRA. SILVA   —_____

SRA. AROCHA   —Deseo ver a su hija porque tenemos información de que alguien la maltrató ayer.

SRA. SILVA   —_____

SRA. AROCHA   —Está bien, señora, pero yo necesito verla.

SRA. SILVA   —_____

SRA. AROCHA   —Si no puedo verla ahora, voy a llamar a la policía.

SRA. SILVA   —_____

La Sra. Silva llama a Lupita y la Sra. Arocha habla con ella.

SRA. AROCHA   —¿Qué te pasó, Lupita? ¿Por qué tienes esos moretones en los brazos y en las piernas?

LUPITA   —_____

SRA. AROCHA   —¿Dónde te caíste, Lupita?

LUPITA   —_____

SRA. AROCHA —¿Qué hacías en la escalera?

LUPITA —_____

SRA. AROCHA —¿Dónde estaba tu mamá?

LUPITA —_____

SRA. AROCHA —¿Te llevó tu mamá al médico?

LUPITA —_____

SRA. AROCHA —(_A la Sra. Silva_) Señora, el médico debe examinar a la niña. ¿Cuándo puede llevarla?

SRA. SILVA —_____

SRA. AROCHA —Si no tiene seguro médico, llévela al hospital del condado.

SRA. SILVA —_____

Dos días después:

SRA. AROCHA —Sra. Silva, el médico tuvo que notificar a la policía porque la niña tenía muchos moretones. Ellos van a llevar a la niña a casa de otra familia.

SRA. SILVA —_____

SRA. AROCHA —Es por unos días, señora. Después va a haber una audiencia y un juez va a decidir quién debe criar a la niña.

En estas situaciones

What would you say in the following situations? What might the other person say?

1. You are visiting the house of the Herrera family. Introduce yourself and tell them whom you work for. Explain that you came to investigate certain information that you received the previous day. Tell them someone called to report that they were abusing a child and that the report is confidential.

2. You are talking to the mother of an abused child. Inform her that a doctor must check the child because she has scars on her face and bruises on her arms, legs, and buttocks. Explain that you need the name of their family doctor and that you are going to return in two days.

3. You have had to call the police about a case of child abuse. Tell the parents that the police are going to take the child to a family who is going to take care of him. Mention the witness hearing and what the judge has to decide. When the parents react to this information, reassure them that you want to help them and the child.

Casos

Act out the following scenarios with a partner.

1. You are a social worker making an initial visit to a home to investigate a possible case of child abuse.

2. You have taken an investigation of child abuse to the next stages. Explain to the parents the involvement of medical and police personnel and the court system.

Un paso más

A. Review the *Vocabulario adicional* in this lesson, and name the following parts of the body.

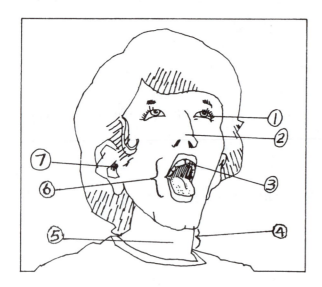
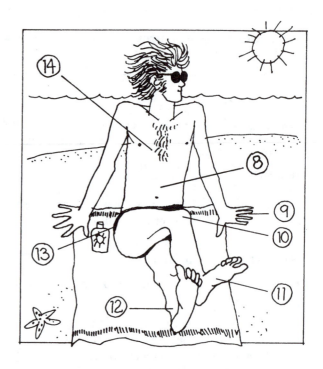

1. _____   8. _____

2. _____   9. _____

3. _____   10. _____

4. _____   11. _____

5. _____   12. _____

6. _____   13. _____

7. _____   14. _____

B. Review the *Vocabulario adicional* in this lesson once again, and match the Spanish terms in column A with their English equivalents in column B.

A

_____ 1. corazón

_____ 2. espalda

_____ 3. pelo

_____ 4. hígado

_____ 5. cara

_____ 6. seno

_____ 7. riñón

_____ 8. lengua

_____ 9. pulmón

_____ 10. dedo del pie

B

a. *toe*

b. *kidney*

c. *heart*

d. *face*

e. *liver*

f. *hair*

g. *lung*

h. *back*

i. *tongue*

j. *breast*

C. With a partner, write a case scenario similar to the one presented in this lesson, in which you incorporate the additional vocabulary.

🞂 *Maltrato de un niño (II)*

*Hace diez minutos que la Sra. Soto llegó a la casa del Sr. Torres. Ahora
está hablando con el Sr. Torres para averiguar más sobre el caso.*

SRA. SOTO	—¿Qué tipo de disciplina usan Uds., Sr. Torres? ¿Qué hacen cuando el niño se porta mal?
SR. TORRES	—Bueno, yo no estoy mucho en mi casa. Mi señora es la que lo castiga.
SRA. SOTO	—¿Cómo lo castiga?
SR. TORRES	—A veces lo manda a su cuarto y a veces le da una paliza.
SRA. SOTO	—¿Le pega con la mano abierta o con el puño?
SR. TORRES	—Cuando está muy enojada le pega con el puño o con un cinto. Es que el niño es muy travieso.
SRA. SOTO	—¿Le nota Ud., a veces, marcas o morados?
SR. TORRES	—Sí, el otro día noté que tenía un morado en la cara. Me dijo que no sabía qué era, pero yo sé que me mintió.
SRA. SOTO	—¿Sabía Ud. que maltratar a un niño es un delito?
SR. TORRES	—No, no lo sabía; lo supe cuando Ud. me lo dijo.
SRA. SOTO	—¿Ud. y su esposa se llevan bien o están teniendo algunos problemas?
SR. TORRES	—Tenemos problemas porque ella siempre se queja... sobre todo desde que murió nuestro bebito, hace un año.
SRA. SOTO	—¿Consultaron Uds. con algún consejero familiar?
SR. TORRES	—Su mamá quería llevarla a un psicólogo, pero ella no quiso ir.
SRA. SOTO	—¿Por qué no?
SR. TORRES	—Porque no nos gusta hablar de nuestras cosas con personas extrañas. No se gana nada con eso.
SRA. SOTO	—¿Ayuda Ud. a su esposa con los trabajos de la casa o con el cuidado del niño?
SR. TORRES	—Ése es su trabajo. Yo vengo a casa cansado después de trabajar todo el día.
SRA. SOTO	—¿Toman Uds. bebidas alcohólicas?
SR. TORRES	—No mucho. Cerveza o vino.
SRA. SOTO	—¿Todos los días?
SR. TORRES	—No, los fines de semana, cuando yo cobro.
SRA. SOTO	—¿Está tomando su esposa alguna medicina para la depresión nerviosa?
SR. TORRES	—Sí, mi esposa toma sedantes y también calmantes cuando le duele mucho la cabeza. Se los recetó el médico.
SRA. SOTO	—¿Toma *Prozac*?
SR. TORRES	—¿Qué es el *Prozac*?
SRA. SOTO	—Es un antidepresivo que algunos piensan que pone violentas a algunas personas.
SR. TORRES	—No, ella no toma eso.
SRA. SOTO	—¿Tiene Raúl algún problema de salud?

SR. TORRES	—Creo que sí. No se queda quieto. Siempre anda corriendo y haciendo travesuras.
SRA. SOTO	—Gracias por contestar a mis preguntas, Sr. Torres. Ahora quiero hablar con su esposa, por favor.
SR. TORRES	—Lo siento, pero mi señora acaba de salir. Fue a visitar a su mamá.
SRA. SOTO	—¿Cuál es el número de teléfono de su suegra?

🔊 Vocabulario

COGNADOS

alcohólico(a)   alcoholic
el antidepresivo   antidepressant
la depresión nerviosa   nervous depression
la disciplina   discipline
la marca   mark
el (la) psicólogo(a)   psychologist
violento(a)   violent

NOMBRES

la bebida   beverage, drink
el bebito, el bebé   baby
el calmante   painkiller, sedative
la cara   face
la cerveza   beer
el cinto, el cinturón   belt
la cosa   affair, thing
el cuarto, el dormitorio, la habitación, la recámara (*Méx.*)   bedroom
el delito   crime, transgression of law
la paliza   spanking, beating
la persona extraña   stranger
el puño   fist
el sedante   sedative, tranquilizer
la suegra   mother-in-law
el trabajo (las tareas) de la casa, los quehaceres del hogar   house chores, housekeeping, housework
la travesura   mischief, prank
el vino   wine

VERBOS

andar   to go around, to walk
averiguar   to find out
castigar   to punish
cobrar   to get paid
consultar   to consult
correr   to run
ganar   to gain
mentir (e:ie)   to lie, to tell a lie
morir (o:ue)   to die
notar   to notice
pegar   to hit, to strike
portarse   to behave
quejarse   to complain
recetar   to prescribe
tomar   to drink, to take
visitar   to visit

ADJETIVOS

abierto(a)   open
cansado(a)   tired
enojado(a)   angry
travieso(a), majadero(a), juguetón(ona)   mischievous, restless

OTRAS PALABRAS Y EXPRESIONES

cuando   when
el fin de semana   weekend
el que, la que   the one who
llevarse bien   to get along well
mal   badly
poner[1] violento(a)   to make violent
portarse mal   to misbehave
quedarse quieto(a)   to sit (stay) still
sobre todo   especially, above all
todo el día   all day long

Vocabulario adicional

TÉRMINOS RELACIONADOS CON LOS MALTRATOS Y LA DISCIPLINA

el abuso sexual   sexual abuse
la bofetada, la galleta (*Cuba y Puerto Rico*)   slap
la fractura   fracture
golpear, dar golpes   to hit, to strike
el incesto   incest
la mordida   bite
la nalgada   spanking
la patada   kick
la quemadura   burn
la sospecha   suspicion
sospechar   to suspect
la tensión familiar   family tension
la trompada, el puñetazo   punch
la víctima   victim
la violencia doméstica   domestic violence

Notas culturales

In Spanish-speaking cultures, the traditional view of the ideal family is that of a patriarchy in which a strong male figure wields the authority and is ultimately responsible for the well-being of all family members. This traditional view also calls for the wife to make child rearing and household chores her main concern. The concept of **machismo** in which males are seen as virile, aggressive, and authoritative plays a role in this idealized view of gender roles and family. While **machismo** and these traditional views may still be active in some Spanish-speaking countries, in everyday life among Hispanic-Americans, they are not frequently a reality. Degrees of male authoritarianism vary widely across families and individuals, and in general, women are important contributors to decision making and have, in subtle and direct fashions, authority in the family. More and more, Latina women are entering the work force, and more and more Latino men are helping with the household chores and the care of the children.

---

[1]Irregular first-person present indicative: **yo pongo.**

¿Recuerdan ustedes?

Answer the following questions basing your answers on the dialogue.

1. ¿Qué desea averiguar la Sra. Soto?

_____

2. ¿Cómo castiga la Sra. Torres a su hijo?

_____

3. ¿Por qué lo castiga?

_____

4. ¿Cuándo le pega al niño con el puño?

_____

5. ¿Se llevan bien el Sr. Torres y su esposa?

_____

6. ¿Desde cuándo se queja mucho la Sra. Torres?

_____

7. ¿Por qué no consultan los Torres con un consejero familiar?

_____

8. ¿Por qué no ayuda el Sr. Torres a su esposa con los trabajos de la casa?

_____

9. ¿Qué bebidas alcohólicas toman el Sr. Torres y su esposa?

_____

10. ¿Por qué no está en su casa la esposa del Sr. Torres?

_____

Para conversar

Interview a classmate using the following questions. When you have finished, switch roles.

1. ¿Era Ud. muy travieso(a) cuando era niño(a)?

_____

2. ¿Cómo lo (la) disciplinaban sus padres?

_____

3. ¿Le dieron alguna vez una paliza? ¿Por qué?

_____

4. ¿Con quién habla Ud. de sus cosas?

   _____

5. ¿Se queja Ud. cuando tiene que hacer el trabajo de la casa?

   _____

6. ¿Es muy duro su trabajo? ¿Llega Ud. a su casa cansado(a)?

   _____

7. ¿Es Ud. casado(a)? ¿Se lleva Ud. bien con su suegra?

   _____

8. ¿A Ud. le gusta tomar bebidas alcohólicas? ¿Cuándo? ¿Cuál es su bebida
   favorita?

   _____

9. ¿Tomó Ud. alguna medicina hoy? ¿Para qué?

   _____

10. ¿Cuánto tiempo hace que Ud. le mintió a alguien?

    _____

Vamos a practicar

A. **Complete the following sentences, using the preterit or imperfect of**
   saber, conocer, **or** *querer.*

   1. ¿Cuándo _____ Ud. que él era el hijo de la Sra. Carreras?

   2. Yo no _____ a la mamá de Arnaldo. La _____ anoche en la casa de Susana.

   3. ¿Tú _____ que ella vivía en esa casa?

   4. Jorge no _____ ir a hablar con el Sr. Guerra, pero tuvo que ir.

   5. ¿Tú no fuiste a la casa de Teresa porque no _____ o porque no pudiste?

B. **Say how long ago everything happened according to the information
   given.**

   Modelo: Son las cuatro y media. Ella llegó a las cuatro.

   Hace media hora que ella llegó.

   or **Ella llegó hace media hora.**

   1. Hoy es domingo. Ellos vinieron el jueves.

      _____

2. Estamos en agosto. Yo llegué a esta ciudad en febrero.

_____

3. Son las seis de la tarde. Nosotros comenzamos a trabajar a las nueve de la mañana.

_____

4. Son las siete y veinte. Ellos hablaron conmigo a las siete.

_____

C. **Complete the following sentences with the Spanish equivalent of the words in parentheses.**

1. ¿_____ (*What is*) su dirección?

2. ¿_____ (*Nothing is gained*) con hablar con personas extrañas.

3. ¿_____ (*What is*) una guardería? ¡Yo no sé qué es eso!

4. La oficina _____ (*opens*) a las ocho y _____ (*closes*) a las cinco.

Conversaciones breves

Complete the following dialogue, using your imagination and the vocabulary from this lesson.

La Sra. Arocha habla con el Sr. Silva para averiguar más sobre el maltrato de Lupita.

SRA. AROCHA —¿Quién castiga a Lupita cuando se porta mal y no se queda quieta?

SR. SILVA —_____

SRA. AROCHA —¿Solamente ella?

SR. SILVA —_____

SRA. AROCHA —Lupita tiene muchas marcas y chichones en la cabeza. ¿Sabe Ud. por qué?

SR. SILVA —_____

SRA. AROCHA —¿Por qué le pega su esposa a la niña?

SR. SILVA —_____

SRA. AROCHA —¿Sabe Ud. con qué le pega?

SR. SILVA —_____

SRA. AROCHA —¿Le pega frecuentemente?

SR. SILVA	— _____
SRA. AROCHA	—Ud. y su esposa, ¿se llevan bien o tienen problemas?
SR. SILVA	— _____
SRA. AROCHA	—¿Ayuda Ud. a su señora con los trabajos de la casa?
SR. SILVA	— _____
SRA. AROCHA	—Yo creo que Uds. deben hablar con un consejero familiar.
SR. SILVA	— _____
SRA. AROCHA	—¿Por qué no?
SR. SILVA	— _____

En estas situaciones

What would you say in the following situations? What might the other person say?

1. You are conducting an investigation in a child abuse case. Ask the child's mother what kind of discipline she uses and how she punishes misbehavior. Ask whether she uses a belt and whether she hits the child with an open hand or with her fist.

2. You are trying to ascertain what problems a family is having. The wife tells you that she and her husband don't get along well, especially now that they have another baby. Question her about who does the housework and who cares for the children, the use of alcohol, whether she takes any special medication, and whether their children have any special problems. Finally, thank her for answering your questions.

3. A client wants to see your supervisor. Tell him/her that the supervisor has just left and suggest that he/she return or call tomorrow. Your client asks for the supervisor's phone number and thanks you.

Casos

Act out the following scenarios with a partner.

1. You are talking with a parent whom you suspect of child abuse. Ask him/her about the child's behavior and about the kind of discipline used. Then discuss any other problems that the parent is having with the child.

2. Discuss a couple's marital problems with them and recommend counseling.

Un paso más

A. Review the *Vocabulario adicional* in this lesson and complete the following sentences.

1. La trabajadora social _____ que el padre maltrata a sus dos hijos.

2. El _____ es un caso de abuso sexual.

3. La médica debe ver al niño en seguida porque creo que tiene una _____ en la pierna derecha.

4. El trabajador social cree que la niña es una _____ de la violencia

   _____ porque tiene quemaduras en los brazos.

5. Maltratan al niño porque hay mucha _____ en la casa.

6. Le dio una _____ en la cara y luego le dio una _____ en la espalda.

7. La mamá le va a dar una _____ al niño porque él le dio una patada a su hermana.

8. Nunca es una buena idea _____ a un niño.

B. **With a partner, write a case scenario similar to the one presented in this lesson, in which you incorporate the additional vocabulary.**

🔊 *Ayuda a los ancianos*

El Sr. Ríos, visitador social, va a la casa de la Sra. Díaz, una anciana de noventa y un años.

SR. RÍOS	—¿Qué tal, Sra. Díaz? ¿Cómo se siente?
SRA. DÍAZ	—Estoy muy disgustada. La mujer que viene a hacerme la comida y la limpieza no ha ido al mercado.
SR. RÍOS	—Recuerde que ella tiene solamente dos horas para limpiar y cocinar. Posiblemente no ha tenido tiempo, pero voy a hablar con ella.
SRA. DÍAZ	—Ud. sabe que yo no manejo. ¿Cómo voy a ir al mercado?
SR. RÍOS	—¿No puede ayudarla algún pariente o vecino?
SRA. DÍAZ	—Algunos vecinos me ayudan, pero no siempre tienen tiempo. Otra cosa, el médico me ha dicho que necesito un andador.
SR. RÍOS	—Muy bien. Déjeme anotarlo.
SRA. DÍAZ	—Pronto voy a necesitar una silla de ruedas. A veces las piernas me duelen mucho y no puedo caminar con el bastón.
SR. RÍOS	—¿Se lo ha dicho al médico?
SRA. DÍAZ	—Sí. Otra cosa, los chicos de al lado han roto una ventana con una pelota.
SR. RÍOS	—¿Qué otros problemas tiene? ¿Ya le arreglaron el calentador? Hace un mes me dijo que se había descompuesto.
SRA. DÍAZ	—No. El dueño de la casa nunca arregla nada.
SR. RÍOS	—Sra. Díaz, yo sé que a Ud. no le gusta la idea, pero yo creo que Ud. va a estar mejor en un asilo de ancianos. Allí no va a estar sola.
SRA. DÍAZ	—Prefiero quedarme aquí.
SR. RÍOS	—Lo sé, pero el otro día se cayó en la bañadera...
SRA. DÍAZ	—Sí, y por suerte la señora que me hace la limpieza había venido ese día.
SR. RÍOS	—Pero ella no está siempre aquí para atenderla. Ud. puede resbalar y caerse... Puede quemarse... No debe seguir viviendo sola. Es peligroso.
SRA. DÍAZ	—Sí. A veces tengo dificultad hasta para ponerme los zapatos y la ropa, por la artritis. ¡Es terrible ser vieja!
SR. RÍOS	—No diga eso, señora. Ud. va a ver que con otras personas de su edad se va a sentir mejor.
SRA. DÍAZ	—No lo creo. Mi esposo murió en un hospital para convalecientes... Estaba muy enfermo y nunca había nadie con él.
SR. RÍOS	—No debe pensar en eso.
SRA. DÍAZ	—Bueno, vamos a ver. A lo mejor me mudo, porque aquí hay ratones y cucarachas.
SR. RÍOS	—¡Tantos problemas! A ver por dónde empezamos.

Vocabulario

COGNADOS

la artritis   arthritis
el (la) convaleciente   convalescent
la dificultad   difficulty
la idea   idea
   posiblemente   possibly
   terrible   terrible

NOMBRES

el (la) anciano(a)   elderly man (woman)
el andador   walker
el asilo de ancianos, la casa para ancianos
   home for the elderly
la bañadera, la bañera (*Puerto Rico*), **la tina** (*Méx.*)
   bathtub
el bastón   cane
el calentador, el calentón (*Méx.*)   heater
los chicos   children
la cucaracha   cockroach
el (la) dueño(a) de la casa   landlord (landlady)
la limpieza   cleaning
el mercado   market
el (la) pariente   relative
la pelota   ball
el ratón   mouse
la silla de ruedas   wheelchair
la ventana   window
el (la) visitador(a) social   social worker who
   makes home visits
el zapato   shoe

VERBOS

anotar   to write down
arreglar   to fix
caminar   to walk
cocinar   to cook
dejar   to let, to allow
descomponerse[1]   to break
limpiar   to clean
manejar, conducir[2]   to drive
poner(se)   to put (on)
quemar(se)   to burn (oneself)
recordar (o:ue)   to remember
resbalar   to slip
romper   to break
seguir (e:i)   to continue, to follow
sentirse (e:ie)   to feel

---

[1]Irregular first-person present indicative: **me descompongo.**
[2]Irregular first-person present indicative: **yo conduzco.**

ADJETIVOS

descompuesto(a)   out of order, broken down
disgustado(a)   upset
peligroso(a)   dangerous
solo(a)   alone
tantos(as)   so many
viejo(a)   old

OTRAS PALABRAS Y EXPRESIONES

a lo mejor, quizá(s)   perhaps, maybe
de al lado   next door
hace un mes   a month ago
había[1]   there was, there were
hacer la comida   to cook (to prepare) dinner
lo sé   I know
nunca   never
pensar (e:ie) en eso   to think about that
por suerte   luckily
pronto   soon

Vocabulario adicional

LA CASA

el baño, el escusado[2] (*Méx.*)   bathroom
el comedor   dining room
la entrada   entrance
el garaje   garage
el jardín   garden
el patio   backyard
el portal   porch
la sala   living room
la sala de estar   family room, den
el sótano   basement

---

[1]The imperfect of the verb **haber**, whose impersonal form **hay** you are familiar with.
[2]Or **el excusado.**

LOS MUEBLES Y LAS PARTES DE UN CUARTO

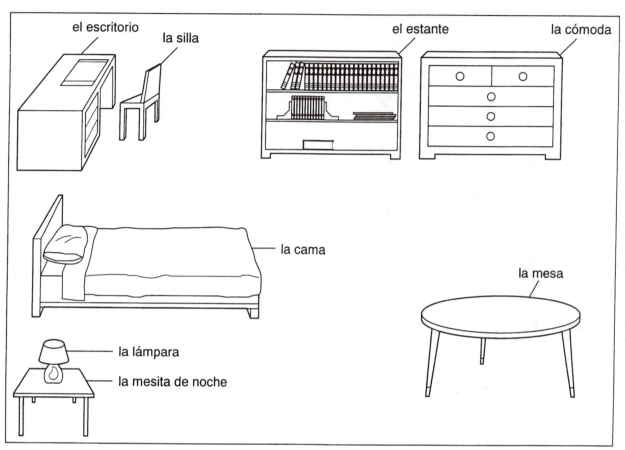

el escritorio

la silla

el estante

la cómoda

la cama

la mesa

la lámpara

la mesita de noche

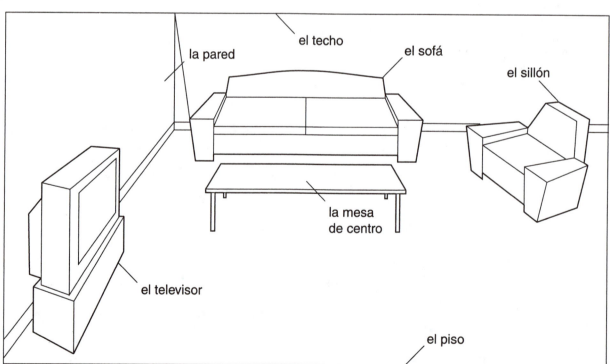

el techo

la pared

el sofá

el sillón

la mesa de centro

el televisor

el piso

Notas culturales

In general, in Spanish-speaking countries, sending a parent to a nursing home or to a home for the elderly is considered a social stigma and is used as a last resort. Institutions that care for the elderly do exist; they often have a religious affiliation and serve almost exclusively the elderly who lack families. For the most part, the elderly rarely live alone in Hispanic countries and cultures. Sometimes, one of the grown children and his/her spouse continue to live in the parents' home after marriage, particularly if only one parent is alive or remains alone in the household. Other times, one of the grown children will bring a parent to live in his/her home. This type of care for the elderly is not limited simply to parents: grandparents, uncles, aunts, and, at times, friends and neighbors also benefit from it, as well as other relatives who may or may not be elderly. For example, rarely does a woman who has never married, who has divorced, or who has been widowed live alone. Like the elderly, she lives with a relative as a member of the extended family.

¿Recuerdan ustedes?

Answer the following questions, basing your answers on the dialogue.

1. ¿Quién visita a la Sra. Díaz?

    _____

2. ¿Qué edad tiene la Sra. Díaz?

    _____

3. ¿Por qué está disgustada la Sra. Díaz?

    _____

4. ¿Por qué no puede ir al mercado la Sra. Díaz?

    _____

5. ¿Por qué necesita un andador la Sra. Díaz?

    _____

6. ¿Dónde cree el visitador social que va a estar mejor la Sra. Díaz? ¿Por qué?

    _____

7. ¿Qué le pasó el otro día a la Sra. Díaz?

    _____

8. ¿Por qué no debe vivir sola la Sra. Díaz?

    _____

9. ¿Quién la ayudó cuando se cayó?

_____

10. ¿Dónde murió el esposo de la Sra. Díaz?

_____

Para conversar

Interview a classmate, using the following questions. When you have finished, switch roles.

1. ¿Hay algunos ancianos en su familia? ¿Quiénes son?

_____

2. ¿Viven solos? Si no viven solos, ¿con quién(es) viven?

_____

3. ¿Cómo ayudan Ud. y los otros parientes a los ancianos de su familia?

_____

4. ¿Cree Ud. que los ancianos viven mejor solos o en asilos?

_____

5. ¿Vive Ud. solo(a)?

_____

6. ¿Se ha caído Ud. en el baño alguna vez?

_____

7. Cuando Ud. salió de su casa hoy, ¿ya había limpiado su cuarto?

_____

8. ¿Ha tenido Ud. tiempo para ir al mercado hoy?

_____

9. ¿Ha hecho la comida para esta noche?

_____

10. ¿Ha visto cucarachas o ratones en su casa?

_____

11. ¿Está Ud. disgustado(a) hoy?

_____

Vamos a practicar

A. **Rewrite the following sentences to show that the action reported has already occurred.**

Modelo: La anciana va a caerse.

La anciana **se ha caído.**

1. La mujer no va a ir al mercado.

_____

2. Algunos vecinos me van a ayudar a limpiar la casa.

_____

3. Los chicos de al lado van a romper una ventana.

_____

4. El anciano va a ir al hospital para convalecientes.

_____

5. Yo no me voy a mudar.

_____

6. Nosotros ya vamos a comer.

_____

B. **Combine the following sentences to indicate that the action reported has already occurred before the given time in the past.**

Modelo: La mujer no limpió la casa. Yo llegué.

La mujer no **había limpiado** la casa cuando yo llegué.

1. La mujer que hace la limpieza ya llegó. Él se cayó.

_____

2. Ya ella tomó la medicina. Yo se lo dije.

_____

3. Mi esposo se murió. Yo me mudé a Colorado.

_____

4. El calentador no se descompuso. Ud. vino el mes pasado.

_____

5. El Sr. Ríos habló con la señora que hace la limpieza. Él visitó a la Sra. Díaz.

_____

Conversaciones breves

Complete the following dialogue, using your imagination and the vocabulary from this lesson.

La Sra. Rubio, visitadora social, habla con el Sr. Lora, un anciano de ochenta años.

SRA. RUBIO —_____

SR. LORA —Me siento muy mal. Tengo muchos problemas.

SRA. RUBIO —_____

SR. LORA —No, todavía no han arreglado el calentador. El dueño de la casa no arregla nada.

SRA. RUBIO —_____

SR. LORA —Sí, me duelen mucho las piernas y las manos, y tengo dificultad para ponerme la ropa.

SRA. RUBIO —_____

SR. LORA —Sí, es por la artritis.

SRA. RUBIO —_____

SR. LORA —Sí, tengo más problemas. Ayer resbalé y me caí.

SRA. RUBIO —_____

SR. LORA —No, no es peligroso. No estoy solo. Mis vecinos me atienden.

SRA. RUBIO —_____

SR. LORA —Yo no quiero vivir en una casa para ancianos.

SRA. RUBIO —_____

SR. LORA —Porque es terrible; allí todos son viejos con muchos problemas.

SRA. RUBIO —_____

SR. LORA —No, no quiero mudarme. Me quedo aquí.

En estas situaciones

What would you say in the following situations? What might the other person say?

1. You are talking to the son or daughter of an elderly woman who is your client. The child is upset because of problems in the mother's apartment: a broken heater, broken windows, roaches, and mice. You ask about the landlord and say that you think the situation is dangerous.

2. You are visiting one of your elderly clients. Ask him how he is feeling, if he can go shopping by himself, if he has any relative or friend to help him, and if he has difficulties dressing because of arthritis.

3. Explain to a housekeeper what she has to do for your client: make dinner and do the house cleaning, including cleaning the windows and the bathtub. (Use the command form.)

Casos

Act out the following scenario with a partner.

A social worker and an elderly man discuss his needs and problems.

Un paso más

A. **Review the *Vocabulario adicional* in this lesson and name the following pieces of furniture or parts of a room.**

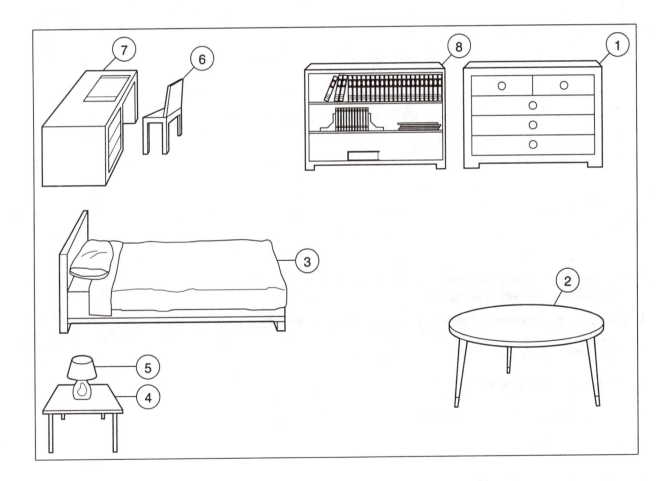

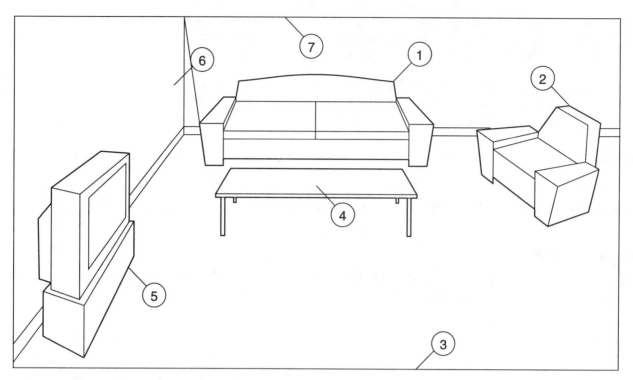

1. _____   1. _____
2. _____   2. _____
3. _____   3. _____
4. _____   4. _____
5. _____   5. _____
6. _____   6. _____
7. _____   7. _____
8. _____

B. **Review the *Vocabulario adicional* in this lesson once again, and complete the following sentences.**

1. Los niños no deben jugar (*play*) en la sala. Pueden jugar en la _____ .

2. Pongo mi carro en el _____ .

3. El jardinero está trabajando en el _____ .

4. Algunas personas llaman escusado al _____ .

5. La mesa y las sillas están en el _____ .

6. En el verano (*summer*), los niños juegan en el _____ y en el invierno (*winter*), juegan

   en el _____ .

C. **With a partner, write a case scenario similar to the one presented in this lesson, in which you incorporate the additional vocabulary.**

♦ *En la Oficina del Seguro Social*

El Sr. Casas habla con la Sra. Mena, empleada de la Oficina del Seguro Social.

SR. CASAS	—Me manda mi patrón porque me lastimé la espalda y no puedo trabajar.
SRA. MENA	—¿Cuánto tiempo hace que Ud. está incapacitado?
SR. CASAS	—Un mes.
SRA. MENA	—¿Cree Ud. que va a estar incapacitado por doce meses o más?
SR. CASAS	—Sí. El médico me ha dicho que este problema durará por lo menos un año.
SRA. MENA	—¿Cuánto tiempo hace que Ud. trabaja para la Compañía Sandoval y Hnos.?[1]
SR. CASAS	—Ocho años. ¿Califico para recibir beneficios?
SRA. MENA	—Sí, porque para recibirlos Ud. necesita haber trabajado durante cinco años en los últimos diez años.
SR. CASAS	—Menos mal, porque necesito el dinero para mantener a mi familia.
SRA. MENA	—Bien, primero llene la solicitud con su historia clínica.
SR. CASAS	—¿Cuándo empezaré a recibir los cheques?
SRA. MENA	—Demoran entre sesenta y noventa días para decidir.
SR. CASAS	—¿Tanto tiempo? ¿Por qué?
SRA. MENA	—Porque su historia clínica va a otra agencia que se encargará de verificarla y decidirá si Ud. es elegible o no.
SR. CASAS	—Me habían dicho que comenzarían a pagarme en seguida.
SRA. MENA	—No, no es así. Si Ud. es elegible, comenzaremos a pagarle a partir del sexto mes.
SR. CASAS	—¿Y mientras tanto?
SRA. MENA	—El Programa Estatal de Beneficios para Incapacitados paga los primeros cinco meses. Ud. debe presentar su solicitud.
SR. CASAS	—Muy bien. ¿Cuánto dinero recibiré al mes?
SRA. MENA	—Eso depende. Nosotros vamos a obtener información acerca del dinero que Ud. ha ganado durante el tiempo que ha trabajado.
SR. CASAS	—Está bien. ¿Qué debo hacer ahora?
SRA. MENA	—Tendrá que firmar este permiso autorizándonos a obtener información acerca de su historia clínica.
SR. CASAS	—Otra pregunta, por favor. ¿Podría jubilarme antes de los sesenta y cinco años?
SRA. MENA	—¿Cuándo nació Ud.?
SR. CASAS	—Yo nací en mil novecientos cuarenta.
SRA. MENA	—Entonces puede jubilarse en el año 2005, pero solamente recibirá el ochenta por ciento de su jubilación.

---

[1]Abbreviation for **Hermanos.**

SR. CASAS	—Y al cumplir los sesenta y cinco años, ¿comenzaría a recibir el ciento por ciento?
SRA. MENA	—No, si Ud. se jubila antes, continuará recibiendo el ochenta por ciento por el resto de su vida.
SR. CASAS	—En ese caso será mejor esperar.

 ## Vocabulario

COGNADOS

la agencia   agency
el cheque   check
el resto   rest

NOMBRES

el beneficio   benefit
la espalda   back
la historia clínica   medical history
la jubilación, el retiro   retirement
el (la) patrón(ona), el (la) jefe(a)   boss
el permiso   permission, permission form
la vida   life

VERBOS

autorizar   to authorize
continuar[1]   to continue
encargarse (de)   to be in charge (of)
jubilarse, retirarse   to retire
lastimarse   to get hurt, to hurt oneself
nacer   to be born
obtener[2]   to obtain, to get
presentar   to present
verificar   to verify

ADJETIVOS

estatal   state
sexto(a)   sixth
último(a)   last

OTRAS PALABRAS Y EXPRESIONES

a partir de   at the beginning of, starting with, as of
acerca de   about
al cumplir... años   on becoming . . . (years old), on turning . . . (years old)
ciento por ciento[3]   one hundred percent
¿Cuánto tiempo hacía... ?   How long had . . . ?
durante   during
entre   between, among
haber trabajado   to have worked
menos mal   thank goodness
mientras tanto   in the meantime
No es así.   It is not that way.
por ciento   percent
por lo menos   at least
tanto tiempo   so long

---

[1]Present indicative: **continúo, continúas, continúa, continuamos, continúan.**
[2]Conjugated like **tener.**
[3]Colloquial: **cien por ciento.**

Vocabulario adicional

ALGUNOS DEFECTOS FÍSICOS

cojo(a)   one-legged, lame
las dificultades del habla   speech impediments
inválido(a)   disabled, crippled
manco(a)   one-handed
mudo(a)   mute
paralítico(a)   paralyzed
sordo(a)   deaf
tuerto(a)   one-eyed

Notas culturales

The laws regulating the monies received by people who have suffered work-related accidents or injuries vary widely from one Spanish-speaking country to another. In some countries, disabled people receive a pension from the national social security system or from the insurance fund of the industry or business in which the disabled person worked. In other countries, specific jobs are reserved for the disabled. Those who are self-employed or who work for small businesses, however, often lack disability protection and may find themselves in severe economic straits in the event of an accident.

When the effects of an injury are temporary, the laws generally mandate that the worker be paid his/her full salary during the period of disability. If the disability involves the loss of an organ or limb or the loss of its use, the laws generally set down a fixed amount of compensation for the organ or limb affected.

¿Recuerdan ustedes?

Answer the following questions, basing your answers on the dialogue.

1. ¿Dónde está el Sr. Casas?

   _____

2. ¿Qué problema tiene el Sr. Casas?

   _____

3. ¿Cuánto tiempo hace que está incapacitado?

   _____

4. ¿Qué le ha dicho el médico al Sr. Casas?

   _____

5. ¿Cuánto tiempo hacía que trabajaba cuando se lastimó la espalda?

   _____

6. ¿Por qué califica el Sr. Casas para recibir beneficios?

   _____

7. ¿Quién le pagará los primeros cinco meses al Sr. Casas?

   _____

8. ¿Qué debe autorizar el Sr. Casas?

   _____

9. ¿Podría jubilarse ya el Sr. Casas? ¿Por qué?

   _____

10. Si el Sr. Casas se retira ahora, ¿qué por ciento de su jubilación recibirá por el resto de su vida?

   _____

Para conversar

Interview a classmate, using the following questions. When you have finished, switch roles.

1. ¿Está Ud. incapacitado(a) para hacer trabajos duros?

   _____

2. ¿Trabaja Ud.? ¿Dónde?

   _____

3. ¿Cómo se llama su jefe o su jefa?

   _____

4. ¿Ha estado Ud. alguna vez incapacitado(a) para trabajar? ¿Cuándo? ¿Por qué?

   _____

5. ¿Recibió ayuda durante el tiempo que estuvo incapacitado(a)?

   _____

6. ¿Ha leído Ud. su historia clínica alguna vez?

   _____

7. ¿Podría Ud. leer la historia clínica de otra persona sin su permiso? ¿Por qué o por qué no?

   _____

8. ¿En qué año podría Ud. retirarse?

   _____

9. Tengo 62 años. Si me retiro ahora, ¿cuánto recibiré?

_____

10. ¿Cuánto recibiré si espero tres años más para retirarme?

_____

Vamos a practicar

A. **Answer the questions, using the future tense and the cues provided in parentheses.**

Modelo: ¿Cuándo va a hablar Ud. con el supervisor? (mañana)

Hablaré con el supervisor mañana.

1. ¿Cuánto tiempo va Ud. a estar incapacitado(a)? (unos dos meses)

_____

2. ¿Cuándo voy a empezar a recibir los pagos? (el día primero)

_____

3. ¿Quién se va a encargar de verificar mi historia clínica? (otra agencia)

_____

4. ¿Cuándo van Uds. a decidir si soy elegible o no? (en dos semanas)

_____

5. ¿Quiénes se van a jubilar el año próximo? (nosotros)

_____

B. **Answer the questions, using the cues provided.**

Modelo: ¿Qué dijo él? (venir mañana)

Dijo que **vendría** mañana.

1. ¿Qué le dijeron a Ud. los médicos? (no poder trabajar por un mes)

_____

2. ¿Qué dijo tu esposo(a)? (yo deber obtener la información)

_____

3. ¿Qué dijo el patrón? (nosotros no recibir el 80% de la jubilación)

_____

4. ¿Qué dijiste tú? (encargarme de verificar la historia clínica)

_____

5. ¿Qué dijimos nosotras? (no poder jubilarnos todavía)

_____

C. Complete the following sentences with the Spanish equivalent of the words in parentheses.

1. Voy a autorizar _____ (*my mother*) a firmar los documentos.

2. Ellos llegan _____ (*at ten thirty*).

3. Vinimos _____ (*to speak*) con Ud.

4. Ana _____ (*began to work*) a las ocho

   _____ (*in the morning*).

5. ¿A qué hora _____ (*do you arrive in*) San Diego, señorita?

6. Ella es la más pobre _____ (*in the family*).

7. _____ (*Rosa's husband*) es _____ (*from*) La Habana.

8. Nosotros estamos hablando _____ (*about*) los gastos de la casa.

9. Ellos trabajan _____ (*at*) el Departamento de Bienestar Social.

10. Nosotros vamos a viajar _____ (*by*) autobús.

Conversaciones breves

Complete the following dialogue, using your imagination and the vocabulary from this lesson.

En la Oficina del Seguro Social el Sr. Pinto habla con la Sra. Caro, empleada de la oficina.

SRA. CARO —¿Por qué no puede trabajar Ud., Sr. Pinto?

SR. PINTO —_____

SRA. CARO —¿Cuándo se lastimó Ud., señor?

SR. PINTO —_____

SRA. CARO —¿Cuánto tiempo cree Ud. que estará incapacitado?

SR. PINTO —_____

SRA. CARO —¿Un año y medio (*and a half*)? ¿Cuánto tiempo hacía que trabajaba cuando se lastimó?

SR. PINTO —_____

SRA. CARO —Sí, si trabajó diez años es elegible para recibir beneficios.

SR. PINTO —_____

SRA. CARO —Ahora tiene que llenar la solicitud con su historia clínica.

SR. PINTO — _____

SRA. CARO —No, no empezará a recibir los cheques en seguida.

SR. PINTO — _____

SRA. CARO —Demorará en recibirlos entre sesenta y noventa días.

SR. PINTO — _____

SRA. CARO —Durante los primeros meses, Ud. recibirá dinero del Programa Estatal de Beneficios para Incapacitados.

SR. PINTO — _____

SRA. CARO —Sí, Ud. debería presentar la solicitud en seguida.

SR. PINTO — _____

SRA. CARO —Sí, vaya hoy mismo y llene la solicitud.

En estas situaciones

What would you say in the following situations? What might the other person say?

1. You work for the Social Security Office, and you are talking with a client who is applying for disability benefits. Find out how long the client has been disabled and whether he/she thinks he/she is going to be disabled for a year or longer. Ask also how long the client had been working when he/she got hurt. Say how long it will take to decide whether the client is entitled to benefits and when he/she will start receiving the checks.

2. You are talking with a client about disability benefits. Explain that before he/she can receive benefits he/she must sign a permission (form), authorizing you to obtain information on his/her medical history. Then the medical history will have to go to another agency. Say that you must obtain information about the money the client has earned during the time he/she has worked in order to decide how much money he/she will receive monthly.

3. Mrs. Peralta wants some information about early retirement. Explain to her that she will be able to retire before 65, but that if she does, she can only receive 80 percent of her retirement, and that she will continue to receive only eighty percent for the rest of her life.

Casos

Act out the following scenarios with a partner.

1. A worker from the Social Security Office is talking with a person who is applying for disability benefits.

2. A worker from the Social Security Office is discussing early retirement with a client.

Un paso más

A. Review the *Vocabulario adicional* in this lesson and complete the following sentences.

1. Le falta una mano; es _____ .

2. Ella no puede hablar; es _____ .

3. Le falta un ojo; es _____ .

4. Esa niña necesita ver a un terapista porque tiene _____ del habla.

5. Este hombre necesita una silla de ruedas porque es _____ .

6. Necesita un audífono (*hearing aid*) porque es casi _____ .

B. With a partner, write a case scenario similar to the one presented in this lesson, in which you incorporate the additional vocabulary.

Lectura 3

❻ ¡No se desquite con sus hijos!

Read the following information from a pamphlet about preventing child abuse. Try to guess the meaning of all cognates. Then do the exercise item that follows.

¿MOLESTO?

¿FRUSTRADO?

¿ENOJADO?

¡NO SE DESQUITE CON SUS HIJOS!

Tener hijos puede ser algo maravilloso, pero cuando las cosas no andan bien° y no se tiene a quién recurrir,° a familia puede convertirse en una carga° difícil de sobrellevar.° Sin embargo, hay servicios sociales que pueden ayudarlo.

Si Ud. necesita hablar de sus problemas y enterarse de° estos servicios, puede llamar a la Línea de ayuda a los padres (*Parent Helpline*) a cualquier hora del día o de la noche, cualquier día de la semana.

Los padres que estén atravesando una situación muy difícil, que pueda llevarlos a maltratar o a descuidar° a sus hijos, pueden llevarlos a la "Guardería de crisis" (*Crisis Nursery*). El personal de la guardería se encargará de cuidar a niños menores de siete años hasta tres días, para darles tiempo de calmarse.

Mientras los niños están en la guardería, los padres pueden hablar con un trabajador social, que los ayudará a obtener los servicios necesarios de ayuda a largo plazo.

No sólo los niños necesitan paciencia y compasión. ¡Ud. también las necesita!

*no... are not going well
to turn (to) / burden
to bear
enterarse... to find out
about*

to neglect

After reading the *Lectura* carefully, answer the following questions.

1. ¿Qué puede pasar cuando las cosas no andan bien y no se tiene a quién recurrir?

   _____

2. ¿A qué línea puede llamar una persona si quiere hablar de sus problemas?

   _____

3. ¿Cuándo puede llamar?

   _____

4. Si una persona está atravesando una situación muy difícil, ¿adónde puede llevar a sus hijos pequeños?

   _____

5. ¿De qué se encarga el personal de la guardería?

    _____

6. ¿Puede un niño de ocho años ir a esa guardería?

    _____

7. ¿Por cuánto tiempo pueden estar los niños en la guardería?

    _____

8. Mientras los niños están en la guardería, ¿qué pueden hacer los padres?

    _____

9. ¿Qué puede hacer el trabajador social?

    _____

10. ¿Sólo los niños necesitan paciencia y compasión o también los adultos?

    _____

Repaso

LECCIONES 11–15

PRÁCTICA DE VOCABULARIO

A. Circle the word or phrase that does not belong in each group.

1. carro   camioncito   folleto

2. moretón   cardenal   cocina

3. noche   cicatriz   chichón

4. mentira   nalgas   pierna

5. chequear   llorar   examinar

6. brazo   cabeza   escalera

7. audiencia   centro   juez

8. bastón   calentador   andador

9. bañadera   ratón   cucaracha

10. limpiar   escribir   anotar

11. retiro   vida   jubilación

12. conseguir   recetar   obtener

13. manejar   mudarse   conducir

14. resbalar   denunciar   caerse

15. pálido   delgado   cierto

B. Circle the word or phrase that best completes each sentence.

1. El hotel está en (el folleto / el centro / la bañera).

2. Tiene que firmar (al pie de la página / en la disciplina / por lo menos).

3. Yo voy a tomar (las palizas / las bebidas / las marcas).

4. El seguro no (cubre / arregla / camina) todos los gastos.

5. Tiene (un chichón / un testigo / una mentira) en la cabeza.

6. El niño estaba (criándose / denunciando / corriendo) y se cayó.

7. Anita está llorando. ¿Qué (quitó / presentó / pasó)?

8. ¡Yo no maltrato a mi hijo! ¡Ud. está (viejo / sexto / equivocado)!

9. Le dio una (cerveza / cara / paliza) porque se portó mal.

10. Los niños están en su (zapato / cuarto / puño).

11. Los niños siempre andan corriendo y haciendo (travesuras / vino / habitaciones).

12. Me duele mucho (el calmante / el brazo / el cinturón).

13. No sé dónde están, pero voy a (consultarlo / continuarlo / averiguarlo).

14. ¿Qué te (pegó / murió / recetó) el médico?

15. Siempre anda corriendo; nunca (se lleva bien / se queda quieto / es travieso).

16. Trabajan para él; él es el (último / patrón / cinturón).

17. Se cayó y (se jubiló / se lastimó / se encargó).

18. Empiezan a trabajar (acerca del / a partir del / entre) primero de junio.

19. Maltratar a un niño es un (delito / pariente / calmante).

20. No me gusta mi apartamento; me voy a (ganar / poner violento / mudar).

C. **Match the questions in column A with the answers in column B.**

A	B

A

_____ 1. ¿Cuánto tiempo hace que trabaja?

_____ 2. ¿Van a pedir ayuda?

_____ 3. ¿Para cuándo la necesitan?

_____ 4. ¿Cuándo pasó eso?

_____ 5. ¿Con qué le pegó?

_____ 6. ¿Antonio está aquí?

_____ 7. ¿Lo castigaron?

_____ 8. ¿Es un anciano?

_____ 9. ¿La casa es de él?

_____ 10. ¿Dónde lo consiguió?

_____ 11. ¿Todavía viven en esa casa?

_____ 12. ¿Cómo te sientes?

B

a. Anoche.

b. Sí, acaba de llegar.

c. Sí, tiene noventa años.

d. No, se mudaron.

e. En el mercado.

f. Sí, él es el dueño.

g. Para hoy mismo.

h. Sí, porque se portó mal.

i. Dos años.

j. Bien.

k. Con el puño.

l. Sí, porque no tienen dinero.

D. Crucigrama

HORIZONTAL

3. Está descompuesto; lo tienen que _____ .

5. Tocan a la _____ . Voy a abrir.

7. mujer muy vieja

9. No puedo hablar de esto con nadie;
   es _____ .

11. bañera

12. Trabaja para la Sección _____ de Niños.

14. andar

15. *walker*, en español

16. calentón

17. pasar

20. Necesita una _____ de ruedas.

21. Ella trabaja como _____ social. Debe ir
    a muchas casas.

VERTICAL

1. Quiero una _____ de fútbol.

2. *upset*, en español

4. Ella es mi _____ . Vive al lado de mi casa.

6. a lo mejor

8. moretón

10. una tía, un hermano, etc. (*pl.*)

13. chequear

14. manejamos

18. niños

19. *dangerous*, en español

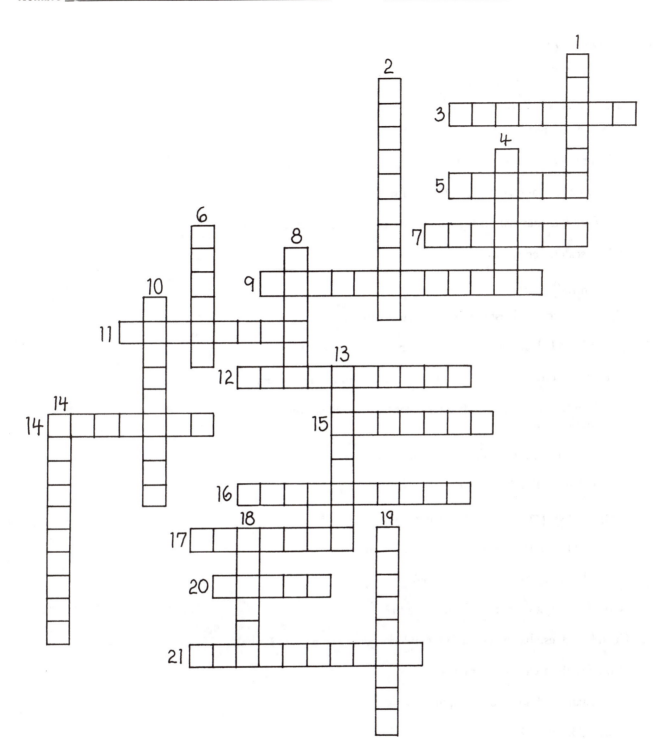

💿 PRÁCTICA ORAL

Listen to the following exercise. The speaker will ask you some questions. Answer the questions, using the cues provided. The speaker will confirm the correct answer. Repeat the correct answer.

1. ¿En qué mes nació Ud.? (en septiembre)

2. ¿Cuánto tiempo hace que Ud. vive en este estado? (diez años)

3. Además de su casa, ¿tiene Ud. alguna otra propiedad? (no)

4. ¿Prefiere Ud. manejar un automóvil o un camioncito? (un camioncito)

5. ¿Hay escaleras en su casa? (no)

6. ¿Conoce Ud. a sus vecinos? (sí)

7. ¿Qué va a hacer Ud. este fin de semana? (trabajar)

8. ¿Cuándo va Ud. al mercado generalmente? (los sábados)

9. ¿Cuánto dinero necesita Ud. para sus gastos? (por lo menos cien dólares)

10. ¿Prefiere Ud. hacer la comida o los otros trabajos de la casa? (los otros trabajos de la casa)

11. ¿Le gusta más limpiar la casa o cocinar? (cocinar)

12. ¿Quién hace la limpieza de su casa? (yo)

13. ¿Hay ratones o cucarachas en su casa? (no)

14. ¿Hay alguien en su habitación en este momento? (no, nadie)

15. ¿Pasó algo en su casa ayer? (no, nada)

16. ¿Cree Ud. que a veces es necesario mentir? (sí)

17. Cuando Ud. estaba en la escuela secundaria, ¿cómo se portaba? (mal)

18. ¿Cómo se lleva Ud. con su mamá? (bien)

19. ¿Le gustan a Ud. los bebés? (sí, mucho)

20. ¿Llora Ud. a veces? (sí)

21. ¿Cree Ud. que es mejor tomar bebidas alcohólicas o agua? (agua)

22. ¿Se ha quemado Ud. alguna vez? (sí, muchas veces)

23. ¿Le duele a Ud. algo en este momento? (sí, la cabeza)

24. ¿Tiene Ud. un moretón? (sí, en la pierna)

25. ¿Cubre su seguro médico las medicinas? (no)

💿 *En la Oficina de Medicare (I)*

*En la Oficina de Medicare, la Srta. Alba atiende a dos personas que vienen a pedir
información sobre el programa de seguro de hospitalización de Medicare.*

Con el Sr. Gómez:

SR. GÓMEZ —Señorita, necesito que Ud. me informe si yo soy elegible
para el programa de Medicare.

SRTA. ALBA —Cualquier persona de sesenta y cinco años o más es elegible
para el programa. ¿Cuántos años tiene Ud.?

SR. GÓMEZ —Yo tengo sesenta y tres años, pero he estado recibiendo
beneficios del seguro social por incapacidad por dos años
consecutivos.

SRTA. ALBA —Entonces es elegible.

SR. GÓMEZ —Ahora voy a empezar a trabajar de nuevo y pienso seguir
trabajando después de los sesenta y cinco años. ¿Podré
obtener el seguro de hospitalización de Medicare si no estoy
retirado?

SRTA. ALBA —Sí, Ud. tendrá esta protección a los sesenta y cinco años si ha
trabajado el tiempo requerido por el seguro social o el
seguro ferroviario.

SR. GÓMEZ —Yo creo que no tengo el tiempo requerido. Soy inmigrante y
llegué a este país hace pocos años.

SRTA. ALBA —Si Ud. no ha trabajado el tiempo requerido, yo le sugiero
que compre el seguro de hospitalización, pagando una prima
básica.

SR. GÓMEZ —Entonces. ¿Ud. me aconseja que compre ese seguro?

SRTA. ALBA —Sí… No, no, perdón. No necesita comprar el seguro porque
ha estado recibiendo beneficios del seguro social por incapacidad durante dos años consecutivos.

SR. GÓMEZ —Muchísimas gracias, señorita.

Con la Sra. Peña:

SRA. PEÑA —El médico me ha dicho que tengo un tumor y tendré que
operarme. Tengo que ingresar en el hospital la semana que
viene. Quiero saber qué gastos cubre Medicare.

SRTA. ALBA —El seguro de hospitalización de Medicare paga hasta noventa
días de cuidados en el hospital.

SRA. PEÑA —Yo estaré hospitalizada por una semana, más o menos, si no
hay complicaciones. ¿El seguro paga el costo total?

SRTA. ALBA —Los servicios cubiertos por Medicare incluyen el costo de un
cuarto semiprivado, es decir, de dos a cuatro camas, medicinas
y comida. Si necesita cuidado intensivo, también lo paga.

SRA. PEÑA —¿Entonces el seguro de hospitalización de Medicare
lo pagaría todo?

SRTA. ALBA —No, no paga los servicios que no son necesarios para el diagnóstico o el tratamiento de una enfermedad o lesión.

SRA. PEÑA —¿Y si necesito una transfusión?

SRTA. ALBA —El seguro no paga el costo de las tres primeras pintas de sangre. Si necesita más de tres pintas, el seguro paga el resto.

 Vocabulario

COGNADOS

básico(a) basic	**intensivo(a)** intensive
la complicación complication	**la pinta** pint
consecutivo(a) consecutive	**requerido(a)** required
el costo cost	**semiprivado(a)** semiprivate
la hospitalización hospitalization	**total** total
hospitalizado(a) hospitalized	**la transfusión** transfusion
el (la) inmigrante immigrant	**el tumor** tumor

NOMBRES

la cama bed
el diagnóstico diagnosis
la incapacidad disability
la lesión injury
la prima premium
la sangre blood
el seguro de hospitalización hospital insurance
el seguro ferroviario railroad insurance
el tratamiento treatment

VERBOS

aconsejar to advise
comprar to buy
incluir[1] to include
informar to inform, to tell
ingresar to be admitted
operarse to have surgery
sugerir (e:ie) to suggest

ADJETIVOS

cualquier(a) any
cubierto(a) covered
muchísimo(a) very much
necesario(a) necessary
pocos(as) few

OTRAS PALABRAS Y EXPRESIONES

¿Cuántos años tiene Ud.? How old are you?
de nuevo again
es decir that is to say
perdón pardon me, excuse me

---

[1]Present indicative: **incluyo, incluyes, incluye, incluimos, incluyen.**

Vocabulario adicional

LAS ENFERMEDADES Y OTROS PROBLEMAS DE LA SALUD

el asma   asthma
el ataque al corazón   heart attack
la bronquitis   bronchitis
los cálculos en la vejiga   bladder stones
los cálculos en la vesícula   gallstones
el cáncer   cancer
las cataratas   cataracts
el catarro, el resfrío   cold
la colitis   colitis
contagioso(a)   contagious
el derrame cerebral, la embolia   stroke
la diabetes   diabetes
la diarrea   diarrhea
la epidemia   epidemic

la fiebre, la calentura   fever
la gripe, la gripa (*Méx.*), **la influenza**   flu
la hepatitis   hepatitis
la hipertensión, la presión alta   hypertension, high blood pressure
la pulmonía, la pneumonía   pneumonia
el reumatismo   rheumatism
el síndrome de inmunodeficiencia adquirida (SIDA)   AIDS
la tos   cough
toser   to cough
la tuberculosis   tuberculosis
el virus de inmunodeficiencia humana (VIH)   human immunodeficiency virus (HIV)

Notas culturales

- The use of health care services by Hispanic Americans depends greatly upon socio-economic status and type of employment because these affect access to comprehensive and preventative medical care. Data from the Hispanic Health and Nutrition Examination Survey (HHNES) indicates that one-third of the Mexican American population, one-fifth of the Puerto Rican population, and one-fourth of the Cuban American population are uninsured for medical expenditures. Furthermore, compared with Latinos with private health insurance, uninsured Latinos are less likely to have a regular source of health care, less likely to have visited a physician in the past year, and less likely to have had a routine physical examination. Mexican Americans, who have the least insurance, visit physicians least often. The highest rate in number of physician visits is among Puerto Ricans, which may be due in part to the fact that, as American citizens, they have greater access to Medicaid and Medicare. Also, Hispanic Americans who speak English are more likely to have a regular source of medical care compared with those who only speak Spanish.

- In large urban areas in the United States, economically disadvantaged Latinos receive a large portion of their health care services from big, public hospitals that have rotating staffs. In this type of setting, they rarely experience continuity of health care. Also, data from HHNES reveals that many Hispanic Americans use the emergency department as a source of primary care and that they are more likely to enter hospitals via emergency rooms than by other means.

¿Recuerdan ustedes?

Answer the following questions, basing your answers on the dialogues.

1. ¿Para qué fueron el Sr. Gómez y la Sra. Peña a la Oficina de Medicare?

   _____

2. ¿Qué quiere saber el Sr. Gómez?

   _____

3. Si el Sr. Gómez tiene menos de sesenta y cinco años, ¿por qué es elegible para recibir Medicare?

   _____

4. ¿Hasta cuándo va a seguir trabajando el Sr. Gómez?

   _____

5. ¿Necesita el Sr. Gómez comprar el seguro de hospitalización? ¿Por qué?

   _____

6. ¿Qué le ha dicho el médico a la Sra. Peña?

   _____

7. ¿Qué quiere saber la Sra. Peña?

   _____

8. ¿Por cuánto tiempo va a estar hospitalizada la Sra. Peña?

   _____

9. ¿Cuántas camas hay en un cuarto semiprivado?

   _____

10. Si la Sra. Peña necesita una transfusión, ¿tendrá que pagar por la sangre?

    _____

Para conversar

Interview a classmate, using the following questions. When you have finished, switch roles.

1. ¿Tiene Ud. seguro médico? ¿Quién lo paga?

   _____

2. ¿Hasta cuántos días de hospitalización paga su seguro médico?

   _____

3. ¿Es Ud. elegible para el programa de Medicare? ¿Por qué o por qué no?

   _____

4. ¿Cuántos días de hospitalización paga Medicare?

_____

5. ¿Qué servicios cubre Medicare?

_____

6. ¿Qué servicios no paga Medicare?

_____

7. ¿Ha ingresado Ud. en un hospital alguna vez? ¿Por qué?

_____

8. ¿Ha tenido que operarse alguna vez? ¿Cuándo? ¿En qué hospital?

_____

9. ¿Qué sistema de salud cree que es mejor, el del Canadá o el de los Estados Unidos? ¿Por qué?

_____

10. ¿Qué sabe Ud. sobre los sistemas de salud en los países hispánicos?

_____

Vamos a practicar

A. Rewrite the following sentences, beginning each one with the cue provided.

Modelo: Yo vengo temprano. / Quieren que

   Quieren que yo **venga** temprano.

1. Él paga la prima básica.

   Queremos que _____.

2. Le hacen una transfusión de sangre.

   Necesita que _____.

3. No trabaja después de la operación.

   El médico le aconseja que _____.

4. Ella ingresa en el hospital del condado.

   Yo le sugiero que _____.

5. Seguiré trabajando después de los sesenta y cinco años.

   Prefieren que _____.

6. Ellas van al médico y reciben tratamiento.

   Yo les aconsejo que _____.

7. Me hablas de todas las complicaciones.

No quiero que _____.

8. Ud. le dice que el seguro incluye el costo de un cuarto semiprivado.

Yo le sugiero que _____.

9. Ellos pueden recibir beneficios por incapacidad.

Deseamos que _____.

10. Uds. me dan la información.

Necesito que _____.

B. Rewrite the following sentences using the absolute superlative of the italicized adjectives.

1. Ésa es una operación *peligrosa*.

_____

2. El tumor es *grande*.

_____

3. Hoy estoy *disgustada*.

_____

4. Mi familia es *pobre*.

_____

5. El niño está *pálido*.

_____

Conversaciones breves

Complete the following dialogue, using your imagination and the vocabulary from this lesson.

El Sr. Lazo le pide a la Sra. Navarro, empleada de la Oficina de Medicare, información sobre el seguro de hospitalización.

SRA. NAVARRO —_____

SR. LAZO —Señora, mi esposa debe ingresar en el hospital mañana y deseo información sobre el seguro médico.

SRA. NAVARRO —_____

SR. LAZO —Deseo saber qué gastos cubre el seguro de Medicare.

SRA. NAVARRO —_____

SR. LAZO —Mi esposa va a estar hospitalizada por una semana, por lo menos. ¿Paga el seguro el costo del cuarto?

SRA. NAVARRO — _____

SR. LAZO —Mi esposa quiere estar sola en el cuarto.

SRA. NAVARRO — _____

SR. LAZO —¿Solamente paga un cuarto semiprivado? ¿Paga las medicinas?

SRA. NAVARRO — _____

SR. LAZO —Otra cosa, mi esposa va a operarse de un tumor en un pulmón y va a necesitar cuidados intensivos. ¿Cubre esto el seguro de Medicare?

SRA. NAVARRO — _____

SR. LAZO —Y si mi esposa necesita una transfusión, ¿tenemos que pagar por la sangre?

SRA. NAVARRO — _____

SR. LAZO —Entonces, ¿el seguro no lo paga todo?

SRA. NAVARRO — _____

SR. LAZO —Muy bien, muchísimas gracias por la información, señora.

En estas situaciones

What would you say in the following situations? What might the other person say?

1. A person comes to the Medicare office where you work to ask about hospital insurance benefits. Tell him/her that any person 65 or over is eligible for the program. Add that the person will be able to obtain Medicare hospital insurance if he/she has worked during the required time under Social Security or Railroad Insurance and that, if the person has not worked during the required time, he/she can buy hospital insurance by paying a basic premium.

2. You need to explain Medicare hospital coverage to a client who will have surgery in two weeks. Point out that Medicare hospital insurance pays up to 90 days of hospital care and that Medicare pays for a semiprivate room, medicine, meals, and, if needed, intensive care.

3. You answer a call from someone who has just become eligible for Medicare and who wants to know what aspects of hospitalization Medicare doesn't cover. Inform the person that the following are not covered: services that are not necessary for the diagnosis or treatment of an illness or injury; the cost of the first three pints of blood if a transfusion is necessary; the cost of a private room.

Casos

Act out the following scenarios with a partner.

1. Explain Medicare eligibility requirements to a client.

2. Explain to someone who is about to have an operation what hospital expenses are covered by Medicare and those that are not covered.

Un paso más

A. Review the *Vocabulario adicional* in this lesson and complete the following sentences.

1. Mi abuela tiene que operarse porque tiene _____ en los dos ojos.

2. Creo que tengo gripe porque tengo mucha _____ y estoy _____ mucho.

3. El médico le recetó insulina porque tiene _____ .

4. _____ es un sinónimo de presión alta.

5. Le duelen las rodillas porque tiene _____ .

6. Tenía la presión alta, pero no murió de un ataque al corazón. Murió de

   un _____ .

7. No tiene bronquitis. Es peor (*worse*). Tiene _____ .

8. Mi hija tiene catarro. Voy a darle un jarabe (*syrup*) para la _____ .

9. La tuberculosis y la hepatitis son muy _____ .

10. Hay una _____ de influenza.

11. No tiene SIDA, pero tiene _____ .

12. No es _____ ; es un tumor benigno.

13. Tiene _____ en la vejiga, no en la _____ .

14. _____ es una inflamación del colon.

15. El _____ generalmente es un problema alérgico.

16. Le voy a dar Kaopectate porque tiene _____ .

B. With a partner, write a case scenario similar to the one presented in this lesson, in which you incorporate the additional vocabulary.

💿 *En la Oficina de Medicare (II)*

Al día siguiente, la Srta. Alba habla con la Sra. Ramos y contesta varias preguntas sobre el seguro médico de Medicare.

SRTA. ALBA	—¿En qué puedo servirle, señora?
SRA. RAMOS	—Mi esposo está enfermo y ha tenido que ver al médico tres veces en esta semana. Le han hecho varios análisis y una radiografía. Ahora teme que tengamos que pagar todas esas cuentas.
SRTA. ALBA	—Bueno, como Ud. sabe, los primeros sesenta dólares son deducibles.
SRA. RAMOS	—¿Eso quiere decir que nosotros tenemos que pagar los primeros sesenta dólares?
SRTA. ALBA	—Sí, y el seguro médico pagará el ochenta por ciento de todos los demás servicios de salud recibidos por Uds. durante el año.
SRA. RAMOS	—Puede ser que mi esposo tenga que ingresar en el hospital.
SRTA. ALBA	—En ese caso Medicare paga todos los servicios médicos en el hospital, las radiografías y los demás gastos de la hospitalización.
SRA. RAMOS	—Entonces, ¿es necesario que nosotros paguemos otra vez los primeros sesenta dólares?
SRTA. ALBA	—No, señora.
SRA. RAMOS	—Otra pregunta. Es probable que yo vaya a ver a un quiropráctico porque últimamente he tenido muchos problemas con la espalda.
SRTA. ALBA	—Bueno, los pagos por servicios de terapia física independiente están muy limitados. Medicare paga solamente ochenta dólares al año.
SRA. RAMOS	—Eso es muy poco. Desgraciadamente, también me hacen falta zapatos ortopédicos y necesito cambiar los anteojos. Espero que Medicare pague estos gastos.
SRTA. ALBA	—Lo siento, señora, pero no los paga. Aquí tiene una lista de lo que Medicare no paga.
SRA. RAMOS	—¿Puedo quedarme con ella? Es mejor que mi esposo la lea. Si uno de nosotros se enferma, va a ser imposible que podamos pagar todo esto.
SRTA. ALBA	—¿Han pensado Uds. en hacerse miembros de una HMO[1]?
SRA. RAMOS	—¿Cree Ud. que ésa es una buena opción para nosotros?
SRTA. ALBA	—Ésa es una decisión que tienen que tomar Uds. Yo simplemente les sugiero que estudien la posibilidad.
SRA. RAMOS	—Sí, es lo mejor. Muchas gracias por todo, señorita.
SRTA. ALBA	—Por nada, y ojalá que su esposo se mejore pronto.

---

[1]HMO is **hache-eme-o** in Spanish.

Gastos que no están cubiertos por
el seguro médico de Medicare

1. Servicios o accesorios que no son necesarios para el diagnóstico o tratamiento de la enfermedad o lesión
2. Exámenes físicos de rutina y exámenes de laboratorio directamente relacionados con esos exámenes
3. Medicinas no recetadas por el médico
4. Anteojos o lentes de contacto y exámenes de la vista para recetarlos
5. Audífonos y exámenes del oído para recetarlos
6. Dentaduras postizas y cuidado dental de rutina
7. Servicios de quehaceres del hogar y comidas entregadas a domicilio
8. Los servicios de una enfermera en el hogar
9. Zapatos ortopédicos
10. Artículos de conveniencia personal
11. Las tres primeras pintas de sangre recibidas en un año

 # Vocabulario

COGNADOS

el accesorio accessory
el artículo article
la conveniencia convenience
  dental dental
  imposible impossible
  independiente independent
el laboratorio laboratory

limitado(a) limited
la lista list
la opción option
ortopédico(a) orthopedic
personal personal
probable probable
el (la) quiropráctico(a) chiropractor

NOMBRES

el análisis, la prueba test
los anteojos, las gafas, los lentes, los espejuelos (*Cuba*) eyeglasses
el audífono hearing aid
la comida meal
la dentadura postiza denture
el examen examination
los lentes de contacto contact lenses
el miembro[1] member
la radiografía X-ray
la terapia física physical therapy

VERBOS

cambiar to change
enfermarse to get sick, to fall ill
entregar to deliver
esperar to hope
estudiar to study
hacerse to become
mejorarse to get better
temer to be afraid, to fear

---

[1]The feminine form is rarely used.

ADJETIVOS

deducible   deductible
recetado(a)   prescribed
relacionado(a)   related

OTRAS PALABRAS Y EXPRESIONES

al año, anual   yearly
de rutina   routine
desgraciadamente   unfortunately
directamente   directly
el examen de la vista   eye examination
el examen del oído   hearing test
hacer falta   to need
lo mejor   the best
los (las) demás   the others
ojalá, Dios quiera   I hope, God grant
puede ser...   it may be . . .
quedarse con   to keep
querer (e:ie) decir, significar   to mean
simplemente   simply
tomar una decisión   to make a decision
últimamente   lately

Vocabulario adicional

LA ROPA

el abrigo   coat
la blusa   blouse
la bufanda   scarf
los calcetines, las medias de hombre, las tobilleras
   (*Méx.*)   socks
la camisa   shirt
la camiseta   T-shirt
la chaqueta, la chamarra (*Méx.*)   jacket
la falda   skirt
los guantes   gloves
el impermeable, la capa de agua   raincoat
las medias   stockings
los pantalones   pants
el vestido   dress

> ## *Notas culturales*
> - In Spain and throughout Latin America, medical and hospital care are provided by social services, but their efficiency varies widely from country to country. In general, the health care system in most Spanish-speaking countries depends greatly on one's socioeconomic status and type of employment. There are private doctors and hospitals called clinics that are generally used by the upper and the upper middle classes. Those of the middle class often belong to group health care organizations that function similarly to HMOs in the United States, while employees of large businesses and industries have insurance paid for by their companies or by their labor unions. There are also public doctors and hospitals whose services are usually free for those who cannot pay, although in many countries the public hospitals are found only in urban centers. In Cuba, all health care services are provided and paid for by the state.
> - In many Spanish-speaking countries, people are taken to special centers called **Casa de Socorro** (literally, House of Help) or **Casa de Primeros Auxilios** (House of First Aid) when they have medical emergencies. The staff at these centers treats the patient's problem and releases the person or sends him/her to a hospital for further treatment.

¿Recuerdan ustedes?

Answer the following questions, basing your answers on the dialogue.

1. ¿Cuándo habla la Srta. Alba con la Sra. Ramos?

   _____

2. ¿Quién está enfermo?

   _____

3. ¿Quién debe pagar los primeros sesenta dólares de los gastos médicos?

   _____

4. ¿Qué por ciento de los demás servicios paga el seguro médico de Medicare?

   _____

5. Si el Sr. Ramos ingresa en el hospital, ¿qué paga el seguro médico?

   _____

6. ¿Por qué cree la Sra. Ramos que necesita ver a un quiropráctico?

   _____

7. ¿A cuánto están limitados los pagos por servicios de terapia física independiente?

   _____

8. ¿Qué le da la Srta. Alba a la Sra. Ramos?

   _____

9. ¿Paga el seguro médico de Medicare por los servicios de conveniencia personal?

_____

10. ¿Qué otras cosas no paga el seguro de Medicare?

_____

Para conversar

Interview a classmate, using the following questions. When you have finished, switch roles.

1. ¿Es Ud. miembro de una HMO?

_____

2. ¿Paga su seguro médico todos sus gastos médicos o tiene alguna cantidad deducible?

_____

3. ¿Quién paga la prima de su seguro?

_____

4. ¿Qué seguro es mejor, el suyo o el de Medicare? ¿Por qué?

_____

5. Si Ud. necesita una transfusión, ¿paga su seguro toda la sangre?

_____

6. ¿Paga su seguro los exámenes físicos anuales?

_____

7. ¿Es necesario que tengamos un examen físico todos los años? ¿Por qué o por qué no?

_____

8. ¿Es probable que Ud. ingrese en un hospital este año?

_____

9. ¿Tiene Ud. seguro dental? ¿Cuál?

_____

10. ¿Qué otros seguros tiene Ud.?

_____

Vamos a practicar

A. **Rewrite the following sentences, beginning each one with the cue provided.**

Modelo: Él no necesita comprar un audífono.

Espero que él no **necesite** comprar un audífono.

1. Ellos necesitan anteojos.

   Temo que _____.

2. Te hacen una radiografía.

   Espero que _____.

3. No pagan los servicios de quehaceres del hogar directamente.

   Sentimos que (*We regret that*) _____.

4. Ud. no tiene problemas con la espalda.

   Ojalá que _____.

5. Los primeros sesenta dólares son deducibles.

   Siento que _____.

B. **Rewrite each of the following sentences in the subjunctive mood, using the impersonal expression provided.**

Modelo: Su esposo ingresa en el hospital mañana.

Es necesario que su esposo **ingrese** en el hospital mañana.

1. El seguro médico paga esos servicios y esos accesorios.

   Es probable que _____.

2. Puede entregarle la lista de los artículos ahora.

   Es imposible que _____.

3. Necesitamos servicios de terapia física independiente.

   Es posible que _____.

4. Hacen los exámenes físicos de rutina aquí.

   No es seguro que _____.

5. Uds. se hacen miembros de una HMO.

   Es mejor que _____.

C. **Form adverbs from the adjectives given, and then use them to complete the following sentences.**

Modelo: peligroso

   peligrosamente

   Ella está conduciendo **peligrosamente**.

directo   simple   desgraciado   último   solo

1. Yo tengo _____ veinte.

2. No quiero hablar con la secretaria; quiero hablar
   _____ con la supervisora.

3. Quiero comprar esa casa, pero _____ no
   tengo dinero.

4. Para solicitar una tarjeta de seguro social, _____
   tiene que llenar esta planilla.

5. _____ no hemos gastado mucho dinero.

Conversaciones breves

Complete the following dialogue, using your imagination and the vocabulary from this lesson.

En la Oficina de Medicare, el Sr. Ortiz habla con la Sra. Vega.

SRA. VEGA   —¿En qué puedo servirle, señor?

SR. ORTIZ   —_____

SRA. VEGA   —¿Cuánto tiempo hace que su esposa está enferma?

SR. ORTIZ   —_____

SRA. VEGA   —¿Necesita ella ingresar en el hospital?

SR. ORTIZ   —_____

SRA. VEGA   —Si tiene un tumor y necesita operarse, el seguro paga todos los gastos médicos.

SR. ORTIZ   —_____

SRA. VEGA   —Sí, también paga los gastos de radiografías.

SR. ORTIZ   —_____

SRA. VEGA   —No, si necesita los cuidados de una enfermera en el hogar, el seguro de Medicare no cubre ese gasto.

SR. ORTIZ   —_____

SRA. VEGA   —Si Ud. necesita un examen del oído, para saber si necesita un audífono, debe pagarlo Ud. El seguro no paga por eso tampoco (*either*).

SR. ORTIZ   —_____

SRA. VEGA   —Lo siento, Sr. Ortiz, pero el seguro tampoco paga por las dentaduras postizas.

SR. ORTIZ   —_____

SRA. VEGA —Sí, señor. Hay una lista de las cosas que el seguro no cubre.

SR. ORTIZ —_____

SRA. VEGA —Sí, cómo no, puedo darle una copia. Aquí la tiene.

SR. ORTIZ —_____

SRA. VEGA —De nada, Sr. Ortiz.

En estas situaciones

What would you say in the following situations? What might the other person say?

1. One of your clients is going to be admitted to the hospital and is afraid he/she will have to pay a lot of bills. Reassure him/her that Medicare will cover all medical services in the hospital, X-rays, and the other costs of hospitalization.

2. Explain to a client how Medicare works in relation to medical expenses not involving hospitalization. Include the following points: $60 deductible, routine physical examinations, orthopedic shoes, glasses, medicines, hearing aids, dentures, and nursing care in the home.

Casos

Act out the following scenarios with a partner.

1. A Medicare worker is answering a client's questions about what hospital costs Medicare covers.

2. Explain to a client exactly what medical costs are not covered by Medicare.

Un paso más

A. Review the *Vocabulario adicional* in this lesson, and name the following articles of clothing.

1. _____   7. _____

2. _____   8. _____

3. _____   9. _____

4. _____   10. _____

5. _____   11. _____

6. _____   12. _____

B. With a partner, write a case scenario similar to the one presented in this lesson, in which you incorporate the additional vocabulary.

🔊 *Resolviendo problemas*

La Sra. Miño, trabajadora social, ayuda a dos clientas que tienen diferentes problemas.

Con Eva Torales, una adolescente:

EVA	—¡Qué suerte que vino hoy! Tengo que preguntarle algo pero... me da vergüenza.
SRA. MIÑO	—No te preocupes, Eva. Yo estoy aquí para ayudarte. Cuéntame qué te pasa.
EVA	—No hay nadie que pueda ayudarme... Tuve relaciones sexuales con Carlitos, mi novio, y creo que estoy enferma.
SRA. MIÑO	—¿El muchacho no usó condón cuando tuvieron contacto sexual?
EVA	—No, porque yo estoy tomando la píldora.
SRA. MIÑO	—Mira, Eva, la píldora puede prevenir un embarazo no deseado, pero no evita el SIDA ni las enfermedades venéreas como la gonorrea, la sífilis y los herpes.
EVA	—Tengo irritación en la vagina y pus. ¿Ud. cree que tengo el SIDA? ¡Ay, Dios mío!
SRA. MIÑO	—No creo que sea el SIDA. Ésos son síntomas de gonorrea. Ve a ver a tu médico o al Departamento de Sanidad. Te tienen que examinar en seguida.
EVA	—Pero mis padres no saben nada. ¡Me van a matar!
SRA. MIÑO	—No necesitas permiso de tus padres pero yo te aconsejo que hables con ellos. Estoy segura de que te van a ayudar.
EVA	—Dudo que me ayuden porque ellos me prohibieron ver a Carlitos. Él a veces toma drogas, y ellos dicen que es drogadicto.
SRA. MIÑO	—Eva, has estado jugando con fuego. Ve al Departamento de Sanidad hoy mismo, y dile a tu novio que vaya también. Uds. pueden infectar a otras personas.

Con la Sra. Ríos, que tiene un esposo alcohólico:

SRA. RÍOS	—Estoy muy preocupada porque mi esposo faltó al trabajo otra vez y temo que lo despidan.
SRA. MIÑO	—¿Sigue tomando mucho?
SRA. RÍOS	—Sí, más que nunca. Antes se emborrachaba los fines de semana, pero ahora bebe casi todos los días.
SRA. MIÑO	—¿Ha hablado con él sobre su problema?
SRA. RÍOS	—Sí, muchas veces. También el padre Francisco trató de hablarle, pero mi marido dice que él bebe con su dinero y que a nadie le importa.
SRA. MIÑO	—¿Le ha pegado él a Ud. alguna vez por culpa de la bebida?
SRA. RÍOS	—Sí, muchas veces, y a los niños también. Después, se arrepiente y me pide que lo perdone, pero dudo que cambie.

SRA. MIÑO	—¿Ha tenido alguna vez un accidente o algún problema con la policía?
SRA. RÍOS	—Hasta hace poco había tenido suerte, pero la semana pasada un policía lo detuvo por manejar estando borracho y pasó la noche en la cárcel.
SRA. MIÑO	—El caso de su esposo es grave, pero no hay nadie que pueda ayudarlo si él no coopera.
SRA. RÍOS	—¿Qué puedo hacer yo? ¿Buscar a alguien que lo ayude?
SRA. MIÑO	—Bueno, lo primero, tratar de convencerlo de que tiene un problema alcohólico, y de que no puede resolverlo sin la ayuda de otras personas.
SRA. RÍOS	—¿Quiénes podrían ayudarlo?
SRA. MIÑO	—Hay muchas organizaciones que pueden ayudarlos a él y a Uds., entre ellas los capítulos locales de Alcohólicos Anónimos y Al-Anon.
SRA. RÍOS	—¿Cómo puedo ponerme en contacto con esas organizaciones?
SRA. MIÑO	—Sus números de teléfono aparecen en las páginas amarillas de la guía telefónica. Un momentito, aquí tengo el número de Alcohólicos Anónimos.

 # Vocabulario

COGNADOS

el accidente accident	**local** local
Alcohólicos Anónimos Alcoholics Anonymous	**el momento**[1] moment
el (la) cliente(a) client	**la organización** organization
el contacto contact	**el pus** pus
diferente different	**las relaciones sexuales** sexual relations
la droga drug	**la sífilis** syphilis
el (la) drogadicto(a) drug addict	**el síntoma** symptom
la gonorrea gonorrhea	**la vagina** vagina
los herpes herpes	**venéreo(a)** venereal
la irritación irritation	

---

[1]Diminutives: **momentito, momentico**

NOMBRES

el (la) adolescente   teenager
el capítulo   chapter
la cárcel   jail
el condón, el preservativo   condom
el Departamento de Sanidad   Health Department
el embarazo   pregnancy
la guía telefónica, el directorio telefónico
  telephone book
el (la) muchacho(a)   young man (woman)
el (la) novio(a)   boyfriend (girlfriend)
el padre, el cura, el sacerdote   (Catholic) priest
los padres   parents
la píldora, la pastilla   pill
el (la) policía   police officer
el SIDA (síndrome de inmunodeficiencia
  adquirida)   AIDS

VERBOS

aparecer[1]   to appear
arrepentirse (e:ie)   to regret, to feel sorry
beber   to drink
buscar   to look for
cambiar   to change
convencer[2]   to convince
cooperar   to cooperate
despedir (e:i), cesantear   to fire
detener[3]   to stop
dudar   to doubt
emborracharse   to get drunk
evitar   to avoid
infectar, contagiar   to infect
matar   to kill
pasar   to spend (*time*)
perdonar   to pardon, to forgive
preocuparse   to worry
prevenir (e:ie)[4]   to prevent
prohibir   to forbid, to prohibit
resolver (o:ue)   to solve
tratar (de)   to try

ADJETIVOS

amarillo(a)   yellow
grave   serious
preocupado(a)   worried

OTRAS PALABRAS Y EXPRESIONES

A nadie le importa.   It's nobody's business.
¡Ay, Dios mío!   Oh my goodness!
casi   almost
darle vergüenza a uno   to be embarrassed
hasta hace poco   until recently
jugar (u:ue) con fuego   to play with fire
lo primero   the first thing
más que nunca   more than ever
ponerse en contacto   to get in touch
por culpa de   because of
por manejar estando borracho(a)   for drunk
  driving
qué suerte   how fortunate, it's a good thing, what
  luck
¿Qué te pasa?   What's the matter with you?
tener suerte   to be lucky
todos los días   every day

---

[1]Irregular first-person indicative: **yo aparezco.**
[2]Irregular first-person indicative: **yo convenzo.**
[3]Conjugated like **tener.**
[4]Conjugated like **venir.**

Vocabulario adicional
(El sistema legal (penal)

acusar   to accuse
arrestar, detener   to arrest
cometer   to commit, to perpetrate
el crimen[1]   crime
el delincuente juvenil   juvenile delinquent
el delito   crime
el delito grave (mayor)   felony
el delito menor   misdemeanor
estar en libertad bajo fianza   to be free on bail
estar en libertad condicional   to be on probation
estar preso(a)   to be in jail
la fianza   bail
la orden de detención, el permiso de detención   warrant, arresting order
el reclusorio para menores   juvenile hall
el reformatorio   reformatory

La Religion

el aborto   abortion
católico(a)   Catholic
el consentimiento   consent
la iglesia   church
judío(a), hebreo(a)   Jewish
el (la) pastor(a)   pastor, person of the clergy
protestante   Protestant
el rabí, el rabino   rabbi
la sinagoga   synagogue, temple

---

[1]Used mainly to refer to murder or manslaughter.

Notas culturales

- According to the U.S. Census Bureau, as of March 1994, Latinos constitute almost 10.3% of the population of the United States, yet they account for 14% of the reported AIDS cases, nearly 21% of AIDS cases among women, and 22% of all pediatric AIDS cases. Hispanic Americans are at greater risk for HIV infection because of factors such as living in high-prevalence areas and exposure to intravenous drug use, not because of their ethnicity and culture. AIDS is most prevalent in large urban centers, with three cities (New York, San Francisco, and Los Angeles) accounting for about 60% of all cases. Nearly half of the Latinos with AIDS in the Northeast are among intravenous drug users. Heterosexual transmission of HIV from intravenous drug users to their sexual partners is more prevalent among Latinos because of cultural attitudes that, in general, do not promote the use of condoms. A recent survey indicates that Latinos know less about HIV and AIDS than non-Latinos. The American Medical Association has recommended that AIDS prevention programs be tailored to subgroups such as Mexican Americans and Puerto Ricans due to cultural and language differences.
- In Spanish, the word **droga** does not mean *medicine* as in English. Spanish speakers use this term to refer to narcotics and other illegal drugs. Similarly, a **droguero(a)** is a person who uses or sells illicit drugs.
- Although alcoholism is stigmatized as a vice in most Spanish-speaking countries, alcoholism and cirrhosis are important health issues that affect the Latino population in North America. The incidence rate is particularly high among Mexican Americans and Puerto Ricans. In addition, Latinos have a disproportionate number of deaths due to narcotic addictions. In a recent Hispanic Health and Nutrition Survey done in the United States, 21.5% of Puerto Ricans reported having used cocaine, while the figure was 11.1% for Mexican Americans and 9.2% for Cuban Americans.

¿Recuerdan ustedes?

Answer the following questions, basing your answers on the dialogues.

1. ¿A quién ayuda la Sra. Miño?

   _____

2. ¿Qué le da vergüenza a Eva?

   _____

3. ¿Con quién tuvo Eva relaciones sexuales?

   _____

4. ¿Qué cree Eva?

   _____

5. ¿Qué está tomando Eva?

   _____

6. ¿Qué enfermedades ayuda a evitar el uso del condón?

   _____

7. ¿Para qué debe ir Eva al Departamento de Sanidad?

8. ¿Por qué los padres de Eva le prohibieron a ella ver a Carlitos?

9. ¿Quiénes pueden infectar a otras personas?

10. ¿Qué teme la Sra. Ríos?

11. ¿Cuándo se emborracha el Sr. Ríos?

12. ¿Quién trató de hablar con el Sr. Ríos?

13. ¿Por qué detuvieron al Sr. Ríos?

14. ¿Dónde pasó la noche el Sr. Ríos?

15. ¿Qué organizaciones pueden ayudar al Sr. Ríos?

Para conversar

Interview a classmate, using the following questions. When you have finished, switch roles.

1. En su opinión, ¿cuáles son los problemas más frecuentes entre los jóvenes?

2. ¿Cuáles son algunos de los peligros (*dangers*) del uso de drogas y del alcoholismo?

3. ¿Cuáles son los problemas que pueden traer las relaciones sexuales?

4. ¿Qué problemas puede evitar la píldora?

5. ¿Qué problemas puede evitar el uso del condón?

6. En su opinión, ¿es seguro el condón para evitar el SIDA y las enfermedades venéreas?

_____

7. ¿Qué enfermedades venéreas conoce Ud.?

_____

8. ¿Cuál cree Ud. que es un problema mayor entre los adolescentes, el alcoholismo o las enfermedades venéreas?

_____

9. ¿Cuándo decimos que una persona es alcohólica?

_____

10. ¿Toma Ud. bebidas alcohólicas? ¿Con qué frecuencia (*How frequently*)?

_____

11. ¿Qué organizaciones ayudan a las personas con problemas de alcoholismo?

_____

12. ¿Dónde puedo encontrar el número de teléfono de Alcohólicos Anónimos?

_____

Vamos a practicar

Rewrite each of the following sentences to express doubt or indefiniteness, using the cue provided.

Modelo: Sé que muchos padres se preocupan por sus hijos aquí.

Dudo que muchos padres se **preocupen** por sus hijos aquí.

1. Creo que el uso del condón ayuda a controlar las enfermedades venéreas.

No creo _____.

2. Aquí hay alguien que puede examinarla.

Aquí no hay nadie _____.

3. Es cierto que nosotros somos alcohólicos.

No es cierto _____.

4. Pienso que pueden despedir a mi hija.

No pienso_____.

5. Conozco a un señor que se emborracha todos los días.

No conozco a nadie_____.

6. Hay una muchacha que toma la píldora.

   ¿Hay alguna _____?

7. Aquí hay alguien que usa drogas.

   Aquí no hay nadie _____.

8. Conozco a alguien que puede hablar con la supervisora.

   Busco a alguien _____.

9. María es la amiga que quiere aconsejarla.

   Buscamos a alguien _____.

10. Yo sé que hay algunas organizaciones que ayudan a los alcohólicos.

    Necesitamos ponernos en contacto con_____

    _____.

Conversaciones breves

Complete the following dialogue, using your imagination and the vocabulary from this lesson.

La Sra. Ledo habla con el Sr. Garza, consejero familiar.

SRA. LEDO —Estoy muy preocupada. Tengo muchos problemas en mi casa, Sr. Garza.

SR. GARZA — _____

SRA. LEDO —Mi esposo se emborracha todos los días.

SR. GARZA — _____

SRA. LEDO —No, no hay nadie que pueda ayudarlo. Él no quiere hablar con nadie; dice que no quiere que nadie se preocupe por él.

SR. GARZA — _____

SRA. LEDO —No, a mí no me ha pegado, pero les pega mucho a los niños.

SR. GARZA — _____

SRA. LEDO —Sí, la semana pasada tuvo un accidente. ¿Hay alguien que pueda ayudarlo?

SR. GARZA — _____

SRA. LEDO —¿Cómo puedo ponerme en contacto con una de esas organizaciones?

SR. GARZA — _____

SRA. LEDO —Muchas gracias por todo, Sr. Garza.

En estas situaciones

What would you say in the following situations? What might the other person say?

1. You are talking to Mariana, a teenager who thinks she may have a venereal disease. You tell her that she's playing with fire and advise her to go to the Health Department right away to be examined. Explain that she doesn't need her parents' permission to be checked. Finally, encourage her to tell her sexual partner to go to the Health Department also because both of them can infect other people.

2. The parents of a teenage daughter are worried because they are afraid she may be pregnant. They confide their concerns and ask for your advice. Her boyfriend takes drugs and drinks a lot every day. He says he will stop drinking, but he never does. Sometimes he even drives while drunk and has spent several nights in jail for that reason. He wants to marry their daughter.

3. Your client, Mrs. Fernández, is talking to you about her alcoholic husband. Ask her the following questions: Is he still drinking a lot? Has he missed work a lot? Is she afraid he'll be fired? Has he ever hit her or the children because of the drinking? Has he ever had an accident? Has she ever contacted any organization like Alcoholics Anonymous or Al-Anon? Direct her to the yellow pages of the phone book for the telephone numbers of those organizations.

Casos

Act out the following scenarios with a partner.

1. You are helping an adolescent who thinks he or she has a venereal disease.

2. You are advising a client whose spouse is an alcoholic.

Un paso más

A. Review the *Vocabulario adicional* in this lesson and then match the questions in column A with the answers in column B.

A

_____1. ¿La arrestaron?

_____2. ¿Por qué lo detuvieron?

_____3. ¿Es católica?

_____4. ¿Está preso?

_____5. ¿Es un delincuente juvenil?

_____6. ¿Pudieron hablar con el rabino?

_____7. ¿Dónde cree Ud. que deben estar los delincuentes juveniles?

_____8. ¿Le hicieron un aborto a una menor?

_____9. ¿Es protestante?

_____10. ¿Dónde está el sacerdote?

B

a. Sí, lo vimos en la sinagoga.

b. No, está en libertad condicional. Puso una fianza de diez mil dólares.

c. Sí, porque el médico dijo que no necesitaba el consentimiento de sus padres.

d. En un reformatorio.

e. Sí, es metodista.

f. Porque cometió un delito.

g. En la iglesia.

h. No, es judía.

i. Sí, por eso está en un reclusorio para menores.

j. Sí, está presa.

B. With a partner, write a case scenario similar to the one presented in this lesson, in which you incorporate the additional vocabulary.

🔊 *Consejos a las madres*

La enfermera visitadora Julia Mena habla con dos madres.

Con la Sra. Rojas, madre de un recién nacido:

MADRE	—Enfermera, ¿cuál es la mejor posición para acostar al bebé, boca arriba, boca abajo o de lado?
ENFERMERA	—Boca arriba. Las otras posiciones pueden ser peligrosas.
MADRE	—Mi mamá dice que ella siempre nos ponía boca abajo.
ENFERMERA	—Sí, antes se creía que ésa era la mejor posición.
MADRE	—Otra cosa. Todavía tengo miedo de dejar al bebé solo en la cuna.
ENFERMERA	—En la cuna está seguro, si no hay en ella objetos peligrosos.
MADRE	—Él sólo tiene su almohadita.
ENFERMERA	—No use almohadas; pueden asfixiar al niño.
MADRE	—¿De veras? No lo sabía. Una pregunta más. Si está dormido y es hora de darle el pecho, ¿debo despertarlo?
ENFERMERA	—No es necesario. Déjelo dormir. Él se despertará cuando tenga hambre.

Con la Sra. Argueda, madre de un niño de un año:

MADRE	—Srta. Mena, el niño ya cumplió un año y todavía no camina. ¿Qué puedo hacer?
ENFERMERA	—Espere a que haya madurado lo suficiente. No todos los niños empiezan a caminar a la misma edad.
MADRE	—Mi esposo quiere comprarle un andador...
ENFERMERA	—No, no deben tratar de forzarlo a caminar. El andador le puede deformar las piernas.
MADRE	—Otra cosa. Ahora que gatea, agarra todo lo que encuentra y se lo mete en la boca.
ENFERMERA	—Tiene que tener mucho cuidado de no dejar objetos pequeños a su alcance.
MADRE	—Bueno, cuando empiece a pararse y a caminar voy a tener más problemas.
ENFERMERA	—Sí, en cuanto empiece a andar por la casa, va a tener muchos más peligros.
MADRE	—Sí, se puede caer de la escalera, o se puede subir a una mesa y caerse...
ENFERMERA	—También puede envenenarse con muchas de las cosas que hay en la casa, como lejía, insecticidas, pinturas, detergentes, etc.
MADRE	—O con las medicinas para adultos, si no tienen tapas de seguridad.
ENFERMERA	—Mire, en este folleto encontrará algunos otros consejos útiles.
MADRE	—Tan pronto como llegue a casa, voy a poner la lista en el refrigerador.

ALGUNOS CONSEJOS ÚTILES

1. El niño no debe estar cerca del fogón, del horno, de la estufa, de la plancha, de los fósforos, de los líquidos calientes ni de los aparatos eléctricos.

2. Si el niño se quema, trate la quemadura con agua, no con hielo. Nunca ponga yodo ni mantequilla en la quemadura. Si ésta es grave, lleve al niño al médico.

3. Ponga tapas de seguridad sobre los tomacorrientes que no use y tape con muebles los que están en uso.

4. En casos de cortaduras y rasguños, limpie la herida con agua y jabón y cúbrala con una venda. Si sangra mucho, aplique presión sobre la herida y lleve al niño al médico.

5. No deje al niño al sol por mucho tiempo y póngale un gorro. Para un niño pequeño, dos minutos al sol por día son suficientes.

6. No deje al niño solo en la casa, ni en la bañadera, ni en la piscina ni en el coche.

7. Haga vacunar a sus niños antes de que empiecen a ir a la escuela.

8. En su casa y en el carro tenga siempre un botiquín o un estuche de primeros auxilios con lo siguiente:

cinta adhesiva, esparadrapo	agua oxigenada
curitas	crema antibacteriana
gasa	antihistamínicos
pinzas	líquido de Benadryl
tijeras	ungüento para quemaduras menores
termómetro	ipecacuana
alcohol	Tylenol

 **Vocabulario**

NOMBRES

el agua water
el agua oxigenada hydrogen peroxide
la almohada pillow
el aparato eléctrico, el equipo electrodoméstico, el electrodoméstico electrical appliance, household appliance
el botiquín de primeros auxilios, el estuche de primeros auxilios first-aid kit
la cinta adhesiva, el esparadrapo adhesive tape
el consejo advice
la cortadura, la cortada (*Méx., Cuba*) cut
la cuna crib
la curita Band-Aid
el (la) enfermero(a) visitador(a) visiting nurse
la estufa heater
el fogón, la cocina stove
el fósforo match
la gasa gauze
el gorro hat, cap
la herida wound
el hielo ice
el horno oven
la ipecacuana (syrup of) ipecac
el jabón soap
la lejía bleach
la mantequilla butter
la mesa table
los muebles furniture
el peligro danger
la pintura paint
las pinzas tweezers
la piscina, la alberca (*Méx.*) swimming pool
la plancha iron
la presión pressure
la quemadura burn
el rasguño scratch
el (la) recién nacido(a) newborn baby
el sol sun
la tapa de seguridad safety cap, safety cover
el termómetro thermometer
las tijeras scissors
el tomacorrientes, el enchufe electrical outlet, socket
el ungüento ointment
la venda, el vendaje bandage

VERBOS

acostar (o:ue) to put to bed
agarrar, coger[1] to take
aplicar to apply
asfixiar to suffocate
deformar to deform
despertar (e:ie) to wake (someone) up
despertarse (e:ie) to wake up
dormir (o:ue) to sleep
encontrar (o:ue) to find
envenenar(se) to poison (oneself)
forzar (o:ue) to force
gatear to crawl
madurar to mature
pararse to stand up
sangrar to bleed
subir to climb, to go up
tapar to cover, to block
tratar to treat
vacunar to vaccinate, to immunize

ADJETIVOS

antibacteriano(a) antibacterial
caliente hot
dormido(a) asleep
seguro(a) safe
útil useful

OTRAS PALABRAS Y EXPRESIONES

a casa home
a su alcance within reach
boca abajo face down
boca arriba face up
cerca (de) near
dar el pecho to nurse
de lado on (one's) side
¿De veras? Really?
en caso de in case of
en cuanto as soon as
en uso in use
lo suficiente enough
meterse en la boca to put in one's mouth
sobre on
tener cuidado to be careful
tener hambre to be hungry
tener miedo to be afraid

---

[1]Irregular first-person indicative: **yo cojo**. In some countries this verb has a sexual connotation and should be avoided. Either **tomar** or **agarrar** should be used in those countries.

Vocabulario adicional

EL CUIDADO DE LOS BEBÉS

el babero   bib
el biberón, la mamadera, la mamila (*Méx.*)   baby bottle
cambiar el pañal   to change the diaper
el cochecito   baby carriage
la comidita de bebé   baby food
el chupete, el chupón (*Méx.*)**, el tete** (*Cuba*)**, el bobo** (*Puerto Rico*)   pacifier
la fórmula   formula
el jarabe   syrup
la leche   milk
la loción para bebé   baby lotion
el pañal desechable   disposable diaper
los pañuelos de papel   tissues
el (la) pediatra   pediatrician
la toallita   washcloth

OTROS TÉRMINOS RELACIONADOS CON LA SALUD

el cólico   colic
el crup, el garrotillo   croup
la inyección antitetánica   tetanus shot
las paperas   mumps
ponerse azul   to turn blue
ponerse blanco(a)   to turn white
ponerse pálido(a)   to turn pale
ponerse rojo(a)   to turn red
el sarampión   measles
la varicela   chickenpox

Notas culturales

- According to a recent study, only about 60% of Latina females (excluding Cuban Americans) initiate prenatal care in the first trimester. Also, Hispanic Americans are three times as likely to receive no prenatal care, and Puerto Ricans receive prenatal care later and less often. In spite of this, Latina females, especially Mexican Americans, have lower rates of premature deliveries and low birth weights.
- Due to general poverty, the number of children without vaccinations is still a serious problem in some Spanish-speaking countries. In addition, some people may have misconceptions about vaccinations. For example, they may believe that as a result of vaccinations certain diseases such as polio, diphtheria, and whooping cough have been eradicated or that it is not necessary to vaccinate children until they are of school age. Moreover, some Latinos, particularly those who are migrant workers, find it difficult to maintain vaccination schedules because they are constantly moving their place of residence. In these situations, parents should be informed of the importance of each type of vaccination, and they should be encouraged to keep a written record of their child's vaccinations.

¿Recuerdan ustedes?

Answer the following questions, basing your answers on the dialogues.

1. ¿Cuál es la mejor posición para acostar a un bebé?

   _____

2. ¿En qué posición se acostaba antes a los bebés?

   _____

3. ¿De qué tiene miedo la Sra. Rojas?

   _____

4. ¿Qué es necesario para que el bebé esté seguro en la cuna?

   _____

5. ¿Por qué son peligrosas las almohadas para el bebé?

   _____

6. Si el bebé está dormido a la hora de darle el pecho, ¿qué debe hacer la Sra. Rojas?

   _____

7. ¿Qué pasará cuando el bebé tenga hambre?

   _____

8. El niño de la Sra. Argueda ya cumplió un año y no camina. ¿Qué debe hacer la madre?

   _____

9. ¿Qué hace el bebé de la Sra. Argueda desde que gatea?

   _____

10. ¿Con qué cosas puede envenenarse el bebé?

    _____

Para conversar

Interview a classmate, using the following questions. When you have finished, switch roles.

1. Cuando Ud. era un(a) bebé, ¿en qué posición lo(la) acostaba su mamá?

   _____

2. ¿En qué posición duerme Ud. ahora?

   _____

3. ¿Usa Ud. almohada para dormir?

   _____

4. Ahora, ¿hay algún bebé en su familia?

   _____

5. ¿Ha cuidado Ud. alguna vez a un bebé de otra persona? ¿Cuándo? ¿Por
   qué?

   _____

6. Generalmente, ¿a qué edad caminan los bebés?

   _____

7. ¿A qué edad empezó Ud. a gatear? ¿Y a caminar?

   _____

8. ¿Por qué no deben poner las madres a sus bebés en andadores?

   _____

9. ¿Cuándo se vacunan los niños?

   _____

10. ¿Contra qué enfermedades está Ud. vacunado(a)?

    _____

11. ¿Tiene Ud. un botiquín de primeros auxilios en su casa?

    _____

Vamos a practicar

**A. Complete the following sentences, using the present subjunctive or
the present indicative of the verbs given.**

1. Va a darle el pecho al bebé cuando _____ (despertarse).

2. Vamos a vacunarlo antes de que _____ (empezar) a ir a la escuela.

3. Todos los días lo llamo tan pronto como (*as soon as*) _____ (llegar) a casa.

4. Yo siempre le doy dinero cuando _____ (ir) a su casa.

5. Voy a despertar al niño cuando _____ (ser) las ocho.

6. Llámelo tan pronto como _____ (llegar) a la oficina, por favor.

B. **Rewrite each of these sentences, making any changes required by the cue provided.**

1. Él no ha traído el detergente.

   Temo que él _____.

2. Ellos se han envenenado.

   No creo que _____.

3. El niño se ha asfixiado.

   No es verdad que _____.

4. Hemos traído la lejía y los insecticidas.

   Esperan que _____.

5. No se han asustado mucho.

   Es posible que _____.

6. No he tenido tiempo.

   No es cierto que _____.

7. La enfermera visitadora se ha enojado.

   Siento que _____.

8. Te has quemado.

   Ojalá que no _____.

Conversaciones breves

Complete the following dialogue, using your imagination and the vocabulary from this lesson.

Una madre joven habla con la Srta. Ramírez, una enfermera visitadora.

MADRE —Srta. Ramírez, mi mamá dice que debo acostar al bebé boca abajo. ¿Es verdad?

ENFERMERA — _____

MADRE —Entonces, ¿por qué dice eso mi mamá?

ENFERMERA — _____

MADRE —Cuando tengo que hacer las tareas de la casa, ¿puedo dejar al bebé solo en la cuna?

ENFERMERA — _____

MADRE —Él sólo tiene su almohadita en la cuna. Así está seguro, ¿verdad?

ENFERMERA — _____

MADRE	—Yo no sabía eso. Otra cosa. ¿Cuántas veces debo despertar al bebé para darle el pecho de noche?
ENFERMERA	— _____
MADRE	—¿Puedo dejarlo dormir toda la noche?
ENFERMERA	— _____
MADRE	—Otra pregunta. ¿A qué edad le salen los dientes?
ENFERMERA	— _____
MADRE	—Muchísimas gracias por todo, Srta. Ramírez.

En estas situaciones

What would you say in the following situations? What might the other person say?

1. You are a visiting nurse, and a mother tells you her son is one year old and doesn't walk yet. Her husband wants to buy a walker. Advise her.

2. You are the parent of a young child. Tell the babysitter not to leave your daughter alone in the kitchen, the car, or the bathtub. Remind her to keep the child away from the oven, the stove, the iron, matches, hot liquids, and electrical appliances.

3. You are a visiting nurse speaking with the parents of two preschoolers. Tell the parents to keep a first-aid kit at home and another one in the car. Remind them to have their children vaccinated before they start school.

Casos

Act out the following scenarios with a partner.

1. A visiting nurse is talking with a young mother, whose child is beginning to walk, about the dangers around the house.

2. A visiting nurse and a mother are discussing the dos and don'ts of caring for a small baby.

Un paso más

A. **Review the *Vocabulario adicional* in this lesson and complete the following sentences.**

1. Antes, el niño solamente tomaba biberón, pero ahora también le doy _____ .

2. En la clínica me pusieron una _____ .

3. El bebé tiene tos. Voy a darle _____ para la tos.

4. Creo que mi hija tiene sarampión. Debo llevarla al _____ hoy mismo.

5. El bebé no duerme bien y tose mucho. Temo que tenga _____ .

6. Póngale un _____ al bebé cuando le dé la comida.

7. La mamá tiene que cambiarle el pañal al bebé. Necesita un _____ ,

    una _____ y unos _____ .

8. La niña lloró tanto que se puso _____ .

9. El niño no puede respirar (*breathe*) y se está _____ .

10. El bebé tiene la piel muy seca (*dry*). Voy a comprar _____ .

B. With a partner, write a case scenario similar to the one presented in this lession, in which you incorporate the additional vocabulary.

● *El ingreso suplementario*

El Sr. Arias, trabajador social, habla con la Sra. Parra sobre el ingreso suplementario.

SRA. PARRA	—Mi esposo me pidió que le preguntara si él califica para recibir ingreso suplementario, pues ahora tenemos más gastos y muchas deudas.
SR. ARIAS	—Su esposo es ciego, ¿verdad?
SRA. PARRA	—Sí, señor. Y ahora se está quedando paralítico.
SR. ARIAS	—Para poder contestar su pregunta tengo que saber cuáles son sus ingresos y cuál es el valor de las cosas que Uds. poseen.
SRA. PARRA	—Mi esposo vende suscripciones a periódicos y revistas por teléfono y recibe una comisión.
SR. ARIAS	—Como promedio, ¿cuánto recibe al mes de comisión?
SRA. PARRA	—Entre cuatrocientos y quinientos dólares al mes.
SR. ARIAS	—Y Ud., ¿tiene algunas entradas mensuales?
SRA. PARRA	—Sí, yo vendo cosméticos en mis ratos libres, pero gano muy poco. Unos doscientos a doscientos cincuenta dólares mensuales.
SR. ARIAS	—Entonces, los ingresos netos de la pareja son unos setecientos dólares mensuales. Bien, ¿cuáles son sus propiedades?
SRA. PARRA	—La casa rodante donde vivimos y los muebles y equipos electrodomésticos.
SR. ARIAS	—¿Tienen automóvil?
SRA. PARRA	—Ah, sí. Me olvidé de decirle que tenemos un Ford del 85.
SR. ARIAS	—Dudo que eso afecte su elegibilidad. Si fuera un coche de mucho valor, la afectaría.
SRA. PARRA	—Sí, nuestro coche es muy viejo y vale muy poco.
SR. ARIAS	—¿Tienen algunas inversiones? ¿Acciones, bonos, certificados de depósito, fondos mutuos... ?
SRA. PARRA	—No, los únicos ahorros que tenemos son ochocientos y pico de dólares que guardamos en el banco para una emergencia.
SR. ARIAS	—¿Eso es todo lo que tienen?
SRA. PARRA	—Mi esposo tiene una póliza de seguro de vida. ¿Eso cuenta?
SR. ARIAS	—En la mayoría de los casos, no. ¿Algo más?
SRA. PARRA	—Bueno, a veces recibimos regalos en efectivo de nuestros hijos. ¿Eso cuenta como ingreso?
SR. ARIAS	—Sí, pero los primeros sesenta dólares en cada trimestre no se cuentan. Por ejemplo, si sus hijos le enviaran cien dólares, le descontaríamos cuarenta dólares de su pago de ingreso suplementario.
SRA. PARRA	—Entonces, si nos mandan doscientos cuarenta dólares por Navidad, nos descuentan ciento ochenta dólares, pero si recibimos la misma cantidad en partidas de sesenta dólares por trimestre no pagamos nada, ¿no es así?

SR. ARIAS	—Así es.
SRA. PARRA	—¿Qué otras cosas cuentan como ingresos?
SR. ARIAS	—Los pagos de las pensiones y retiros públicos o privados, las anualidades, las compensaciones obreras, las herencias, las rentas, los intereses y dividendos, y las pensiones alimenticias, en casos de divorcio.

 # Vocabulario

COGNADOS

la comisión commission
los cosméticos cosmetics
el dividendo dividend
la elegibilidad eligibility
la emergencia emergency
el interés interest
neto(a) net

la pensión pension
 privado(a) private
 público(a) public
 suplementario(a) supplemental
la suscripción subscription
el trimestre trimester, quarter (three months)

NOMBRES

la acción stock, share
la anualidad annuity
el bono bond
la cantidad amount
la casa rodante mobile home
el certificado de depósito certificate of deposit (C.D.)
la compensación obrera worker's compensation
la deuda debt
el fondo mutuo mutual fund
la herencia inheritance
el ingreso income, earnings, revenue
la inversión investment
la mayoría majority
(la) Navidad Christmas
la pareja couple
la pensión alimenticia alimony
el periódico newspaper
el promedio average
la propiedad asset
el rato libre, el tiempo libre free time
el regalo gift, present
la revista magazine
el seguro de vida life insurance

VERBOS

afectar to affect
descontar (o:ue) to deduct
dudar to doubt
guardar to keep, to save
olvidarse (de) to forget
poseer to own
valer[1] to be worth
vender to sell

ADJETIVO

único(a) only

OTRAS PALABRAS Y EXPRESIONES

así like that, that way, so
las partidas de... dólares increments of . . . dollars
ochocientos y pico a little over eight hundred
por ejemplo for example
quedarse paralítico(a) to become paralyzed, to become crippled

---

[1]Irregular first-person present indicative: **yo valgo.**

Vocabulario adicional

MÁS TÉRMINOS RELACIONADOS CON LAS FINANZAS

la aprobación   approval
los bienes raíces, los bienes inmuebles   real estate
la cantidad fija   fixed amount
conceder un crédito   to extend credit
el (la) contribuyente   taxpayer
las deducciones permitidas   allowable deductions
el (la) dependiente   dependent
exento(a)   exempt
la ganancia   gain, earning, profit
pagar a plazos   to pay in installments
la pérdida   loss
la persona de bajos ingresos   low-income person
el plazo, el término   term
provenir[1]   to come from, to originate
el reembolso   refund
la tarjeta de crédito   credit card
vencer[2]   to expire

Notas culturales

It is hoped that, after having read the cultural notes in this manual, practicing and aspiring social services personnel will have a better understanding of the Spanish-speakers that they may encounter in their profession. It is also hoped that these notes will have avoided stereotyping and will have successfully conveyed the diversity to be found among Latinos in the United States: They come from 20 different countries, from diverse social classes, from richly varied cultural backgrounds, and from religious upbringings or backgrounds that are not always Catholic. If these Spanish-speakers share a common trait, it is their desire to live better and to improve themselves, even if their concept about what this means varies across individuals. For the most part, this is why they or their preceding generation(s) came to the United States. For many, their contact with social services personnel, particularly with those who have some under-standing of the Spanish language and Hispanic cultures, will help them reach their goal and will help them understand this country and its people better.

---

[1]Conjugated like **venir**.
[2]Irregular first-person singular: **yo venzo.**

¿Recuerdan ustedes?

Answer the following questions, basing your answers on the dialogue.

1. ¿Sobre qué hablan el Sr. Arias y la Sra. Parra?

   _____

2. ¿Qué le pidió el Sr. Parra a su esposa?

   _____

3. ¿Qué problema tienen el Sr. Parra y su esposa?

   _____

4. ¿Está incapacitado el Sr. Parra? ¿Por qué?

   _____

5. ¿Cuál es el trabajo del Sr. Parra?

   _____

6. ¿Cuál es el trabajo de la Sra. Parra?

   _____

7. ¿Dónde vive la familia Parra?

   _____

8. ¿Cuáles son las propiedades de los Parra?

   _____

9. ¿Cómo es el carro de los Parra?

   _____

10. ¿Dónde guardan los Parra sus ahorros?

    _____

11. ¿Qué reciben a veces los Parra? ¿De quiénes?

    _____

12. Si los hijos de los Parra les regalaran cien dólares, les descontarían cuarenta dólares. ¿Por qué?

    _____

Para conversar

Interview a classmate, using the following questions. When you have finished, switch roles.

1. ¿Cuál es su principal fuente de ingresos?

   _____

2. ¿Tiene Ud. algunos ingresos suplementarios? ¿De dónde provienen?

   _____

3. ¿Tiene Ud. más gastos este año que el año pasado?

   _____

4. Como promedio, ¿cuánto debe ganar al mes una pareja en esta ciudad para pagar todas sus cuentas?

   _____

5. Si tuviera mucho dinero, ¿en qué lo invertiría?

   _____

6. ¿Le gustan los regalos en efectivo? ¿Por qué o por qué no?

   _____

7. Si alguien le enviara a Ud. diez mil dólares mañana, ¿qué haría?

   _____

8. ¿Cómo es su automóvil? ¿Es de mucho o de poco valor?

   _____

9. ¿Tiene Ud. una póliza de seguro de vida? ¿Por qué o por qué no?

   _____

10. ¿Ha vivido Ud. alguna vez en una casa rodante?

    _____

Vamos a practicar

A. **Rewrite the following sentences in the past tense. Be sure to use the subjunctive as needed.**

Modelo: Es imposible que él envíe los bonos.

Era imposible que él **enviara** los bonos.

1. Temo que no pueda recibir el ingreso suplementario.

   _____

2. Quieren que nosotros tomemos la decisión hoy.

   _____

3. Necesito que traigas la póliza de seguro de vida.

   _____

4. No creo que él tenga tantos bonos y acciones.

   _____

5. Sugiere que paguen sus deudas.

   _____

B. **Answer the questions, using the cue in parentheses in your response.**

Modelo: ¿Califica Ud. para recibir ingreso suplementario? (ganar poco)

No, pero si **ganara** poco, **calificaría**.

1. ¿Van a comprar una casa rodante? (tener más dinero)

   No, pero si _____.

2. ¿Puede Ud. trabajar más hoy? (no estar enfermo[a])

   No, pero si _____.

3. ¿Va a pagar sus deudas? (poder)

   No, pero si _____.

4. ¿Mi coche afecta mi elegibilidad para recibir ingreso suplementario?
   (ser de mucho valor)

   No, pero si _____

   _____.

5. ¿Quiere hablar con el supervisor ahora? (tener más tiempo)

   No, pero si _____.

Conversaciones breves

Complete the following dialogue, using your imagination and the vocabulary from this lesson.

La Sra. León habla con el Sr. Díaz sobre el ingreso suplementario.

SRA. LEÓN —Sr. Díaz, necesito información sobre el ingreso suplementario.

SR. DÍAZ —_____

SRA. LEÓN —Deseo saber si puedo recibir el ingreso suplementario pues mi familia y yo necesitamos más dinero.

SR. DÍAZ —_____

SRA. LEÓN —No, mi esposo no puede trabajar; está paralítico porque tuvo un accidente.

SR. DÍAZ —_____

SRA. LEÓN —¿Qué preguntas necesito contestar?

SR. DÍAZ —_____

SRA. LEÓN —Tenemos muy poco dinero en efectivo. Solamente unos quinientos dólares.

SR. DÍAZ —_____

SRA. LEÓN —No, no tenemos bonos ni acciones, pero yo tengo poco más de dos mil dólares en una cuenta de retiro.

SR. DÍAZ —_____

SRA. LEÓN —Sí, tenemos un automóvil.

SR. DÍAZ —_____

SRA. LEÓN —Me alegro de (*I am glad*) que el carro no cuente, pues necesitamos el dinero.

SR. DÍAZ —_____

SRA. LEÓN —Sí, yo vendo cosméticos de casa en casa, pero gano muy poco.

SR. DÍAZ —_____

SRA. LEÓN —Bueno, él vende seguros de vida por teléfono.

SR. DÍAZ —_____

SRA. LEÓN —En la mayoría de los meses, no pasa de doscientos dólares.

SR. DÍAZ —_____

SRA. LEÓN   —A veces nuestros hijos nos mandan dinero. ¿Cuenta eso como ingresos?

SR. DÍAZ   —_____

SRA. LEÓN   —¿Cree Ud. que tengamos derecho a recibir el ingreso suplementario?

SR. DÍAZ   —_____

SRA. LEÓN   —Muy bien, muchas gracias por la información.

En estas situaciones

What would you say in the following situations? What might the other person say?

1. A client is asking you to explain how one qualifies for receiving supplemental income. Explain that the maximum amount a couple can have to be able to receive federal payments is $2,250. Explain that a mobile home does not count as income if the people live in it and that a life insurance policy does not count as income in most cases. Tell the client that of the net earnings a person receives, the first $195 earned in a quarter is not counted and that social security checks, private pensions or annuities, worker's compensation, inheritances, support payments, interest, and dividends are counted as income.

2. Question your client to determine his/her eligibility for supplemental income. Find out if the client or his/her spouse is disabled. Ask the value of their possessions and what their monthly earnings and assets are. Inquire if they ever receive cash gift from relatives.

Casos

Act out the following scenarios with a partner.

1. Explain to your client the main criteria used for determining eligibility for supplemental income.

2. Question your client to determine his/her eligibility for supplemental income.

Un paso más

A. **Review the *Vocabulario adicional* in this lesson, and complete the following sentences.**

1. Ud. no es elegible para ayuda económica porque Ud. no es una

   _____ .

2. Yo soy _____ . Yo pago impuestos.

3. Tengo una casa y otros _____ .

4. El plazo para presentar la solicitud _____ el día 8 de diciembre del 2001.

5. No sabremos cuánto recibiremos de reembolso hasta que sepamos cuáles son las

   _____ .

6. Otra agencia debe dar su _____ para que Ud. empiece a recibir dinero.

7. A veces gana mil dólares y a veces gana mil quinientos. No es una

   _____ .

8. Tengo tres _____ : dos hijas y un hijo.

9. Los García tienen un carro nuevo que pagaron _____ .

10. Sus ingresos _____ de su sueldo como trabajadora social.

11. Nadie le va a conceder _____ a ese hombre. Está sin trabajo.

12. Usamos nuestra _____ para comprar el refrigerador.

13. Sus ganancias no están _____ de impuestos.

B. With a partner, write a case scenario similar to the one presented in this lession, in which you incorporate the additional vocabulary.

Lectura 4

🔵 Aviso a los solicitantes y beneficiarios de los seguros de salud en grupo

Read the following information from a pamphlet about eligibility for health care. Try to guess the meaning of all cognates. Then do the exercise item that follows.

Como condición de elegibilidad para asistencia pública, los solicitantes y beneficiarios deben solicitar cualquier seguro de salud disponible a través de su empleador actual (o del último patrono° para quien trabajaron), o de otras fuentes.

     Si usted o cualquier familiar que tiene responsabilidad legal es elegible para beneficios de seguro de salud en grupo, deberá proporcionarnos esta información en su entrevista de solicitud o de recertificación. Si tiene una tarjeta de seguro de salud, debe traerla a su entrevista. Además, su empleador actual o anterior tiene que llenar el reverso de esta planilla.

     Si usted se niega a cooperar en la verificación de esta información o rehúsa solicitar cualquier seguro de salud disponible para usted, su asistencia pública y beneficios médicos pueden ser denegados° o suspendidos, de acuerdo con° las leyes del estado de Nueva York.

boss

denied /
de...according to

After reading the *Lectura* carefully, answer the following questions.

1. ¿Qué deben hacer los solicitantes y beneficiarios, como condición de elegibilidad para asistencia pública?

   _____

   _____

2. Si Ud. es elegible para beneficios de seguro de salud en grupo, ¿cuándo deberá proporcionar esta información?

   _____

   _____

3. ¿Qué debe hacer si tiene una tarjeta de seguro de salud?

   _____

4. ¿Qué tiene que hacer su empleador actual o anterior?

   _____

5. ¿Qué puede pasar si Ud. no coopera en la verificación de esta información o si no solicita cualquier seguro de salud disponible para Ud.?

   _____

   _____

Repaso

LECCIONES 16–20

PRÁCTICA DE VOCABULARIO

A. Circle the word or phrase that does not belong in each group.

1. cama   cura   sacerdote

2. despedir   detener   cesantear

3. periódico   regalo   revista

4. fogón   horno   tumor

5. plancha   jabón   lejía

6. agarrar   coger   enfermarse

7. cárcel   ortopédico   ipecacuana

8. sífilis   gonorrea   borrachera

9. transfusión   vista   sangre

10. análisis   novio   radiografía

11. espejuelos   venda   vista

12. bono   píldora   pastilla

13. infectar   contagiar   tratar

14. curita   almohada   cuna

15. costo   cortadura   cortada

16. gasa   herida   consejo

17. jabón   sol   detergente

18. terapia física   radiografía   mesa

19. muebles   condón   preservativo

20. piscina   alberca   pintura

B. Circle the word or phrase that best completes each sentence.

1. Él es elegible para obtener el (tratamiento / seguro / anteojos) de hospitalización.

2. Ella necesita operarse porque tiene un (tumor / lente / horno).

3. Lo van a (despedir / comprar / incluir) porque no trabaja.

4. El policía lo detuvo por (ingresar / entregar / manejar) estando borracho.

5. Tengo que tratar de (sugerir / resolver / temer) mis problemas.

6. El condón ayuda a evitar las (enfermedades venéreas / inversiones / revistas).

7. La muchacha teme estar embarazada porque (compró muebles / tomó líquido / tuvo relaciones sexuales) con su novio.

8. La enfermera visitadora me dio unos consejos muy (cubiertos / útiles / dormidos).

9. En caso de cortaduras, limpie la herida con agua y (pintura / mantequilla / jabón).

10. Un niño puede (envenenarse / gatear / evitar) con muchas cosas que hay en la casa, como lejía y detergentes.

11. Debe tratar de tapar todos los (promedios / tomacorrientes / ingresos).

12. Tengo miedo de dejar al bebé solo en la (plancha / lesión / cuna).

13. Le van a hacer un examen de la (vista / cama / radiografía) porque no ve muy bien.

14. La niña ya cumplió un año y todavía no (ingresa / cambia / gatea).

15. Mi esposa tiene que pagar su (prima básica / pareja / comisión) de seguro de vida.

16. Ellos nos (afectan / descuentan / venden) ochenta dólares.

17. Las anualidades, los pagos de las pensiones y la (suscripción / herencia / cantidad) cuentan como ingresos.

18. Tengo que preguntarle algo, pero me da (vergüenza / audífono / vez).

19. ¿Cuánto recibe Ud. al mes de (consejo / gafas / comisión)?

20. Mis propiedades son: la casa rodante donde vivo, los equipos electro-domésticos y los (esparadrapos / muebles / clientes).

21. La píldora puede prevenir un (síntoma / botiquín / embarazo) no deseado.

22. He estado recibiendo beneficios del seguro social por dos años (pocos / deducibles / consecutivos).

23. El bebé se (despertará / operará / convencerá) cuando tenga hambre.

24. Cuando el niño empiece a gatear y a (incluirse / pararse / prohibirse) va a tener más peligros.

25. Mi esposo es ciego y ahora se está quedando (paralítico / relacionado / útil).

C. Match the questions in column A with the answers in column B.

A

_____ 1. ¿Vas a ver a un quiropráctico?

_____ 2. ¿Él tiene un tumor?

_____ 3. ¿Le hicieron análisis?

_____ 4. ¿Tiene problemas con la vista?

_____ 5. ¿Su esposo se emborracha?

_____ 6. ¿Pagan por una transfusión?

_____ 7. ¿Ella faltó al trabajo otra vez?

_____ 8. ¿Por qué lo detuvieron a Ud.?

_____ 9. ¿El niño debe usar andador?

_____ 10. ¿Se envenenó?

_____ 11. ¿Cuánto tiempo puedo dejar al bebé al sol?

_____ 12. ¿Cuáles son sus ingresos netos?

_____ 13. ¿Cuánto tiempo hace que recibe beneficios del seguro social?

_____ 14. ¿Acuesto al bebé boca abajo?

_____ 15. ¿Cuándo debo vacunar a mis hijos?

_____ 16. ¿Él tiene una enfermedad venérea?

_____ 17. ¿Dónde puedo encontrar su número de teléfono?

_____ 18. ¿Tuvo Ud. relaciones sexuales?

_____ 19. ¿Te pidió perdón?

_____ 20. ¿Adónde fuiste?

B

a. No, boca arriba.

b. No, puede deformarle las piernas.

c. Sí, excepto por las tres primeras pintas de sangre.

d. Antes de que empiecen a ir a la escuela.

e. Ochocientos dólares.

f. Sí, tengo problemas con la espalda.

g. Sí, tendrá que operarse.

h. Sí, con mi novio.

i. Dos años.

j. Dos minutos por día.

k. Por manejar estando borracho.

l. En la guía telefónica.

m. Sí, y también radiografías.

n. Sí, bebe todos los fines de semana.

o. Sí, y temo que la despidan.

p. Sí, con un insecticida.

q. Sí, necesita anteojos.

r. Sí, tiene sífilis.

s. A casa.

t. Sí pero, desgraciadamente, dudo que cambie.

D. Write the words or phrases in Spanish in the blanks provided. What expression is formed vertically?

1. basic

2. injury

3. to forbid

4. blood

5. covered

6. total

7. almost

8. to be afraid

9. list

10. to spend (time)

11. jail

12. yearly: *al*

13. boyfriend

14. local

E. Crucigrama

HORIZONTAL

3. Necesita espejuelos porque tiene problemas con la _____ .

4. al año

6. Aquí tiene una _____ de lo que paga Medicare.

8. fogón

10. estuche de primeros auxilios

11. tengo

14. Está en el hospital. Está _____ .

17. Mi número de teléfono está en la guía _____ .

20. Tiene quince años. Es un _____ .

21. Necesitamos _____ el dinero en el banco.

22. Es drogadicto. Usa _____ .

23. Ellos no me daban permiso para salir. Ellos me _____ salir.

27. tres meses

28. alberca

29. Mi padre necesita una silla de ruedas porque es _____ .

30. El bebé se puede _____ con la almohadita.

31. organización que ayuda a los alcohólicos: Alcohólicos _____ .

32. El niño puede _____ con pintura, detergente, etc.

33. coger

34. *chapter*, en español

37. *Time* es una _____ .

38. Es un bebé _____ nacido.

39. Necesita usar un _____ porque no oye bien.

VERTICAL

1. con límite

2. *I avoid*, en español

5. No usa anteojos. Usa _____ de contacto.

6. *bleach* (*pl.*), en español

7. La pareja quiere niños. No es un caso de _____ no deseado.

8. El bebé duerme en su _____ .

9. Esos servicios no están _____ por Medicare.

11. píldora

12. cura, padre

13. Siempre se emborracha. Siempre está _____ .

15. Ud. no debe tener _____ en la cuna.

16. Vivimos en una casa _____ .

18. Me quemé. Tengo una _____ .

19. La gonorrea y la sífilis son enfermedades _____ .

24. *until recently:* _____ hace poco

25. Lo usamos para matar cucarachas, por ejemplo.

26. que tiene relación

35. Trate la quemadura con _____ , no con hielo.

36. Debo _____ en el hospital para operarme.

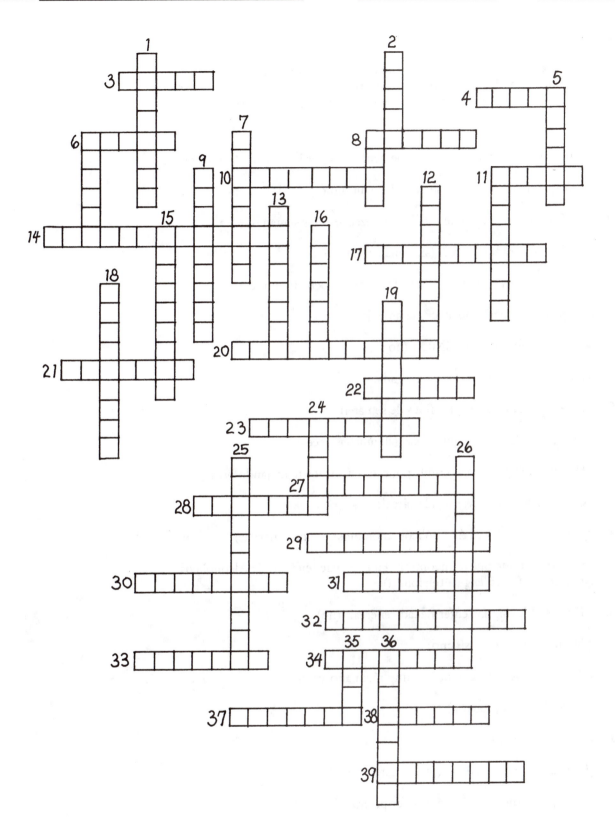

🔊 PRÁCTICA ORAL

Listen to the following exercise on the audio program. The speaker will ask you some questions. Answer the questions, using the cues provided. The speaker will confirm the correct answer. Repeat the correct answer.

1. ¿Su padre es elegible para obtener el seguro de hospitalización? (sí)

2. ¿Cuánto tiempo hace que él recibe beneficios por incapacidad? (dos años)

3. ¿Por qué tiene que operarse él? (tiene un tumor)

4. ¿Cuánto tiempo hace que está hospitalizado? (dos semanas)

5. ¿Le hicieron radiografías? (sí, y análisis también)

6. ¿El seguro médico lo paga todo? (no, paga el ochenta por ciento)

7. ¿Su padre ve bien? (no, necesita anteojos)

8. ¿Él es miembro de una HMO? (no)

9. ¿Su hijo toma drogas? (sí, es drogadicto)

10. ¿Él se emborracha? (sí, los fines de semana)

11. ¿Le ha pegado a Ud. alguna vez? (sí, muchas veces)

12. ¿Ha tenido él problemas con la policía? (sí, estaba manejando borracho)

13. ¿Qué le pasó? (lo llevaron a la cárcel)

14. ¿Por qué no lo lleva a Alcohólicos Anónimos? (él no quiere ir)

15. ¿Sabe Ud. dónde puede encontrar el número de teléfono de Alcohólicos Anónimos? (sí, en la guía telefónica)

16. ¿Tiene su hijo alguna enfermedad venérea? (no)

17. ¿Su hija tiene hijos? (sí, uno)

18. ¿Cuántos años tiene el niño? (cumplió un año ayer)

19. ¿Ya camina? (no, todavía)

20. ¿Usa andador? (no)

21. ¿Por qué no usa andador? (puede deformarle las piernas)

22. ¿Trabaja su esposo? (sí, vende suscripciones de revistas)

23. Y Ud., ¿trabaja también? (sí, vendo cosméticos)

24. ¿Cuáles son sus ingresos netos? (ochocientos dólares mensuales)

25. ¿Tienen Uds. ahorros? (no)

Appendix A

Introduction to Spanish Sounds and the Alphabet

Sections marked with a cassette icon are recorded on the *Introduction to Spanish Sounds* section of the Cassette Program. Repeat each Spanish word after the speaker, imitating the pronunciation as closely as you can.

⊕ The Vowels

1. The Spanish **a** has a sound similar to the English *a* in the word *father*. Repeat:

    Ana   casa   banana   mala   dama   mata

2. The Spanish **e** is pronounced like the English *e* in the word *eight*. Repeat:

    este   René   teme   deme   entre   bebe

3. The Spanish **i** is pronounced like the English *ee* in the word *see*. Repeat:

    sí   difícil   Mimí   ir   dividir   Fifí

4. The Spanish **o** is similar to the English *o* in the word *no*, but without the glide. Repeat:

    solo   poco   como   toco   con   monólogo

5. The Spanish **u** is similar to the English *ue* sound in the word *Sue*. Repeat:

    Lulú   un   su   universo   murciélago

⊕ The Consonants

1. The Spanish **p** is pronounced like the English *p* in the word *spot*. Repeat:

    pan   papá   Pepe   pila   poco   pude

2. The Spanish **c** in front of **a, o, u, l,** or **r** sounds similar to the English *k*. Repeat:

    casa   como   cuna   clima   crimen   cromo

3. The Spanish **q** is only used in the combinations **que** and **qui** in which the **u** is silent, and also has a sound similar to the English *k*. Repeat:

    que   queso   Quique   quinto   quema   quiso

4. The Spanish **t** is pronounced like the English *t* in the word *stop*. Repeat:

    toma   mata   tela   tipo   atún   Tito

5. The Spanish **d** at the beginning of an utterance or after **n** or **l** sounds somewhat similar to the English *d* in the word *David*. Repeat:

    día   dedo   duelo   anda   Aldo

    In all other positions, the **d** has a sound similar to the English *th* in the word *they*. Repeat:

    medida   todo   nada   Ana dice   Eva duda

219

6. The Spanish **g** also has two sounds. At the beginning of an utterance and in all other positions, except before **e** or **i**, the Spanish **g** sounds similar to the English *g* in the word *sugar*. Repeat:

   goma   gato   tengo   lago   algo   aguja

   In the combinations **gue** and **gui,** the **u** is silent. Repeat:

   Águeda   guineo   guiso   ligue   la guía

7. The Spanish **j,** and **g** before **e** or **i,** sounds similar to the English *h* in the word *home*. Repeat:

   jamás   juego   jota   Julio   gente   Genaro   gime

8. The Spanish **b** and the **v** have no difference in sound. Both are pronounced alike. At the beginning of the utterance or after **m** or **n,** they sound similar to the English *b* in the word *obey*. Repeat:

   Beto   vaga   bote   vela   también   un vaso

   Between vowels, they are pronounced with the lips barely closed. Repeat:

   sábado   yo voy   sabe   Ávalos   eso vale

9. In most Spanish-speaking countries, the **y** and the **ll** are similar to the English *y* in the word *yet*. Repeat:

   yo   llama   yema   lleno   ya   lluvia   llega

10. The Spanish **r (ere)** is pronounced like the English *tt* in the word *gutter*. Repeat:

    cara   pero   arena   carie   Laredo   Aruba

    The Spanish **r** in an initial position and after **l, n,** or **s,** and **rr (erre)** in the middle of a word are pronounced with a strong trill. Repeat:

    Rita   Rosa   torre   ruina   Enrique   Israel
    perro   parra   rubio   alrededor   derrama

11. The Spanish **s** sound is represented in most of the Spanish-speaking world by the letters **s, z,** and **c** before **e** or **i.** The sound is very similar to the English sibilant *s* in the word *sink*. Repeat:

    sale   sitio   solo   seda   suelo
    zapato   cerveza   ciudad   cena

    In most of Spain, the **z,** and **c** before **e** or **i,** is pronounced like the English *th* in the word *think*. Repeat:

    zarzuela   cielo   docena

12. The letter **h** is silent in Spanish. Repeat:

    hilo   Hugo   ahora   Hilda   almohada   hermano

13. The Spanish **ch** is pronounced like the English *ch* in the word *chief*. Repeat:

    muchacho   chico   coche   chueco   chaparro

14. The Spanish **f** is identical in sound to the English *f*. Repeat:

    famoso   feo   difícil   fuego   foto

15. The Spanish **l** is pronounced like the English *l* in the word *lean*. Repeat:

    dolor   ángel   fácil   sueldo   salgo   chaval

16. The Spanish **m** is pronounced like the English *m* in the word *mother*. Repeat:

    mamá   moda   multa   médico   mima

17. In most cases, the Spanish **n** has a sound similar to the English *n*. Repeat:

    nada   norte   nunca   entra   nene

    The sound of the Spanish **n** is often affected by the sounds that occur around it. When it appears before **b, v,** or **p,** it is pronounced like the English *m*. Repeat:

    invierno   tan bueno   un vaso   un bebé   un perro

18. The Spanish **ñ (eñe)** has a sound similar to the English *ny* in the word *canyon*. Repeat:

    muñeca   leña   año   señorita   piña   señor

19. The Spanish **x** has two pronunciations, depending on its position. Between vowels, the sound is similar to the English *ks*. Repeat:

    examen   boxeo   éxito   exigente

    Before a consonant, the Spanish **x** sounds like the English *s*. Repeat:

    expreso   excusa   exquisito   extraño

Linking

In spoken Spanish, the various words in a phrase or sentence are not pronounced as isolated elements, but are combined. This is called *linking*.

1. The final consonant of a word is pronounced together with the initial vowel of the following word. Repeat:

    Carlos anda   un ángel   el otoño   unos estudiantes

2. The final vowel of a word is pronounced together with the initial vowel of the following word. Repeat:

    su esposo   la hermana   ardua empresa   la invita

3. When the final vowel of a word and the initial vowel of the following word are identical, they are pronounced slightly longer than one vowel. Repeat:

    Ana alcanza   me espera   mi hijo   lo olvida

    The same rule applies when two identical vowels appear within a word. Repeat:

    cooperación   crees   leemos   coordinación

4. When the final consonant of a word and the initial consonant of the following word are the same, they are pronounced as one consonant with slightly longer-than-normal duration. Repeat:

    el lado   un novio   Carlos salta   tienes sed   al leer

Rhythm

Rhythm is the variation of sound intensity that we usually associate with music. Spanish and English each regulate these variations in speech differently, because they have different patterns of syllable length. In Spanish, the length of the stressed and unstressed syllables remains almost the same, while in English, stressed syllables are considerably longer than unstressed ones. Pronounce the following Spanish words, enunciating each syllable clearly.

es-tu-dian-te	bue-no	Úr-su-la
com-po-si-ción	di-fí-cil	ki-ló-me-tro
po-li-cí-a	Pa-ra-guay	

Because the length of the Spanish syllables remains constant, the greater the number of syllables in a given word or phrase, the longer the phrase will be.

Intonation

Intonation is the rise and fall of pitch in the delivery of a phrase or a sentence. In general, Spanish pitch tends to change less than English pitch, giving the impression that the language is less emphatic.

As a rule, the intonation for normal statements in Spanish starts in a low tone, raises to a higher one on the first stressed syllable, maintains that tone until the last stressed syllable, and then goes back to the initial low tone, with still another drop at the very end.

Tu amigo viene mañana.	José come pan.
Ada está en casa.	Carlos toma café.

Syllable Formation in Spanish

General rules for dividing words into syllables are as follows.

Vowels

1. A vowel or a vowel combination can constitute a syllable.

    a-lum-no   a-bue-la   Eu-ro-pa

2. Diphthongs and triphthongs are considered single vowels and cannot be divided.

    bai-le   puen-te   Dia-na   es-tu-diáis   an-ti-guo

3. Two strong vowels (**a, e, o**) do not form a diphthong and are separated into two syllables.

    em-ple-ar   vol-te-ar   lo-a

4. A written accent on a weak vowel (**i** or **u**) breaks the diphthong, thus the vowels are separated into two syllables.

    trí-o   dú-o   Ma-rí-a

Consonants

1. A single consonant forms a syllable with the vowel that follows it.

    po-der   ma-no   mi-nu-to

NOTE: **rr** is considered a single consonant: **pe-rro.**

2. When two consonants appear between two vowels, they are separated into two syllables.

   al-fa-be-to   cam-pe-ón   me-ter-se   mo-les-tia

   EXCEPTION: When a consonant cluster composed of **b, c, d, f, g, p,** or **t** with **l** or **r** appears between two vowels, the cluster joins the following vowel: **so-bre, o-tros, ca-ble, te-lé-gra-fo.**

3. When three consonants appear between two vowels, only the last one goes with the following vowel.

   ins-pec-tor   trans-por-te   trans-for-mar

   EXCEPTION: When there is a cluster of three consonants in the combinations described in rule 2, the first consonant joins the preceding vowel and the cluster joins the following vowel: **es-cri-bir, ex-tran-je-ro, im-plo-rar, es-tre-cho.**

Accentuation

In Spanish, all words are stressed according to specific rules. Words that do not follow the rules must have a written accent to indicate the change of stress. The basic rules for accentuation are as follows.

1. Words ending in a vowel, **n,** or **s** are stressed on the next-to-the-last syllable.

   hi-jo   **ca**-lle   **me**-sa   fa-**mo**-sos
   flo-**re**-cen   **pla**-ya   **ve**-ces

2. Words ending in a consonant, except **n** or **s,** are stressed on the last syllable.

   ma-**yor**   a-**mor**   tro-pi-**cal**   na-**riz**   re-**loj**   co-rre-**dor**

3. All words that do not follow these rules must have the written accent.

   ca-**fé**   **lá**-piz   **mú**-si-ca   sa-**lón**
   án-gel   **lí**-qui-do   fran-**cés**   **Víc**-tor
   sim-**pá**-ti-co   rin-**cón**   a-**zú**-car   **dár**-se-lo
   sa-**lió**   **dé**-bil   e-**xá**-me-nes   **dí**-me-lo

4. Pronouns and adverbs of interrogation and exclamation have a written accent to distinguish them from relative pronouns.

   —¿**Qué** comes?   *"What are you eating?"*
   —La pera que él dejó.   *"The pear that he left."*

   —¿**Quién** está ahí?   *"Who is there?"*
   —El hombre a quien tú llamaste.   *"The man whom you called."*

   —¿**Dónde** está?   *"Where is he?"*
   —En el lugar donde trabaja.   *"At the place where he works."*

5. Words that have the same spelling but different meanings take a written accent to differentiate one from the other.

   el   *the*   él   *he, him*   te   *you*   té   *tea*
   mi   *my*   mí   *me*   si   *if*   sí   *yes*
   tu   *your*   tú   *you*   mas   *but*   más   *more*

The Alphabet

Letter	Name	Letter	Name	Letter	Name	Letter	Name
a	**a**	h	**hache**	ñ	**eñe**	t	**te**
b	**be**	i	**i**	o	**o**	u	**u**
c	**ce**	j	**jota**	p	**pe**	v	**ve (uve)**
d	**de**	k	**ka**	q	**cu**	w	**doble ve (uve)**
e	**e**	l	**ele**	r	**ere**	x	**equis**
f	**efe**	m	**eme**	rr	**erre**	y	**i griega (ye)**
g	**ge**	n	**ene**	s	**ese**	z	**zeta**

Appendix B

Verbs

Regular Verbs

Model -ar, -er, ir *verbs*

INFINITIVE

amar *(to love)*	**comer** *(to eat)*	**vivir** *(to live)*

PRESENT PARTICIPLE

amando *(loving)*	**comiendo** *(eating)*	**viviendo** *(living)*

PAST PARTICIPLE

amado *(loved)*	**comido** *(eaten)*	**vivido** *(lived)*

Simple Tenses

Indicative Mood

PRESENT

(I love)	*(I eat)*	*(I live)*
am**o**	com**o**	viv**o**
am**as**	com**es**	viv**es**
am**a**	com**e**	viv**e**
am**amos**	com**emos**	viv**imos**
am**áis**[1]	com**éis**	viv**ís**
am**an**	com**en**	viv**en**

IMPERFECT

(I used to love)	*(I used to eat)*	*(I used to live)*
amaba	comía	vivía
amabas	comías	vivías
amaba	comía	vivía
amábamos	comíamos	vivíamos
amabais	comíais	vivíais
amaban	comían	vivían

PRETERIT

(I loved)	*(I ate)*	*(I lived)*
amé	comí	viví
amaste	comiste	viviste
amó	comió	vivió
amamos	comimos	vivimos
amasteis	comisteis	vivisteis
amaron	comieron	vivieron

---

[1]**Vosotros amáis:** The **vosotros** form of the verb is used primarily in Spain. This form has not been used in this text.

(I will love)	(I will eat)	(I will live)
amaré	comeré	viviré
amarás	comerás	vivirás
amará	comerá	vivirá
amaremos	comeremos	viviremos
amaréis	comeréis	viviréis
amarán	comerán	vivirán

CONDITIONAL

(I would love)	(I would eat)	(I would live)
amaría	comería	viviría
amarías	comerías	vivirías
amaría	comería	viviría
amaríamos	comeríamos	viviríamos
amaríais	comeríais	viviríais
amarían	comerían	vivirían

Subjunctive Mood

PRESENT

([that] I [may] love)	([that] I [may] eat)	([that] I [may] live)
ame	coma	viva
ames	comas	vivas
ame	coma	viva
amemos	comamos	vivamos
améis	comáis	viváis
amen	coman	vivan

IMPERFECT (two forms: -ra, -se)

([that] I [might] love)	([that] I [might] eat)	([that] I [might] live)
amara(-ase)	comiera(-iese)	viviera(-iese)
amaras(-ases)	comieras(-ieses)	vivieras(-ieses)
amara(-ase)	comiera(-iese)	viviera(-iese)
amáramos (-ásemos)	comiéramos (-iésemos)	viviéramos (-iésemos)
amarais(-aseis)	comierais(-ieseis)	vivierais(-ieseis)
amaran(-asen)	comieran(-iesen)	vivieran(-iesen)

Imperative Mood (Command Forms)

(love)	(eat)	(live)
ama (tú)	come (tú)	vive (tú)
ame (Ud.)	coma (Ud.)	viva (Ud.)
amemos (nosotros)	comamos (nosotros)	vivamos (nosotros)
amad (vosotros)	comed (vosotros)	vivid (vosotros)
amen (Uds.)	coman (Uds.)	vivan (Uds.)

Compound Tenses

haber amado	**haber comido**	**haber vivido**

PERFECT PARTICIPLE

habiendo amado	**habiendo comido**	**habiendo vivido**

Indicative Mood

PRESENT PERFECT

(I have loved)	*(I have eaten)*	*(I have lived)*
he amado	he comido	he vivido
has amado	has comido	has vivido
ha amado	ha comido	ha vivido
hemos amado	hemos comido	hemos vivido
habéis amado	habéis comido	habéis vivido
han amado	han comido	han vivido

PLUPERFECT

(I had loved)	*(I had eaten)*	*(I had lived)*
había amado	había comido	había vivido
habías amado	habías comido	habías vivido
había amado	había comido	había vivido
habíamos amado	habíamos comido	habíamos vivido
habíais amado	habíais comido	habíais vivido
habían amado	habían comido	habían vivido

FUTURE PERFECT

(I will have loved)	*(I will have eaten)*	*(I will have lived)*
habré amado	habré comido	habré vivido
habrás amado	habrás comido	habrás vivido
habrá amado	habrá comido	habrá vivido
habremos amado	habremos comido	habremos vivido
habréis amado	habréis comido	habréis vivido
habrán amado	habrán comido	habrán vivido

CONDITIONAL PERFECT

(I would have loved)	*(I would have eaten)*	*(I would have lived)*
habría amado	habría comido	habría vivido
habrías amado	habrías comido	habrías vivido
habría amado	habría comido	habría vivido
habríamos amado	habríamos comido	habríamos vivido
habríais amado	habríais comido	habríais vivido
habrían amado	habrían comido	habrían vivido

Subjunctive Mood

PRESENT PERFECT

([that] I [may] have loved)	([that] I [may] have eaten)	([that] I [may] have lived)
haya amado	haya comido	haya vivido
hayas amado	hayas comido	hayas vivido
haya amado	haya comido	haya vivido
hayamos amado	hayamos comido	hayamos vivido
hayáis amado	hayáis comido	hayáis vivido
hayan amado	hayan comido	hayan vivido

PLUPERFECT

(two forms: **-ra, -se**)

([that] I [might] have loved)	([that] I [might] have eaten)	([that] I [might] have lived)
hubiera(-iese) amado	hubiera(-iese) comido	hubiera(-iese) vivido
hubieras(-ieses) amado	hubieras(-ieses) comido	hubieras(-ieses) vivido
hubiera(-iese) amado	hubiera(-iese) comido	hubiera(-iese) vivido
hubiéramos (-iésemos) amado	hubiéramos (-iésemos) comido	hubiéramos (-iésemos) vivido
hubierais(-ieseis) amado	hubierais(-ieseis) comido	hubierais(-ieseis) vivido
hubieran(-iesen) amado	hubieran(-iesen) comido	hubieran(-iesen) vivido

Stem-Changing Verbs

The -ar *and* -er *stem-changing verbs*

Stem-changing verbs are those that have a change in the root of the verb. Verbs that end in **-ar** and **-er** change the stressed vowel **e** to **ie**, and the stressed **o** to **ue**. These changes occur in all persons, except the first- and second-persons plural of the present indicative, present subjunctive, and command.

INFINITIVE	PRESENT INDICATIVE		IMPERATIVE	PRESENT SUBJUNCTIVE
cerrar	cierro		—	cierre
(*to close*)	cierras		cierra	cierres
	cierra	(Ud.)	cierre	cierre
	cerramos		cerremos	cerremos
	cerráis		cerrad	cerréis
	cierran	(Uds.)	cierren	cierren
perder	pierdo		—	pierda
(*to lose*)	pierdes		pierde	pierdas
	pierde	(Ud.)	pierda	pierda
	perdemos		perdamos	perdamos
	perdéis		perded	perdáis
	pierden	(Uds.)	pierdan	pierdan
contar	cuento		—	cuente
(*to count,*	cuentas		cuenta	cuentes
to tell)	cuenta	(Ud.)	cuente	cuente
	contamos		contemos	contemos
	contáis		contad	contéis
	cuentan	(Uds.)	cuenten	cuenten
volver	vuelvo		—	vuelva
(*to return*)	vuelves		vuelve	vuelvas
	vuelve	(Ud.)	vuelva	vuelva
	volvemos		volvamos	volvamos
	volvéis		volved	volváis
	vuelven	(Uds.)	vuelvan	vuelvan

Verbs that follow the same pattern include the following.

acertar   to guess right
acordarse   to remember
acostar(se)   to go to bed
almorzar   to have lunch
atravesar   to go through
cegar   to blind
cocer   to cook
colgar   to hang
comenzar   to begin
confesar   to confess
costar   to cost

demostrar   to demonstrate, to show
despertar(se)   to wake up
empezar   to begin
encender   to light, to turn on
encontrar   to find
entender   to understand
llover   to rain
mostrar   to show
mover   to move
negar   to deny

nevar	to snow	sentar(se)	to sit down
pensar	to think, to plan	**soler**	to be in the habit of
probar	to prove, to taste	**soñar**	to dream
recordar	to remember	**tender**	to stretch, to unfold
resolver	to decide on	**torcer**	to twist
rogar	to beg		

The -ir *stem-changing verbs*

There are two types of stem-changing verbs that end in **-ir**: one type changes stressed **e** to **ie** in some tenses and to **i** in others, and stressed **o** to **ue** or **u**; the second type always changes stressed **e** to **i** in the irregular forms of the verb.

Type I   **e:ie**   or   **i**
       -ir:
          o:ue   or   **u**

These changes occur as follows.

Present Indicative: all persons except the first and second plural change **e** to **ie** and **o** to **ue**. *Preterit:* third person, singular and plural, changes **e** to **i** and **o** to **u**. *Present Subjunctive:* all persons change **e** to **ie** and **o** to **ue**, except the first- and second-persons plural, which change **e** to **i** and **o** to **u**. *Imperfect Subjunctive:* all persons change **e** to **i** and **o** to **u**. *Imperative:* all persons except the second-person plural change **e** to **ie** and **o** to **ue**; first-person plural changes **e** to **i** and **o** to **u**. *Present Participle:* changes **e** to **i** and **o** to **u**.

	Indicative			*Imperative*		*Subjunctive*	
INFINITIVE	PRESENT	PRETERIT			PRESENT	PRESENT	IMPERFECT
sentir	siento	sentí		—		sienta	sintiera(-iese)
(to feel)	sientes	sentiste		siente		sientas	sintieras
	siente	sintió	(Ud.)	sienta		sienta	sintiera
PRESENT	sentimos	sentimos		sintamos		sintamos	sintiéramos
PARTICIPLE	sentís	sentisteis		sentid		sintáis	sintierais
sintiendo	sienten	sintieron	(Uds.)	sientan		sientan	sintieran
dormir	duermo	dormí		—		duerma	durmiera(-iese)
(to sleep)	duermes	dormiste		duerme		duermas	durmieras
	duerme	durmió	(Ud.)	duerma		duerma	durmiera
PRESENT	dormimos	dormimos		durmamos		durmamos	durmiéramos
PARTICIPLE	dormís	dormisteis		dormid		durmáis	durmierais
durmiendo	duermen	durmieron	(Uds.)	duerman		duerman	durmieran

Other verbs that follow the same pattern include the following.

advertir to warn
arrepentir(se) to repent
consentir to consent, to pamper
convertir(se) to turn into
discernir to discern
divertir(se) to amuse oneself

herir to wound, to hurt
mentir to lie
morir to die
preferir to prefer
referir to refer
sugerir to suggest

Type II   -ir: e:i

The verbs in this second category are irregular in the same tenses as those of the first type. The only difference is that they only have one change: **e:i** in all irregular persons.

	Indicative			*Imperative*	*Subjunctive*	
INFINITIVE	PRESENT	PRETERIT			PRESENT	IMPERFECT
pedir	pido	pedí		—	pida	pidiera(-iese)
(to ask for,	pides	pediste		pide	pidas	pidieras
request)	pide	pidió	(Ud.)	pida	pida	pidiera
PRESENT	pedimos	pedimos		pidamos	pidamos	pidiéramos
PARTICIPLE	pedís	pedisteis		pedid	pidáis	pidierais
pidiendo	piden	pidieron	(Uds.)	pidan	pidan	pidieran

Verbs that follow this pattern include the following.

competir to complete
concebir to conceive
despedir(se) to say good-bye
elegir to choose
impedir to prevent
perseguir to pursue

reír(se) to laugh
reñir to fight
repetir to repeat
seguir to follow
servir to serve
vestir(se) to dress

Orthographic-Changing Verbs

Some verbs undergo a change in the spelling of the stem in certain tenses, in order to maintain the original sound of the final consonant. The most common verbs of this type are those with the consonants **g** and **c**. Remember that **g** and **c** have a soft sound in front of **e** or **i**, and have a hard sound in front of **a**, **o**, or **u**. In order to maintain the soft sound in front of **a**, **o**, and **u**, **g** and **c** change to **j** and **z**, respectively. And in order to maintain the hard sound of **g** and **c** in front of **e** and **i**, **u** is added to the **g** (**gu**) and **c** changes to **qu**.

The following important verbs undergo spelling changes in the tenses listed below.

1. Verbs ending in **-gar** change **g** to **gu** before **e** in the first person of the preterit and in all persons of the present subjunctive.

   pagar *(to pay)*
   Preterit: pa**gu**é, pagaste, pagó, etc.
   Pres. Subj.: pa**gu**e, pa**gu**es, pa**gu**e, pa**gu**emos, pa**gu**éis, pa**gu**en

   Verbs that follow the same pattern: **colgar, jugar, llegar, navegar, negar, regar, rogar.**

2. Verbs ending in **-ger** and **-gir** change **g** to **j** before **o** and **a** in the first person of the present indicative and in all persons of the present subjunctive.

   proteger *(to protect)*
   Pres. Ind.:   prote**j**o, proteges, protege, etc.
   Pres. Subj.: prote**j**a, prote**j**as, prote**j**a, prote**j**amos, prote**j**áis, prote**j**an

   Verbs that follow the same pattern: **coger, corregir, dirigir, elegir, escoger, exigir, recoger.**

3. Verbs ending in **-guar** change **gu** to **gü** before **e** in the first person of the preterit and in all persons of the present subjunctive.

   averiguar *(to find out)*
   Preterit: averi**gü**é, averiguaste, averiguó, etc.
   Pres. Subj.: averi**gü**e, averi**gü**es, averi**gü**e, averi**gü**emos, averi**gü**éis, averi**gü**en

   The verb **apaciguar** follows the same pattern.

4. Verbs ending in **-guir** change **gu** to **g** before **o** and **a** in the first person of the present indicative and in all persons of the present subjunctive.

   conseguir *(to get)*
   Pres. Ind.:   consi**g**o, consigues, consigue, etc.
   Pres. Subj.: consi**g**a, consi**g**as, consi**g**a, consi**g**amos, consi**g**áis, consi**g**an

   Verbs that follow the same pattern: **distinguir, perseguir, proseguir, seguir.**

5. Verbs ending in **-car** change **c** to **qu** before **e** in the first person of the preterit and in all persons of the present subjunctive.

   tocar *(to touch, to play [a musical instrument])*
   Preterit: to**qu**é, tocaste, tocó, etc.
   Pres. Subj.: to**qu**e, to**qu**es, to**qu**e, to**qu**emos, to**qu**éis, to**qu**en

   Verbs that follow the same pattern: **atacar, buscar, comunicar, explicar, indicar, pescar, sacar.**

6. Verbs ending in **-cer** and **-cir** preceded by a consonant change **c** to **z** before **o** and **a** in the first person of the present indicative and in all persons of the present subjunctive.

torcer *(to twist)*
Pres. Ind.:   tuerzo, tuerces, tuerce, etc.
Pres. Subj.:   tuerza, tuerzas, tuerza, torzamos, torzáis, tuerzan

Verbs that follow the same pattern: **convencer, esparcir, vencer.**

7. Verbs ending in **-cer** and **-cir** preceded by a vowel change **c** to **zc** before **o** and **a** in the first person of the present indicative and in all persons of the present subjunctive.

conocer *(to know, to be acquainted with)*
Pres. Ind.:   conozco, conoces, conoce, etc.
Pres. Subj.:   conozca, conozcas, conozca, conozcamos, conozcáis, conozcan.

Verbs that follow the same pattern: **agradecer, aparecer, carecer, entristecer, establecer, lucir, nacer, obedecer, ofrecer, padecer, parecer, pertenecer, reconocer, relucir.**

8. Verbs ending in **-zar** change **z** to **c** before **e** in the first person of the preterit and in all persons of the present subjunctive.

rezar *(to pray)*
Preterit: recé, rezaste, rezó, etc.
Pres. Subj.:   rece, reces, rece, recemos, recéis, recen

Verbs that follow the same pattern: **abrazar, alcanzar, almorzar, comenzar, cruzar, empezar, forzar, gozar.**

9. Verbs ending in **-eer** change the unstressed **i** to **y** between vowels in the third-person singular and plural of the preterit, in all persons of the imperfect subjunctive, and in the present participle.

creer *(to believe)*
Preterit: creí, creíste, creyó, creímos, creísteis, creyeron
Imp. Subj.:   creyera, creyeras, creyera, creyéramos, creyerais, creyeran
Pres. Part.:   creyendo

Leer and **poseer** follow the same pattern.

10. Verbs ending in **-uir** change the unstressed **i** to **y** between vowels (except **-quir**, which has the silent **u**) in the following tenses and persons.

huir *(to escape, to flee)*
Pres. Part.:   huyendo
Past Part.:   huido
Pres. Ind.:   huyo, huyes, huye, huimos, huís, huyen
Preterit: huí, huiste, huyó, huimos, huisteis, huyeron
Imperative: huye, huya, huyamos, huid, huyan
Pres. Subj.:   huya, huyas, huya, huyamos, huyáis, huyan
Imp. Subj.:   huyera(ese), huyeras, huyera, huyéramos, huyerais, huyeran

Verbs that follow the same pattern: **atribuir, concluir, constituir, construir, contribuir, destituir, destruir, disminuir, distribuir, excluir, incluir, influir, instruir, restituir, sustituir.**

11. Verbs ending in **-eír** lose one **e** in the third-person singular and plural of the preterit, in all persons of the imperfect subjunctive, and in the present participle.

reír(se) *(to laugh)*
Preterit: reí, reíste, **rió**, reímos, reísteis, **rieron**
Imp. Subj.: **riera(ese), rieras, riera, rierais, rieran**
Pres. Part.: **riendo**

Freír and **sonreír** follow the same pattern.

12. Verbs ending in **-iar** add a written accent to the **i**, except in the first-person plural of the present indicative and subjunctive.

fiar(se) *(to trust)*
Pres. Ind.: fío, fías, fía, fiamos, fiáis, fían
Pres. Subj.: fíe, fíes, fíe, fiemos, fiéis, fíen

Verbs that follow the same pattern: **ampliar, criar, desviar, enfriar, enviar, esquiar, guiar, telegrafiar, vaciar, variar.**

13. Verbs ending in **-uar** (except **-guar**) add a written accent to the **u**, except in the first- and second-persons plural of the present indicative and subjunctive.

actuar *(to act)*
Pres. Ind.: actúo, actúas, actúa, actuamos, actuáis, actúan
Pres. Subj.: actúe, actúes, actúe, actuemos, actuéis, actúen

Verbs that follow the same pattern: **acentuar, continuar, efectuar, exceptuar, graduar, habituar, insinuar, situar.**

14. Verbs ending in **-ñir** remove the **i** of the diphthongs **ie** and **ió** in the third-person singular and plural of the preterit and in all persons of the imperfect subjunctive. They also change the **e** of the stem to **i** in the same persons.

teñir *(to dye)*
Preterit: teñí, teñiste, **tiñó**, teñimos, teñisteis, **tiñeron**
Imp. Subj.: **tiñera(ese), tiñeras, tiñera, tiñéramos, tiñerais, tiñeran**

Verbs that follow the same pattern: **ceñir, constreñir, desteñir, estreñir, reñir.**

Some Common Irregular Verbs

Only those tenses with irregular forms are given below.

adquirir *(to acquire)*
Pres. Ind.: adquiero, adquieres, adquiere, adquirimos, adquirís, adquieren
Pres. Subj.: adquiera, adquieras, adquiera, adquiramos, adquiráis, adquieran
Imperative: adquiere, adquiera, adquiramos, adquirid, adquieran

andar *(to walk)*
Preterit: anduve, anduviste, anduvo, anduvimos, anduvisteis, anduvieron
Imp. Subj.: anduviera (anduviese), anduvieras, anduviera, anduviéramos, anduvierais, anduvieran

avergonzarse *(to be ashamed, to be embarrassed)*
Pres. Ind.: me avergüenzo, te avergüenzas, se avergüenza, nos avergonzamos, os avergonzáis, se avergüenzan

234

Pres. Subj.:	me avergüence, te avergüences, se avergüence, nos avergoncemos, os avergoncéis, se avergüencen
Imperative:	avergüénzate, avergüéncense, avergoncémonos, avergonzaos, avergüézense

caber *(to fit, to have enough room)*

Pres. Ind.:	quepo, cabes, cabe, cabemos, cabéis, caben
Preterit:	cupe, cupiste, cupo, cupimos, cupisteis, cupieron
Future:	cabré, cabrás, cabrá, cabremos, cabréis, cabrán
Conditional:	cabría, cabrías, cabría, cabríamos, cabríais, cabrían
Imperative:	cabe, quepa, quepamos, cabed, quepan
Pres. Subj.:	quepa, quepas, quepa, quepamos, quepáis, quepan
Imp. Subj.:	cupiera (cupiese), cupieras, cupiera, cupiéramos, cupierais, cupieran

caer *(to fall)*

Pres. Ind.:	caigo, caes, cae, caemos, caéis, caen
Preterit:	caí, caíste, cayó, caímos, caísteis, cayeron
Imperative:	cae, caiga, caigamos, caed, caigan
Pres. Subj.:	caiga, caigas, caiga, caigamos, caigáis, caigan
Imp. Subj.:	cayera (cayese), cayeras, cayera, cayéramos, cayerais, cayeran
Past Part.:	caído

conducir *(to guide, to drive)*

Pres. Ind.:	conduzco, conduces, conduce, conducimos, conducís, conducen
Preterit:	conduje, condujiste, condujo, condujimos, condujisteis, condujeron
Imperative:	conduce, conduzca, conduzcamos, conducid, conduzcan
Pres. Subj.:	conduzca, conduzcas, conduzca, conduzcamos, conduzcáis, conduzcan
Imp. Subj.:	condujera (condujese), condujeras, condujera, condujéramos, condujerais, condujeran

(All verbs ending in **-ducir** follow this pattern.)

convenir *(to agree)* See **venir.**

dar *(to give)*

Pres. Ind.:	doy, das, da, damos, dais, dan
Preterit:	di, diste, dio, dimos, disteis, dieron
Imperative:	da, dé, demos, dad, den
Pres. Subj.:	dé, des, dé, demos, deis, den
Imp. Subj.:	diera (diese), dieras, diera, diéramos, dierais, dieran

decir *(to say, to tell)*

Pres. Ind.:	digo, dices, dice, decimos, decís, dicen
Preterit:	dije, dijiste, dijo, dijimos, dijisteis, dijeron
Future:	diré, dirás, dirá, diremos, diréis, dirán
Conditional:	diría, dirías, diría, diríamos, diríais, dirían
Imperative:	di, diga, digamos, decid, digan
Pres. Subj.:	diga, digas, diga, digamos, digáis, digan
Imp. Subj.:	dijera (dijese), dijeras, dijera, dijéramos, dijerais, dijeran
Pres. Part.:	diciendo
Past Part.:	dicho

detener *(to stop, to hold, to arrest)* See **tener.**

entretener *(to entertain, to amuse)* See **tener.**

errar (*to err; to miss*)
Pres. Ind.:   yerro, yerras, yerra, erramos, erráis, yerran
Imperative: yerra, yerre, erremos, errad, yerren
Pres. Subj.:   yerre, yerres, yerre, erremos, erréis, yerren

estar (*to be*)
Pres. Ind.:   estoy, estás, está, estamos, estáis, están
Preterit: estuve, estuviste, estuvo, estuvimos, estuvisteis, estuvieron
Imperative: está, esté, estemos, estad, estén
Pres. Subj.:   esté, estés, esté, estemos, estéis, estén
Imp. Subj.:   estuviera (estuviese), estuvieras, estuviera, estuviéramos, estuvieras, estuvieran

haber (*to have*)
Pres. Ind.:   he, has, ha, hemos, habéis, han
Preterit: hube, hubiste, hubo, hubimos, hubisteis, hubieron
Future: habré, habrás, habrá, habremos, habréis, habrán
Conditional: habría, habrías, habría, habríamos, habríais, habrían
Imperative: he, haya, hayamos, habed, hayan
Pres. Subj.:   haya, hayas, haya, hayamos, hayáis, hayan
Imp. Subj.:   hubiera (hubiese), hubieras, hubiera, hubiéramos, hubieras, hubieran

hacer (*to do, to make*)
Pres. Ind.:   hago, haces, hace, hacemos, hacéis, hacen
Preterit: hice, hiciste, hizo, hicimos, hicisteis, hicieron
Future: haré, harás, hará, haremos, haréis, harán
Conditional: haría, harías, haría, haríamos, haríais, harían
Imperative: haz, haga, hagamos, haced, hagan
Pres. Subj.:   haga, hagas, haga, hagamos, hagáis, hagan
Imp. Subj.:   hiciera (hiciese), hicieras, hiciera, hiciéramos, hicierais, hicieran
Past Part: hecho

imponer (*to impose, to deposit*) See **poner**.

introducir (*to introduce, to insert, to gain access*) See **conducir**.

ir (*to go*)
Pres. Ind.:   voy, vas, va, vamos, vais, van
Imp. Ind.:   iba, ibas, iba, íbamos, ibais, iban
Preterit: fui, fuiste, fue, fuimos, fuisteis, fueron
Imperative: ve, vaya, vayamos, id, vayan
Pres. Subj.:   vaya, vayas, vaya, vayamos, vayáis, vayan
Imp. Subj.:   fuera (fuese), fueras, fuera, fuéramos, fuerais, fueran

jugar (*to play*)
Pres. Ind.:   juego, juegas, juega, jugamos, jugáis, juegan
Imperative: juega, juegue, juguemos, jugad, jueguen
Pres. Subj.:   juegue, juegues, juegue, juguemos, juguéis, jueguen

obtener (*to obtain*) See **tener**.

oír (*to bear*)
Pres. Ind.:   oigo, oyes, oye, oímos, oís, oyen
Preterit: oí, oíste, oyó, oímos, oísteis, oyeron
Imperative: oye, oiga, oigamos, oid, oigan
Pres. Subj.:   oiga, oigas, oiga, oigamos, oigáis, oigan
Imp. Subj.:   oyera (oyese), oyeras, oyera, oyéramos, oyerais, oyeran

| *Pres. Part.:* | oyendo |
| *Past Part.:* | oído |

oler (*to smell*)

Pres. Ind.:	huelo, hueles, huele, olemos, oléis, huelan
Imperative:	huele, huela, olamos, oled, huelan
Pres. Subj.:	huela, huelas, huela, olamos, oláis, huelan

poder (*to be able*)

Pres. Ind.:	puedo, puedes, puede, podemos, podéis, pueden
Preterit:	pude, pudiste, pudo, pudimos, pudisteis, pudieron
Future:	podré, podrás, podrá, podremos, podréis, podrán
Conditional:	podría, podrías, podría, podríamos, podríais, podrían
Imperative:	puede, pueda, podamos, poded, puedan
Pres. Subj.:	pueda, puedas, pueda, podamos, podáis, puedan
Imp. Subj.:	pudiera (pudiese), pudieras, pudiera, pudiéramos, pudierais, pudieran
Pres. Part.:	pudiendo

poner (*to place, to put*)

Pres. Ind.:	pongo, pones, pone, ponemos, ponéis, ponen
Preterit:	puse, pusiste, puso, pusimos, pusisteis, pusieron
Future:	pondré, pondrás, pondrá, pondremos, pondréis, pondrán
Conditional:	pondría, pondrías, pondría, pondríamos, pondríais, pondrían
Imperative:	pon, ponga, pongamos, poned, pongan
Pres. Subj.:	ponga, pongas, ponga, pongamos, pongáis, pongan
Imp. Subj.:	pusiera (pusiese), pusieras, pusiera, pusiéramos, pusierais, pusieran
Past Part.:	puesto

querer (*to want, to wish, to like*)

Pres. Ind.:	quiero, quieres, quiere, queremos, queréis, quieren
Preterit:	quise, quisiste, quiso, quisimos, quisisteis, quisieron
Future:	querré, querrás, querrá, querremos, querréis, querrán
Conditional:	querría, querrías, querría, querríamos, querríais, querrían
Imperative:	quiere, quiera, queramos, quered, quieran
Pres. Subj.:	quiera, quieras, quiera, queramos, queráis, quieran
Imp. Subj.:	quisiera (quisiese), quisieras, quisiera, quisiéramos, quisierais, quisieran

resolver (*to decide on*)

Past Part.: resuelto

saber (*to know*)

Pres. Ind.:	sé, sabes, sabe, sabemos, sabéis, saben
Preterit:	supe, supiste, supo, supimos, supisteis, supieron
Future:	sabré, sabrás, sabrá, sabremos, sabréis, sabrán
Conditional:	sabría, sabrías, sabría, sabríamos, sabríais, sabrían
Imperative:	sabe, sepa, sepamos, sabed, sepan
Pres. Subj.:	sepa, sepas, sepa, sepamos, sepáis, sepan
Imp. Subj.:	supiera (supiese), supieras, supiera, supiéramos, supierais, supieran

salir (*to leave, to go out*)

Pres. Ind.:	salgo, sales, sale, salimos, salís, salen
Future:	saldré, saldrás, saldrá, saldremos, saldréis, saldrán
Conditional:	saldría, saldrías, saldría, saldríamos, saldríais, saldrían
Imperative:	sal, salga, salgamos, salid, salgan
Pres. Subj.:	salga, salgas, salga, salgamos, salgáis, salgan

ser (*to be*)

Pres. Ind.:	soy, eres, es, somos, sois, son
Imp. Ind.:	era, eras, era, éramos, erais, eran
Preterit:	fui, fuiste, fue, fuimos, fuisteis, fueron
Imperative:	sé, sea, seamos, sed, sean
Pres. Subj.:	sea, seas, sea, seamos, seáis, sean
Imp. Subj.:	fuera (fuese), fueras, fuera, fuéramos, fuerais, fueran

suponer (*to assume*) See **poner**.

tener (*to have*)

Pres. Ind.:	tengo, tienes, tiene, tenemos, tenéis, tienen
Preterit:	tuve, tuviste, tuvo, tuvimos, tuvisteis, tuvieron
Future:	tendré, tendrás, tendrá, tendremos, tendréis, tendrán
Conditional:	tendría, tendrías, tendría, tendríamos, tendríais, tendrían
Imperative:	ten, tenga, tengamos, tened, tengan
Pres. Subj.:	tenga, tengas, tenga, tengamos, tengáis, tengan
Imp. Subj.:	tuviera (tuviese), tuvieras, tuviera, tuviéramos, tuvierais, tuvieran

traducir (*to translate*) See **conducir**.

traer (*to bring*)

Pres. Ind.:	traigo, traes, trae, traemos, traéis, traen
Preterit:	traje, trajiste, trajo, trajimos, trajisteis, trajeron
Imperative:	trae, traiga, traigamos, traed, traigan
Pres. Subj.:	traiga, traigas, traiga, traigamos, traigáis, traigan
Imp. Subj.:	trajera (trajese), trajeras, trajera, trajéramos, trajerais, trajeran
Pres. Part.:	trayendo
Past Part.:	traído

valer (*to be worth*)

Pres. Ind.:	valgo, vales, vale, valemos, valéis, valen
Future:	valdré, valdrás, valdrá, valdremos, valdréis, valdrán
Conditional:	valdría, valdrías, valdría, valdríamos, valdríais, valdrían
Imperative:	vale, valga, valgamos, valed, valgan
Pres. Subj.:	valga, valgas, valga, valgamos, valgáis, valgan

venir (*to come*)

Pres. Ind.:	vengo, vienes, viene, venimos, venís, vienen
Preterit:	vine, viniste, vino, vinimos, vinisteis, vinieron
Future:	vendré, vendrás, vendrá, vendremos, vendréis, vendrán
Conditional:	vendría, vendrías, vendría, vendríamos, vendríais, vendrían
Imperative:	ven, venga, vengamos, venid, vengan
Pres. Subj.:	venga, vengas, venga, vengamos, vengáis, vengan
Imp. Subj.:	viniera (viniese), vinieras, viniera, viniéramos, vinierais, vinieran
Pres. Part.:	viniendo

ver (*to see*)

Pres. Ind.:	veo, ves, ve, vemos, veis, ven
Imp. Ind.:	veía, veías, veía, veíamos, veíais, veían
Preterit:	vi, viste, vio, vimos, visteis, vieron
Imperative:	ve, vea, veamos, ved, vean
Pres. Subj.:	vea, veas, vea, veamos, veáis, vean
Imp. Subj.:	viera (viese), vieras, viera, viéramos, vierais, vieran
Past. Part.:	visto

volver (*to return*)

Past Part.:	vuelto

Appendix C

English Translations of Dialogues

Lección preliminar

Brief Conversations

A. "Come in, ma'am. Take a seat, please."
"Good morning."
"Good morning, ma'am. How are you?"
"Fine, thank you. And you?"
"Very well."

B. "See you tomorrow, miss, and thank you very much."
"You're welcome, sir. At your service. Good-bye."

C. "Are you an American citizen, Mr. Ávila?"
"No, but I'm a legal resident."
"Are you married, single . . . ?"
"I'm divorced."

D. "Good evening. How's it going?
"Not very well."
"I'm sorry."
Later.
"Anything else, Mr. Rojas?"
"No, that's all."
"Good night, then. I hope you feel better!"
"Thanks."

E. "Good afternoon."
"Good afternoon, miss. Name and last name?"
"Ana María Ugarte."
"How do you spell Ugarte?"
"U-g-a-r-t-e."
"Address?"
"100 Magnolia Street."
"Telephone number?"
"Eight-two-five-four-six-zero-seven."

Lección 1

At the Department of Social Welfare (I)

Mrs. Gutiérrez speaks with the receptionist.

MRS. GUTIÉRREZ:	Good morning.
RECEPTIONIST:	Good morning, ma'am. Can I help you (What do you wish)?
MRS. GUTIÉRREZ:	I wish to speak with a social worker.
RECEPTIONIST:	First you need to fill out a form.
MRS. GUTIÉRREZ:	I need help, miss. I don't speak English well.
RECEPTIONIST:	Okay. I'll fill out the form. Name and surname?
MRS. GUTIÉRREZ:	Rosa Gutiérrez.
RECEPTIONIST:	Marital status?
MRS. GUTIÉRREZ:	Widow.
RECEPTIONIST:	Maiden name?

MRS. GUTIÉRREZ:	Díaz.
RECEPTIONIST:	Address?
MRS. GUTIÉRREZ:	724 Magnolia Avenue, Apartment 13.
RECEPTIONIST:	Zip code?
MRS. GUTIÉRREZ:	Nine, two, four, zero, five.
RECEPTIONIST:	Social security number? Slowly, please.
MRS. GUTIÉRREZ:	530-50-2018.
RECEPTIONIST:	Are you an American citizen?
MRS. GUTIÉRREZ:	No, I'm a foreigner, but I am a legal resident.
RECEPTIONIST:	Why do you wish to speak with a social worker, Mrs. Gutiérrez?
MRS. GUTIÉRREZ:	I need financial assistance in order to pay the rent and for food stamps.
RECEPTIONIST:	Then you need to wait twenty minutes.
MRS. GUTIÉRREZ:	Okay. Please, what time is it?
RECEPTIONIST:	It's five after ten.

Lección 2

At the Department of Social Welfare (II)

The social worker speaks with Mrs. Acosta.

SOCIAL WORKER:	How many months do you owe?
MRS. ACOSTA:	I owe three months.
SOCIAL WORKER:	When must you pay the rent?
MRS. ACOSTA:	If I don't pay tomorrow, I must vacate the house.
SOCIAL WORKER:	You need urgent aid.
MRS. ACOSTA:	I also need food for the children.
SOCIAL WORKER:	Are you married?
MRS. ACOSTA:	No, I'm divorced.
SOCIAL WORKER:	How many people (persons) live in the house?
MRS. ACOSTA:	There are six of us (We are six). My five children and I.
SOCIAL WORKER:	Fine. You must sign here.
MRS. ACOSTA:	With whom should I speak now?
SOCIAL WORKER:	Let's see . . . With Mr. Pérez, in the second office to the right.

Mr. Pérez, a social worker, calls Mrs. Acosta and speaks with her.

MR. PÉREZ:	Mrs. Acosta... Come in, ma'am. Have a seat, please.
MRS. ACOSTA:	Thank you.
MR. PÉREZ:	(*Reads the form.*) Do you work, Mrs. Acosta?
MRS. ACOSTA:	No, I don't work.
MR. PÉREZ:	Do you receive any financial assistance?
MRS. ACOSTA:	No, not at the present time (not now).
MR. PÉREZ:	Do the children receive child support?
MRS. ACOSTA:	No, sir.
MR. PÉREZ:	Mr. Acosta doesn't help the children?
MRS. ACOSTA:	No, sir.
MR. PÉREZ:	Where does he live?
MRS. ACOSTA:	He lives at his mother's house. His address is 156 Four Street.
MR. PÉREZ:	Okay. How much do you pay for rent?

MRS. ACOSTA:	Five hundred thirty-five dollars a month.
MR. PÉREZ:	What other bills do you have to pay?
MRS. ACOSTA:	Electricity, water, gas, and phone.
MR. PÉREZ:	Is that all?
MRS. ACOSTA:	I think so . . .

Lección 3

At the Department of Social Welfare (III)

Mrs. Lupe Vega goes to the Department of Social Welfare to apply for help. Now a social worker helps Mrs. Vega to fill out the form with her case history (the information about her case).

SOCIAL WORKER:	How many people live in your house, ma'am?
MRS. VEGA:	Five. My father and I, my two children, and my sister's daughter.
SOCIAL WORKER:	Two adults and three children. Fine. What's your father's age?
MRS. VEGA:	Sixty-two, but he's disabled.
SOCIAL WORKER:	Why?
MRS. VEGA:	Because he is blind and deaf, and now he's ill.
SOCIAL WORKER:	Are you separated from your husband?
MRS. VEGA:	Yes.
SOCIAL WORKER:	Where does he live now?
MRS. VEGA:	I think he lives in another state . . . or in another country . . . I'm not sure.
SOCIAL WORKER:	Since when are you separated from the kids' father?
MRS. VEGA:	Since last year, and he doesn't give even a penny for the household expenses.
SOCIAL WORKER:	Do you work, ma'am?
MRS. VEGA:	Yes, at a cafeteria.
SOCIAL WORKER:	You are pregnant, right?
MRS. VEGA:	Yes, but by another man, and he is very poor.
SOCIAL WORKER:	Where does he work?
MRS. VEGA:	In the field (migrant worker), but now there's little work.
SOCIAL WORKER:	Is all this information correct and true?
MRS. VEGA:	Yes, miss.
SOCIAL WORKER:	When are you going to give birth?
MRS. VEGA:	In May.
SOCIAL WORKER:	Very well, now you must sign here and write today's date.
MRS. VEGA:	Then, am I going to receive help?
SOCIAL WORKER:	Well, now you must go see Mr. Peña. He is going to study your case to see if you are eligible to receive aid.
MRS. VEGA:	Who is Mr. Peña?
SOCIAL WORKER:	He is the administrator of the department. His office is located at the end of the hallway, to the left.

Mrs. Vega goes to Mr. Peña's office.

Lección 4

At the Social Security Office

Mrs. Ana Ruiz Cortés comes to the Social Security Office to apply for a number for her son.

With an employee:

MRS. RUIZ:	I come (I've come) to apply for a number for my youngest son.
EMPLOYEE:	How old is your son?
MRS. RUIZ:	Less than a year; eleven months.
EMPLOYEE:	Fine. You have to fill out this application.

A while later:

EMPLOYEE:	Thank you. Let's see . . . Is it complete?
MRS. RUIZ:	I think so.
EMPLOYEE:	Fine. Now you have to go see Mr. Méndez.
MRS. RUIZ:	Okay, I'll be right there. Now the baby is hungry.

As soon as Mrs. Ruiz finishes feeding her son, she goes to Mr. Méndez's office.

MR. MÉNDEZ:	We need your son's birth certificate.
MRS. RUIZ:	Here is the original and a photocopy.
MR. MÉNDEZ:	Are you an American citizen, Mrs. Ruiz?
MRS. RUIZ:	No, but I'm a legal resident.
MR. MÉNDEZ:	I need to see your immigration card, please.
MRS. RUIZ:	The green card? Here it is.
MR. MÉNDEZ:	Very good. In ten days, more or less, you are going to receive the card by mail.

Miss Sonia Pérez Alonso arrives at Mr. Méndez's office to apply for a work permit.

MISS PÉREZ:	I'm in this country with a student visa, and I wish to work. I need a work permit. I think that I have more expenses than money!
MR. MÉNDEZ:	You have the right to work in this country, miss, but no more than twenty hours a week.
MISS PÉREZ:	Okay, sir. Is it possible to receive the permit this very day?
MR. MÉNDEZ:	Yes, but you have to wait one or two hours.
MISS PÉREZ:	In that case, I will come back (better that I return) tomorrow. I'm in a hurry now.
MR. MÉNDEZ:	That's better. Tomorrow we're going to be less busy than today.

Lección 5

An Interview

It is 9:25 in the morning. At the Office of the Department of Social Welfare, there are several people who are waiting because they need assistance from the county. Mrs. Soto, a social worker, begins her third interview of the day. Now she's talking with Mrs. Lara.

MRS. SOTO:	Good morning, ma'am. How may I help you?
MRS. LARA:	Good morning. I need financial aid because my husband and I no longer live together.

242

MRS. SOTO:	Is this situation permanent or is there any possibility for a reconciliation?
MRS. LARA:	I am sure that he is not planning to come back.
MRS. SOTO:	And what are you going to do if he comes back?
MRS. LARA:	He's not going to come (back). He's living with another woman.
MRS. SOTO:	Okay. I'm going to bring the forms that you must fill out.
MRS. LARA:	If I fill out the forms now, am I going to receive help today?
MRS. SOTO:	No, not today.
MRS. LARA:	Then I prefer to return next week.
MRS. SOTO:	That's fine, because you need to bring other papers anyway.
MRS. LARA:	What papers?
MRS. SOTO:	Proof of (your) citizenship.
MRS. LARA:	I am a foreigner, but I am a legal resident.
MRS. SOTO:	Then, proof of your legal residence, your birth certificate . . .
MRS. LARA:	But my birth certificate is in Spanish.
MRS. SOTO:	It doesn't matter, ma'am. We have translators. We also need to have a document of identification with your photograph.
MRS. LARA:	My social security card?
MRS. SOTO:	No, it must have your photograph.
MRS. LARA:	Oh, yes, you're right. Is that all?
MRS. SOTO:	No. Do you or your family own your house?
MRS. LARA:	Yes. Do you want to see the documents?
MRS. SOTO:	Yes, and also a copy of the mortgage coupons if you are still paying the mortgage.
MRS. LARA:	Do you also need the papers for the car?
MRS. SOTO:	Yes, the car registration and an estimate of the car's value. Also the auto insurance policy.
MRS. LARA:	Very well. Then I'm going to return on Monday with the papers.
MRS. SOTO:	Monday is a holiday, ma'am.
MRS. LARA:	That's right. Then I'll return on April first.

On April first:

MRS. LARA:	Here are my papers. Am I going to receive long-term help?
MRS. SOTO:	No, ma'am. You're going to receive temporary help, but you must return to school or take a training course for a trade.
MRS. LARA:	But I'm going through a very difficult situation.
MRS. SOTO:	I'm sorry, but you're able to work.

Lección 6

The Following Year

A year later, Mrs. Lara returns to the Department of Social Welfare. Now Mr. Juárez is interviewing her to reevaluate her case.

MR. JUÁREZ:	Let's see what your present situation is, Mrs. Lara.
MRS. LARA:	The same as before, but now I receive less money. Why?
MR. JUÁREZ:	Because your older daughter no longer lives with you.
MRS. LARA:	But my youngest daughter is still living with me and now everything costs more.
MR. JUÁREZ:	Those are the rules. If there are fewer people, you receive less money.

MRS. LARA:	The money that I receive now is not enough for anything.
MR. JUÁREZ:	But now you are working eight hours a day.
MRS. LARA:	Only on Mondays, Wednesdays, and Fridays. I have to work to make the house payments.
MR. JUÁREZ:	But you have to report those changes right away, Mrs. Lara.
MRS. LARA:	It's just that my situation is very difficult. The money that I receive is very little, but if I don't get it, I can't pay the bills.
MR. JUÁREZ:	What other expenses do you have now?
MRS. LARA:	First, now that I'm working, I spend more on clothes and gasoline. We also need a new refrigerator.
MR. JUÁREZ:	I'm sorry, ma'am, but according to the rules you don't qualify for receiving more money.
MRS. LARA:	It's not fair. Can't you do something for me, Mr. Juárez?
MR. JUÁREZ:	I can't do anything, but if you don't agree, you may write a letter and ask for a review of your case.
MRS. LARA:	How long does a review take?
MR. JUÁREZ:	It depends. Generally about two months.
MRS. LARA:	May I talk with Mr. Osorio or with some other supervisor?
MR. JUÁREZ:	Mr. Osorio is taking care of someone else and there is no other supervisor available.
MRS. LARA:	Can I request an interview for next week?
MR. JUÁREZ:	Mr. Osorio is going to be available later. Don't you want to wait for him?
MRS. LARA:	No, I don't have time. Can I return on Thursday?
MR. JUÁREZ:	Yes, of course. Mr. Osorio can see you on Thursday at eight in the morning.
MRS. LARA:	Can't he see me at seven-thirty?
MR. JUÁREZ:	No, there's nobody here at that time.

Lección 7

Food Stamps

Mr. López speaks with Ms. Roca, a social worker, and asks her for information about food stamps.

MR. LÓPEZ:	Good morning, miss. Can you give me (some) information about the food stamps program?
MS. ROCA:	What is your situation? Are you out of (without) work?
MR. LÓPEZ:	No, but I earn very little, and I have a big family.
MS. ROCA:	How many children do you have?
MR. LÓPEZ:	I have seven and I cannot support them on my salary.
MS. ROCA:	Do you have an extra job?
MR. LÓPEZ:	No, the job I do is hard and I leave late.
MS. ROCA:	What does your wife do?
MR. LÓPEZ:	My wife takes care of the children.
MS. ROCA:	How much money do you receive a month?
MR. LÓPEZ:	Eight hundred twenty dollars. It's not enough for anything.
MS. ROCA:	Do you receive any aid from the county?
MR. LÓPEZ:	No, but I need it urgently.
MS. ROCA:	Do you own your house or do you pay rent?
MR. LÓPEZ:	We live in a city project and we pay seventy dollars a month.

MS. ROCA:	Do you have a checking account or savings account in the bank?
MR. LÓPEZ:	I have only about two hundred dollars in a checking account.
MS. ROCA:	How many of your children attend school?
MR. LÓPEZ:	Four. The others are very little.
MS. ROCA:	Do you pay for their lunch?
MR. LÓPEZ:	No, we don't pay anything. But sometimes they don't eat the food that they give them, and we have to prepare something for them at home.
MS. ROCA:	What are your monthly medical expenses?
MR. LÓPEZ:	I don't know. Many times, when the children are sick, we don't take them to the doctor because we don't have the money.
MS. ROCA:	Don't you have medical insurance?
MR. LÓPEZ:	No, ma'am.
MS. ROCA:	There's a state program that can help you.
MR. LÓPEZ:	That's great! I always tell my wife that we need medical insurance.
MS. ROCA:	Okay. You don't pay for child care, do you?
MR. LÓPEZ:	No, my wife always takes care of them.
MS. ROCA:	If your wife gets a job, can somebody take care of the children?
MR. LÓPEZ:	No, we don't know anybody in the neighborhood and my wife says that she prefers to take care of them.
MS. ROCA:	Okay, you are eligible to receive food stamps.
MR. LÓPEZ:	Fine, but where can we get the stamps?
MS. ROCA:	You must take proof of your income and expenses to the Department of Social Services. You can get them there.

Lección 8

At the Department of Social Services

Miss Rivas, of the Department of Social Services, is helping Mrs. Báez to fill out an application to receive food stamps.

MISS RIVAS:	To begin, you must complete this first page.
MRS. BÁEZ:	After that, what do I do?
MISS RIVAS:	You give it to me and you continue to fill out the other pages.
MRS. BÁEZ:	Do I fill out just that page now?
MISS RIVAS:	Well, this one is the main one, so you must fill it out as soon as possible.
MRS. BÁEZ:	Very well. But I need help urgently. We don't have anything.
MISS RIVAS:	In that case, you must answer these other questions also.
MRS. BÁEZ:	And can I receive the stamps right away?
MISS RIVAS:	Yes, in a few days. Does anyone in your family receive any salary?
MRS. BÁEZ:	No, because my husband is not working at the moment.
MISS RIVAS:	And later in the month?
MRS. BÁEZ:	No, I don't think so, because he has health problems.

MISS RIVAS:	How long do you think that situation is going to last, Mrs. Báez?
MRS. BÁEZ:	I don't know. He has a great deal of pain in one shoulder, and the doctor says that he needs to rest for a while.
MISS RIVAS:	Does your husband have health insurance?
MRS. BÁEZ:	No, he is a gardener and is self-employed.
MISS RIVAS:	Counting you, how many people live and eat at your home?
MRS. BÁEZ:	Nine: my husband and I, my six children, and my mother.
MISS RIVAS:	You don't work?
MRS. BÁEZ:	No, my mother is very old and I don't like to leave her alone with the children.
MISS RIVAS:	How much money do you have in cash and in savings, more or less?
MRS. BÁEZ:	About eighty dollars.
MISS RIVAS:	Are you sure, ma'am? I must advise you that, if you have more money and don't tell me, you are not going to receive the stamps.
MRS. BÁEZ:	Well, to be sure, I'll ask my husband about it.
MISS RIVAS:	If you want to, you can complete these forms at home and send them to me by mail.
MRS. BÁEZ:	Okay, but I want to ask you a favor. If we don't fill them out completely, can you help me complete them?
MISS RIVAS:	Yes, of course, ma'am.

Lección 9

The Employment and Training Program (I)

Mrs. Rojas has an interview with Mr. Torres of the Employment and Training Program. After taking down the information from her, Mr. Torres explains to Mrs. Rojas what the program consists of.

MRS. ROJAS:	My problem is this: I am separated from my husband and I want to divorce him, but I don't have a job.
MR. TORRES:	Do you have children?
MRS. ROJAS:	We have three children, and he has a daughter from a previous marriage.
MR. TORRES:	Do they live with you?
MRS. ROJAS:	Mine live with me, but his (daughter) is living with his mother.
MR. TORRES:	Why don't you speak with a family counselor? Isn't a reconciliation possible?
MRS. ROJAS:	No, he wants to marry another woman. And I want a divorce also.
MR. TORRES:	Okay, go to the courthouse and ask for the forms to start divorce proceedings.
MRS. ROJAS:	Can I do it myself, without need of a lawyer?
MR. TORRES:	Yes but, to avoid problems, it is better to use a lawyer.
MRS. ROJAS:	That's going to be very expensive. Lawyers charge a lot, and I don't have any money.
MR. TORRES:	Then go to the Department of Legal Aid. Ask to see a lawyer, and tell him your problem.
MRS. ROJAS:	I'll go tomorrow, without fail.

MR. TORRES:	Very well. Tell me, do you have a trade or profession?
MRS. ROJAS:	No, unfortunately not. I married very young, before finishing high school.
MR. TORRES:	Look, Mrs. Rojas, this is a federal program for people like you, that can help you support yourself while you learn a trade.
MRS. ROJAS:	I want to be a nurse's aide and work in a hospital. Is that possible?
MR. TORRES:	Yes, but you need to finish high school before starting the training to be a nurse's aide.
MRS. ROJAS:	And afterward, do you help me to pay for the training?
MR. TORRES:	Yes, since you participate in the AFDC program, you're eligible for this type of aid. Fill out these forms and bring them to me as soon as possible. Don't send them through the mail.

Lección 10

The Employment and Training Program (II)

Mrs. Rojas filled out the forms that Mr. Torres gave her and returned to the Department three days later.

MR. TORRES:	Did you already (go to) register?
MRS. ROJAS:	Yes, I went last night and registered for three classes.
MR. TORRES:	What's your class schedule, ma'am?
MRS. ROJAS:	I have two classes in the morning and one in the afternoon.
MR. TORRES:	What arrangements can you make for the care of your children?
MRS. ROJAS:	Well, I went to speak with my aunt yesterday, and she can take care of them at her house for very little money.
MR. TORRES:	She must go to your house; if not, the department doesn't pay.
MRS. ROJAS:	And if the younger children go to a nursery school, do I receive money to pay (for) that?
MR. TORRES:	In that case we pay the nursery school directly, not you.
MRS. ROJAS:	I prefer to leave them with my aunt. I already spoke with her, and I know she needs the money.
MR. TORRES:	All right. Now, which school does your older son attend?
MRS. ROJAS:	They gave him a scholarship to attend a parochial school.
MR. TORRES:	And the other two? Do they stay at home?
MRS. ROJAS:	No, one is in first grade, in the bilingual program, and comes back home at two.
MR. TORRES:	You need to take more classes to improve your English, Mrs. Rojas.
MRS. ROJAS:	Yes. Last summer I took English classes for adults at a night school, but I learned very little. I missed class a lot because of illness.
MR. TORRES:	In order to be a nurse's aide you need to speak English well.
MRS. ROJAS:	Then I'm going to register again in the spring semester. Okay, what shall I tell my aunt?
MR. TORRES:	Tell her that she has to phone me to ask for an appointment.
MRS. ROJAS:	What's the best time to call you?

MR. TORRES:	In the morning, from eight to ten.
MRS. ROJAS:	Very well. Thank you very much for your help.
MR. TORRES:	Don't mention it, ma'am.

Lección 11

Medicaid: The Federal Program of Medical Services

Mr. Ortiz speaks with Miss Juárez, of the federal medical aid program (Medicaid).

MISS JUÁREZ:	You must fill out these forms at home and bring them to me, or mail them to me.
MR. ORTIZ:	I have to come downtown tomorrow, so I can bring them to you.
MISS JUÁREZ:	Perfect. Now if, besides your house, you have any other property, you must bring the papers.
MR. ORTIZ:	We have only the house we're living in.
MISS JUÁREZ:	Do you have (any) cars?
MR. ORTIZ:	Yes, my wife has a car, and I have a small truck for my work.
MISS JUÁREZ:	Then bring your truck registration, please.

The next day, Mr. Ortiz and his wife speak with Miss Juárez.

MR. ORTIZ:	I brought the registration and the other papers that you asked me (to bring).
MISS JUÁREZ:	Very good. Did you ever receive any financial aid?
MR. ORTIZ:	Yes, in Oklahoma, we had to apply for aid. We were there for about six months, until we were able to move.
MISS JUÁREZ:	When did you stop receiving aid?
MRS. ORTIZ:	Last year, when we came to Arizona.
MISS JUÁREZ:	How long have you been living in Arizona?
MR. ORTIZ:	We've been living in this state for eight months.
MISS JUÁREZ:	Fine. You are eligible to receive aid. You're going to get your Medicaid card within two weeks, more or less.
MRS. ORTIZ:	But I need to take my son to the doctor today.
MISS JUÁREZ:	In that case, I'm going to give you a temporary document. Take this form, and the doctor is going to fill out this section. Sign it at the bottom of the page, and send it to me.
MR. ORTIZ:	Does Medicaid cover all medical expenses, including medicines?
MISS JUÁREZ:	No, not all. This brochure explains (to you) what Medicaid covers and doesn't cover.
MR. ORTIZ:	(*To his wife*) Call Rosita and tell her that we have medical assistance now.
MRS. ORTIZ:	(*On the phone*) Rosita, we got Medicaid. Call Dr. González on the phone and make an appoinment for your brother for today (this very day), if possible.

Lección 12

Child Abuse (I)

Mrs. Rosa Soto knocks at the door of the Torres family's house and a man opens the door.

MRS. SOTO:	Good morning. Are you Mr. Pedro Torres?
MR. TORRES:	Yes, I am. What can I do for you?
MRS. SOTO:	I'm Rosa Soto and I work for the Children's Protection Department. Here's my card.
MR. TORRES:	Come in and have a seat. How can I help you?
MRS. SOTO:	I came to investigate certain information that we received yesterday. Somebody called to say that you are abusing a child here.
MR. TORRES:	What? Who said that?
MRS. SOTO:	I'm sorry, but I can't tell you. Reports of this type are confidential.
MR. TORRES:	But that's a lie. Besides, nobody has the authority to tell us how to discipline our children.
MRS. SOTO:	You are wrong, Mr. Torres. In this country, certain ways of disciplining children are not accepted. May I see your son, please? His name is . . . Raúl, right?
MR. TORRES:	Yes . . . I'll call him. One moment.

Mr. Torres brings Raúl by the hand. The child is very thin and looks very pale. Mrs. Soto examines him and sees that he has a bump on the head, scars on his legs, and bruises on his arms and buttocks.

MRS. SOTO:	What happened to the child?
MR. TORRES:	Last night he fell down the stairs. I didn't see him because I wasn't home, but my wife told me what happened.
MRS. SOTO:	Did you take him to the doctor?
MR. TORRES:	No. The child said he was okay and he didn't cry. Besides it was already eight P.M.
MRS. SOTO:	Where was your wife?
MR. TORRES:	She was in the kitchen.
MRS. SOTO:	The doctor must examine this child, Mr. Torres. When can you take him?
MR. TORRES:	This afternoon or tomorrow.
MRS. SOTO:	Very well. I need your doctor's name. I'm going to speak with him, and I'll be back in three days.

Three days later:

MRS. SOTO:	I had to call the police, Mrs. Torres. They are coming to take your child to a family who's going to take care of him.
MRS. TORRES:	No, you are not going to take my son away from me!
MRS. SOTO:	There's going to be a hearing and, after hearing you, the doctor, and other witnesses, a judge is going to decide whether your son has to stay with the other family.
MRS. TORRES:	That can't be. My son is not going to grow up with strangers!
MRS. SOTO:	It's to help the child, Mrs. Torres, . . . and you also.

Lección 13

Child Abuse (II)

Mrs. Soto arrived at Mr. Torres's house ten minutes ago. Now she is speaking with him to find out more about the case.

MRS. SOTO:	What kind of discipline do you use, Mr. Torres? What do you do when the child misbehaves?
MR. TORRES:	Well, I'm not home much. My wife is the one who punishes him.
MRS. SOTO:	How does she punish him?
MR. TORRES:	Sometimes she sends him to his room and sometimes she gives him a spanking.
MRS. SOTO:	Does she hit him with her open hand or with her fist?
MR. TORRES:	When she is very angry she hits him with her fist or with a belt. It's just that the child is very mischievous.
MRS. SOTO:	Do you sometimes notice any marks or bruises on him?
MR. TORRES:	Yes, the other day I noticed that he had a bruise on his face. She said that she didn't know what it was, but I know that she lied to me.
MRS. SOTO:	Did you know that to abuse (abusing) a child is a crime?
MR. TORRES:	No, I found out about it when you told me.
MRS. SOTO:	Do you and your wife get along well, or are you having any problems?
MR. TORRES:	We're having problems because she always complains . . . especially since our baby died a year ago.
MRS. SOTO:	Did you consult a family counselor?
MR. TORRES:	Her mother wanted to take her to a pyschologist, but she refused to go (didn't want to go).
MRS. SOTO:	Why not?
MR. TORRES:	Because we don't like to talk about our affairs with strangers. Nothing is gained with that.
MRS. SOTO:	Do you help your wife with the housework or with the care of the child?
MR. TORRES:	That's her job. I come home tired after working all day.
MRS. SOTO:	Do you drink any alcoholic beverages?
MR. TORRES:	Not much. Beer or wine.
MRS. SOTO:	Every day?
MR. TORRES:	No, on weekends, when I get paid.
MRS. SOTO:	Is your wife taking any medicine for nervous depression?
MR. TORRES:	Yes, my wife takes sedatives and also pain killers when she has bad headaches. The doctor prescribed them to her.
MRS. SOTO:	Does she take Prozac?
MR. TORRES:	What's Prozac?
MRS. SOTO:	It's an antidepressant that some think makes some people violent.
MR. TORRES:	No, she doesn't take that.
MRS. SOTO:	Does Raúl have a health problem?
MR. TORRES:	I think so. He doesn't stay still. He always goes running around and getting into mischief.
MRS. SOTO:	Thank you for answering my questions, Mr. Torres. Now I want to speak with your wife, please.

MR. TORRES:	I'm sorry, but my wife has just left. She went to visit her mother.
MRS. SOTO:	What is your mother-in-law's phone number?

Lección 14

Aid for the Aged

Mr. Ríos, a social worker, goes to the house of Mrs. Díaz, a ninety-one-year-old woman.

MR. RÍOS:	How's it going, Mrs. Díaz? How are you feeling?
MRS. DÍAZ:	I'm very upset. The woman who comes to fix my meals and do the cleaning hasn't gone to the market.
MR. RÍOS:	Remember that she has only two hours to clean and cook. Possibly she hasn't had time, but I'm going to speak with her.
MRS. DÍAZ:	You know that I don't drive. How am I going to go to the market?
MR. RÍOS:	Can't some relative or neighbor help you?
MRS. DÍAZ:	Some neighbors help me, but they don't always have time. Another thing, the doctor has told me that I need a walker.
MR. RÍOS:	Very well. Let me write it down.
MRS. DÍAZ:	Soon I'm going to need a wheelchair. Sometimes my legs hurt a lot and I can't walk with the cane.
MR. RÍOS:	Have you told it to the doctor?
MRS. DÍAZ:	Yes. Another thing, the children next door have broken a window with a ball.
MR. RÍOS:	What other problems do you have? Have they already fixed the heater? A month ago you told me it was broken.
MRS. DÍAZ:	No. The landlord never fixes anything.
MR. RÍOS:	Mrs. Díaz, I know you don't like the idea, but I think you are going to be better off in a home for the elderly. There you're not going to be alone.
MRS. DÍAZ:	I prefer to stay here.
MR. RÍOS:	I know, but the other day you fell in the bathtub . . .
MRS. DÍAZ:	Yes, and luckily the lady who does the cleaning for me had come that day.
MR. RÍOS:	But she is not always here to take care of you. You can slip and fall . . . You can burn yourself . . . You mustn't go on living alone. It's dangerous.
MRS. DÍAZ:	Yes. Sometimes I have difficulty even putting my shoes and clothes on, because of the arthritis. It's terrible to be old!
MR. RÍOS:	Don't say that, ma'am. You'll see that with other people your own age you're going to feel better.
MRS. DÍAZ:	I don't believe it. My husband died in a convalescent hospital. He was very sick and there was never anybody with him.
MR. RÍOS:	You mustn't think about that.
MRS. DÍAZ:	Well, we'll see. Maybe I'll move, because there are mice and cockroaches here.
MR. RÍOS:	So many problems! Let's see where we start.

Lección 15

At the Social Security Office

Mr. Casas is talking with Mrs. Mena, an employee of the Social Security Office.

MR. CASAS:	My boss sent me (is sending me) because I hurt my back and I can't work.
MRS. MENA:	How long have you been disabled?
MR. CASAS:	One month.
MRS. MENA:	Do you think you're going to be disabled for twelve months or more?
MR. CASAS:	Yes. The doctor has told me that this problem will last at least a year.
MRS. MENA:	How long had you been working for the Sandoval and Brothers Company?
MR. CASAS:	Eight years. Do I qualify for receiving benefits?
MRS. MENA:	Yes, because to receive them you need to have worked five years out of the last ten years.
MR. CASAS:	Thank goodness, because I need the money to support my family.
MRS. MENA:	Okay, first fill out the application with your medical history.
MR. CASAS:	When will I start getting the checks?
MRS. MENA:	They take between sixty and ninety days to decide.
MR. CASAS:	So long? Why?
MRS. MENA:	Because your medical history goes to another agency, which will be in charge of verifying it and will decide whether you are eligible or not.
MR. CASAS:	They had told me that they would start paying me right away.
MRS. MENA:	No, that's not the way it is. If you are eligible, we'll start paying you beginning with the sixth month.
MR. CASAS:	And in the meantime?
MRS. MENA:	The State Disability Benefit Program pays the first five months. You must present your application.
MR. CASAS:	Very well. How much money will I receive monthly?
MRS. MENA:	That depends. We are going to obtain information about the money that you have earned during the time you have worked.
MR. CASAS:	All right. What must I do now?
MRS. MENA:	You will have to sign this permission authorizing us to obtain information about your medical history.
MR. CASAS:	Another question, please. Would I be able to retire before age 65?
MRS. MENA:	When were you born?
MR. CASAS:	I was born in 1940.
MRS. MENA:	Then you can retire in the year 2005, but you'll only receive 80 percent of your retirement.
MR. CASAS:	And when I turn 65, would I start getting 100 percent?
MRS. MENA:	No, if you retire early, you will continue to get 80 percent for the rest of your life.
MR. CASAS:	In that case, it will be better to wait.

Lección 16

At the Medicare Office (I)

At the Medicare office, Miss Alba takes care of two people who come to ask for information about the Medicare hospital insurance program.

With Mr. Gómez:

MR. GÓMEZ: Miss, I need you to tell me if I'm eligible for the Medicare program.

MISS ALBA: Any person 65 years old or older is eligible for the program. How old are you?

MR. GÓMEZ: I'm 63, but I have been receiving social security disability benefits for two consecutive years.

MISS ALBA: Then you're eligible.

MR. GÓMEZ: Now I'm going to start working again, and I plan to continue to work after (age) 65. Will I be able to get Medicare hospital insurance if I'm not retired?

MISS ALBA: Yes, you will have this protection at 65 if you have worked the time required under social security or railroad insurance.

MR. GÓMEZ: I think I don't have the required time. I'm an immigrant and I arrived in this country a few years ago.

MISS ALBA: If you have not worked the required time, I suggest that you buy the hospital insurance by paying a basic premium.

MR. GÓMEZ: Then you advise me to buy this insurance?

MISS ALBA: Yes, no, excuse me. You don't need to buy the insurance because you have been receiving social security disability benefits during two consecutive years.

MR. GÓMEZ: Thank you very much, miss.

With Mrs. Peña:

MRS. PEÑA: The doctor has told me that I have a tumor and I will have to have surgery. I have to be admitted to the hospital next week. I want to know what expenses Medicare covers.

MISS ALBA: The Medicare hospital insurance pays for up to 90 days of hospital care.

MRS. PEÑA: I will be hospitalized for a week, more or less, if there are no complications. Does the insurance pay the total cost?

MISS ALBA: The services covered by Medicare include the cost of a semi-private room, that is, with two to four beds, medicines, and food. If you need intensive care, it also pays for it.

MRS. PEÑA: Then the Medicare hospital insurance would pay for everything?

MISS ALBA: No, it doesn't pay for the services that are not necessary for the diagnosis or the treatment of a disease or injury.

MRS. PEÑA: And if I need a blood transfusion?

MISS ALBA: The insurance doesn't pay the cost of the first three pints of blood. If you need more than three pints, the insurance pays for the rest.

Lección 17

At the Medicare Office (II)

On the following day, Miss Alba talks with Mrs. Ramos and answers several questions about Medicare medical insurance.

MISS ALBA:	What can I do for you, ma'am?
MRS. RAMOS:	My husband is sick and he has had to see the doctor three times this week. They have done several tests on him and an X-ray. Now he's afraid that we'll have to pay all those bills.
MISS ALBA:	Well, as you know, the first 60 dollars are deductible.
MRS. RAMOS:	Does that mean that we have to pay the first 60 dollars?
MISS ALBA:	Yes, and the medical insurance will pay 80 percent of all the other health services received by you during the year.
MRS. RAMOS:	It may be that my husband will have to be admitted to the hospital.
MISS ALBA:	In that case Medicare pays for all medical services in the hospital, the X-rays, and the other hospital expenses.
MRS. RAMOS:	Then, is it necessary that we pay the first 60 dollars again?
MISS ALBA:	No, ma'am.
MRS. RAMOS:	Another question. It's probable that I'm going to see a chiropractor because lately I have had a lot of problems with my back.
MISS ALBA:	Well, payments for independent services of physical therapy are very limited. Medicare pays only 80 dollars a year.
MRS. RAMOS:	That's very little. Unfortunately I also need orthopedic shoes, and I need to change my glasses. I hope Medicare pays for these expenses.
MISS ALBA:	I'm sorry, ma'am, but it doesn't pay for them. Here's a list of what Medicare doesn't pay.
MRS. RAMOS:	May I keep it? It's better that my husband read it. If one of us gets sick, it will be impossible for us to be able to pay all this.
MISS ALBA:	Have you thought of joining an HMO?
MRS. RAMOS:	Do you think that's a good option for us?
MISS ALBA:	That's a decision you have to make. I'm simply suggesting that you study the possibility.
MRS. RAMOS:	Yes, that's the best thing. Thanks a lot for everything, miss.
MISS ALBA:	You're welcome, and I hope your husband gets better soon.

EXPENSES THAT ARE NOT COVERED BY MEDICARE MEDICAL INSURANCE

1. Services or accessories that are not necessary for the diagnosis or treatment of a disease or injury

2. Routine physical examinations and laboratory examinations directly related to those examinations

3. Medicines not prescribed by the doctor

4. Glasses or contact lenses and eye examinations to prescribe them

5. Hearing aids and ear examinations to prescribe them

6. Dentures and routine dental care

7. Housekeeping services and meals delivered to the home

8. Nursing services in the home

9. Orthopedic shoes

10. Articles for personal convenience

11. The first three pints of blood received in a year

Lección 18

Solving Problems

Mrs. Miño, a social worker, helps two clients who have different problems.

With Eva Torales, a teenager:

EVA:	How fortunate that you came today! I have to ask you something but . . . I'm embarrassed.
MRS. MIÑO:	Don't worry, Eva. I'm here to help you. Tell me what's the matter with you.
EVA:	There's no one who can help me . . . I had sexual relations with Carlitos, my boyfriend, and I think I'm sick.
MRS. MIÑO:	Didn't the young man use a condom when you had sexual contact?
EVA:	No, because I'm taking the pill.
MRS. MIÑO:	Look, Eva, the pill can prevent an unwanted pregnancy, but it doesn't prevent AIDS or venereal diseases like gonorrhea, syphilis, or herpes.
EVA:	I have an irritation in my vagina and pus. Do you think I have AIDS? Oh, my God!
MRS. MIÑO:	I don't think it's AIDS. Those are symptoms of gonorrhea. Go see your doctor or go to the Health Department. They have to check you right away.
EVA:	But my parents don't know anything. They are going to kill me!
MRS. MIÑO:	You don't need your parents' permission to be examined, but I advise you to speak with them. I'm sure that they are going to help you.
EVA:	I doubt that they'll help me because they forbade me to see Carlitos. He sometimes takes drugs and they say he is a drug addict.
MRS. MIÑO:	Eva, you have been playing with fire. Go to the Health Department this very day, and tell your boyfriend to go, too. You can (both) infect other people.

With Mrs. Ríos, who has an alcoholic husband:

MRS. RÍOS:	I'm very worried because my husband didn't go to (missed) work again, and I'm afraid they'll fire him.

MRS. MIÑO:	Does he continue to drink a lot?
MRS. RÍOS:	Yes, more than ever. Before, he used to get drunk on weekends, but now he drinks almost every day.
MRS. MIÑO:	Have you spoken with him about his problem?
MRS. RÍOS:	Yes, many times. Father Francisco tried to speak to him too, but my husband says that he drinks with his own money, and that it's nobody's business.
MRS. MIÑO:	Has he ever hit you because of his drinking?
MRS. RÍOS:	Yes, many times, and the children, too. Afterward, he is sorry and asks me to forgive him, but I doubt that he'll change.
MRS. MIÑO:	Has he ever had an accident or any problem with the police?
MRS. RÍOS:	Until recently, he had been lucky, but last week a policeman arrested him for drunk driving and he spent the night in jail.
MRS. MIÑO:	Your husband's case is serious, but there's no one who can help him if he doesn't cooperate.
MRS. RÍOS:	What can I do? Look for somebody to help him?
MRS. MIÑO:	Well, for starters (the first thing), try to convince him that he has a drinking problem and that he can't solve it without help from other people.
MRS. RÍOS:	Who could help him?
MRS. MIÑO:	There are many organizations that can help him and you, among them the local chapters of Alcoholics Anonymous and Al-Anon.
MRS. RÍOS:	How can I get in touch with those organizations?
MRS. MIÑO:	Their phone numbers appear in the yellow pages of the phone book. Just a moment, I have here the number of Alcoholics Anonymous.

Lección 19

Advice to Mothers

The visiting nurse, Julia Mena, speaks with two mothers.

With Mrs. Rojas, the mother of a newborn baby:

MOTHER:	Nurse, what's the best position to put the baby to bed, face up, face down, or on his side?
NURSE:	Face up. The other positions may be dangerous.
MOTHER:	My mother says she always used to put us face down.
NURSE:	Yes, in the past, it was believed that that was the best position.
MOTHER:	Another thing. I'm still afraid to leave the baby alone in the crib.
NURSE:	He's safe in the crib if there aren't any dangerous objects in it.
MOTHER:	He has only his little pillow.
NURSE:	Don't use pillows; they can suffocate the child.
MOTHER:	Really? I didn't know that. One more question. If he's asleep and it's time to nurse him, should I wake him up?
NURSE:	It's not necessary. Let him sleep. He will wake up when he's hungry.

With Mrs. Argueda, the mother of a one-year-old child:

MOTHER:	Miss Mena, the child already turned one (year old) and he isn't walking. What can I do?

NURSE:	Wait until he has matured enough. Not all children start to walk at the same age.
MOTHER:	My husband wants to buy him a walker . . .
NURSE:	No, you shouldn't try to force him to walk. The walker can deform his legs.
MOTHER:	Another thing. Now that he's crawling, he takes everything he finds and puts it in his mouth.
NURSE:	You have to be very careful not to leave small objects within his reach.
MOTHER:	Well, when he starts to stand up and to walk, I'm going to have more problems.
NURSE:	Yes, as soon as he starts to walk around the house, he's going to have many more dangers.
MOTHER:	Yes, he can fall down the stairs, or he can climb onto a table and fall down.
NURSE:	He can also poison himself with many of the things around the house like bleach, insecticides, paints, detergents, etc.
MOTHER:	Or with adult medicines, if they don't have safety caps.
NURSE:	Look, in this brochure you'll find some other useful advice.
MOTHER:	As soon as I get home, I'm going to put the list on the refrigerator.

SOME USEFUL ADVICE

1. The child should not be near the stove, the oven, the heater, the iron, matches, hot liquids, or electrical appliances.

2. If the child burns himself, treat the burn with water, not with ice. Never put iodine or butter on the burn. If the burn is serious, take the child to the doctor.

3. Put safety covers on the electrical outlets that you don't use, and cover with pieces of furniture the ones being used.

4. In cases of cuts and scratches, clean the wound with water and soap, and cover it with a bandage. If it bleeds a lot, apply pressure to the wound and take the child to the doctor.

5. Don't leave the child in the sun for a long time and put a hat on him/her. For a small child, two minutes a day in the sun is enough.

6. Don't leave the child alone in the house, in the bathtub, in the pool, or in the car.

7. Have your children vaccinated before they start school.

8. At home and in your car, always have a first-aid kit with the following:

adhesive tape	hydrogen peroxide
Band-Aids	antibacterial cream
gauze	antihistamines
tweezers	liquid Benedryl
scissors	burn ointment
thermometer	ipecac
alcohol	Tylenol

Lección 20

Supplemental Income

Mr. Arias, a social worker, speaks with Mrs. Parra about supplemental income.

MRS. PARRA:	My husband asked me to ask you if he qualifies for receiving supplemental income since we now have more expenses and many debts.
MR. ARIAS:	Your husband is blind, right?
MRS. PARRA:	Yes, sir. And now he is becoming paralyzed.
MR. ARIAS:	In order to be able to answer your question, I have to know what your revenues are and what the value of the things that you own is.
MRS. PARRA:	My husband sells newspaper and magazine subscriptions by phone, and receives a commission.
MR. ARIAS:	As an (On) average, how much commission does he get a month?
MRS. PARRA:	Between 400 and 500 dollars a month.
MR. ARIAS:	And you, do you have any monthly income?
MRS. PARRA:	Yes, I sell cosmetics during my free time, but I earn very little. About 200 to 250 dollars a month.
MR. ARIAS:	Then, the couple's net income is about 700 dollars a month. Okay, what are your assets?
MRS. PARRA:	The trailer where we live and furniture and household appliances.
MR. ARIAS:	Do you have a car?
MRS. PARRA:	Oh, yes. I forgot to tell you that we have a 1985 Ford.
MR. ARIAS:	I doubt that that will affect your eligibility. If it were a very valuable car, it would affect it.
MRS. PARRA:	Yes, our car is very old, and it's worth very little.
MR. ARIAS:	Do you have any investments? Stocks, bonds, certificates of deposit, mutual funds . . . ?
MRS. PARRA:	No, the only savings we have are a little over 800 dollars that we keep in the bank for an emergency.
MR. ARIAS:	That's all you have?
MRS. PARRA:	My husband has a life insurance policy. Does that count?
MR. ARIAS:	In the majority of cases, no. Anything else?
MRS. PARRA:	Well, sometimes we get cash gifts from our children. Does that count as income?
MR. ARIAS:	Yes, but the first 60 dollars in each trimester isn't counted. For example, if your children were to send you 100 dollars, we would deduct 40 dollars from your supplementary income payment.
MRS. PARRA:	Then, if they send us 240 dollars for Christmas, you deduct 180 dollars from us, but if we receive the same amount in sixty-dollar increments quarterly we don't pay anything, right?
MR. ARIAS:	That's right.
MRS. PARRA:	What other things count as income?
MR. ARIAS:	Payments for pensions and public or private retirements; annuities; worker's compensations; inheritances; rents; interest and dividends; and alimonies, in cases of divorce.

Appendix D

Weights and Measures

Length

la pulgada = *inch*
el pie = *foot*
la yarda = *yard*
la milla = *mile*
1 pulgada = *2.54 centimeters*
1 pie = *30.48 centimeters*
1 yarda = *0.9144 meter*
1 milla = *10.609 kilometers*
1 centímetro (cm) = *0.3937 inches (less than ½ inch)*
1 metro (m) = *39.37 inches (1 yard, 3 inches)*
1 kilómetro (km) (1.000 meters) = *0.6214 miles (⅝ mile)*

Weight

la onza = *ounce*
la libra = *pound*
la tonelada = *ton*
1 onza = *28.35 grams*
1 libra = *0.454 kilograms*
1 tonelada = *0.907 pounds*
1 gramo (g) = *0.03527 ounces*
100 gramos = *3.527 ounces (less than ¼ pound)*
1 kilogramo (kg) (1.000 grams) = *2.2 pounds*

Liquid Measure

la pinta = *pint*
el cuarto (de galón) = *quart*
el galón = *gallon*
1 pinta = *0.473 liter*
1 cuarto = *0.946 liter*
1 galón = *3.785 liter*
1 litro (1) = *1.0567 quarts (slightly more than a quart)*

Surface

el acre = *acre*
1 hectárea = *2.471 acres*

Temperature

°C = Celsius or Centigrade; °F = Fahrenheit
0° C = 32° F *(freezing point of water)*
37° C = 98.6° F *(normal body temperature)*
100° C = 212° F *(boiling point of water)*
Conversión de grados Fahrenheit a grados Centígrados
$°C = \frac{5}{9} (°F - 32)$
Conversión de grados Centígrados a grados Fahrenheit
$°F = \frac{9}{5} (°C) + 32$

Answer Key to *Vamos a practicar* sections

Lección preliminar

A. 1. 3-52-69-09   2. 4-25-36-87   3. 7-81-26-15   4. 8-74-92-13
    5. 6-43-89-07   6. 2-22-58-70

B. 1. ese-a-ene-de-o-ve-a-ele   2. efe-u-e-ene-te-e-ese   3. ve-a-ere-e-ele-a
    4. ese-a-ele-ge-a-de-o   5. be-a-erre-i-o-ese   6. zeta-u-be-i-zeta-a-erre-e-
    te-a

C. 1. la / las calles   2. la / las señoras   3. el / los esposos   4. el / los servi-
    cios   5. la / las identificaciones

D. 1. es /soy / es   2. son / somos / son   3. eres / soy

Lección 1

A. *Answers will vary. Verb forms:*   1. Ella espera...   2. Yo lleno...
    3. El recepcionista necesita...   4. Nosotras deseamos...
    5. Ustedes pagan...   6. Tú llenas...   7. Ella desea...
    8. Ellos necesitan...

B. 1. No, yo no necesito ayuda.   2. No, ellos no hablan despacio.
    3. No, la trabajadora social no paga el alquiler.   4. No, yo no deseo esperar
    veinte minutos.   5. No, no llenamos las planillas hoy.

C. 1. A las nueve y cuarto de la mañana.   2. A las diez de la mañana.
    3. A las once menos cuarto de la mañana.   4. A las once y media de la
    mañana.   5. A la una y veinte de la tarde.   6. A las tres menos diez de
    la tarde.

D. 1. ciudadana americana (norteamericana)   2. trabajador social
    3. ciudadanos americanos (norteamericanos)   4. extranjeras   5. casadas /
    soltero

Lección 2

A. 1. recibe   2. debe   3. viven   4. creemos   5. lees   6. debemos

B. 1. Los hijos de la Sra. Alonso...   2. La pensión alimenticia de los niños...
    3. La oficina de Alfredo...   4. La dirección de la Srta. Barrios...

C. 1. Las otras señoras   2. Nuestras hijas   3. a mi esposo (marido)
    4. las cuentas mensuales   5. a sus hijos

Lección 3

A. 1. Yo estoy enfermo(a). 2. Yo voy a la oficina ahora. 3. Yo doy dinero para los gastos de mi casa. 4. Yo voy a estudiar el caso.

B. 1. está 2. es 3. soy 4. estamos 5. estoy 6. es 7. está 8. está 9. es

C. 1. Tú vas a solicitar ayuda. 2. Nosotros vamos a escribir la fecha de hoy. 3. Ella va a dar a luz en mayo. 4. Uds. van a ver a Marisa. 5. Yo voy a recibir ayuda. 6. Carlos va a leer la planilla.

Lección 4

A. 1. tiene 2. vengo 3. tiene 4. vienen 5. viene 6. tienes 7. tengo 8. tienen 9. venimos 10. viene

B. 1. tan enfermo como 2. más pobre que 3. más de veinte 4. más pobre que 5. la mejor de 6. menos ayuda económica que

C. 1. tienen hambre 2. tiene prisa 3. tan ocupados como 4. vengo / tengo 5. tiene diez años

Lección 5

A. 1. quieren / preferimos 2. piensa / Pienso 3. comienzas / Empiezo

B. 1. el 2. el 3. — 4. la 5. La 6. —

C. 1. Los niños están atravesando una situación difícil. 2. Yo estoy tomando español este año. 3. ¿Qué estás pensando tú? 4. Ella está ayudando al Sr. Lago. 5. Mi hijo está viviendo en casa de su abuela.

Lección 6

A. 1. vuelven / volvemos / vuelve / vuelvo 2. puedes / puedo 3. cuestan / cuesta

B. 1. no recibo ninguna ayuda económica 2. puedo hacer nada 3. habla nunca 4. necesita ni ayuda económica ni estampillas para alimentos 5. recibo ayuda económica tampoco

C. 1. No, ella no lo necesita. 2. No, el supervisor no los reevalúa. 3. No, yo no las pago. 4. No, la Sra. Lara no quiere verlo (no lo quiere ver) hoy. 5. No, el Sr. Lara no está esperándola (no la está esperando).

Lección 7

A. 1. / — / consigo / consigues / consigue / conseguimos / consiguen
2. servir / — / sirves / sirve / servimos / sirven
3. pedir / pido / — / pide / pedimos / piden
4. decir / digo / dices / dice / — / dicen

B. 1. Yo no conozco a nadie en el barrio.   2. Yo no sé cuáles son las entradas de la familia.   3. Yo traigo el dinero para las medicinas.   4. Yo hago un trabajo muy duro.   5. Yo salgo temprano para el trabajo.

C. 1. Ella me pregunta cuál es mi situación.   2. El condado nos da ayuda.   3. Mi esposa les prepara la comida a los niños.   4. Yo te digo que eres elegible para recibir estampillas.   5. No les alcanza el dinero.   6. Ellos no le dan nada a Ud.   7. Ella no le cree.

Lección 8

A. 1. este / esta / estas   2. Esos / ese / esas   3. Aquélla / Aquéllas / Aquél

B. 1. A los niños les gusta la comida de la escuela.   2. A la Sra. Báez no le gusta contestar preguntas personales.   3. A Ud. le duelen los dos hombros.   4. A mi esposo(a) le duele la cabeza.   5. A mi mamá le hace falta descansar más.   6. A nosotros nos hace falta estudiar más.

C. 1. El Departamento de Bienestar Social se la da.   2. La Srta. Rivas se lo dice.   3. La Sra. Báez puede mandárselas (se las puede mandar).   4. Yo puedo contestársela (se la puedo contestar).   5. La Sra. Rojas puede enviármelo (me lo puede enviar).

Lección 9

A. 1. las suyas   2. la nuestra   3. el suyo (el de él)   4. el tuyo   5. la mía

B. 1. Ayúdela.   2. Aprenda otro oficio.   3. Vayan al juzgado.   4. Cuéntemelo.   5. No se divorcien.   6. Participe en ese programa.   7. No inicien los trámites de divorcio.   8. No lo miren.   9. No se lo dé.   10. Tómenle los datos.

C. 1. casarse / se casan   2. te mantienes / me mantengo   3. divorciarse / divorciarnos

Lección 10

A. 1. estudié español   2. fueron a mi casa para cuidar a los niños   3. mis hijos más pequeños asistieron a la escuela primaria   4. él me dio el dinero para el cuidado de mis hijos   5. mi tía me cuidó a los niños

B. 1. —¿Adónde fue Ud. ayer, Sr. Vega?
      —Fui a la guardería.
      —¿Fue al hospital?
      —Sí, Carlos y yo fuimos por la tarde.

   2. —¿Cuándo fueron tus (sus) hijos a México?
      —Fueron el verano pasado.

   3. —Faltaron mucho a clase por enfermedad.
      —Sí, no aprendieron nada.

   4. —¿Fuiste a su casa (a la casa de él), Carlos?
      —No, él me llamó por teléfono.

   5. —¿Cuándo pueden conseguir el dinero, Srta. Rivera?
      —Podemos conseguirlo (Lo podemos conseguir) mañana por la tarde.

   6. —Tengo que pagar $100 por la medicina.
      —Yo puedo darle (le puedo dar) el dinero el viernes por la mañana, Sra. Barrios.

   7. —¿La beca es para Ud., Srta. Soto?
      No, es para mi hermana mayor.

   8. —¿Para qué necesitas el dinero, Anita?
      —Lo necesito para pagarle.

Lección 11

A. 1. —¿Cuánto tiempo hace que ellos viven en Nueva York? / —Hace diez años que viven en Nueva York. 2. —¿Cuánto tiempo hace que Ud. recibe ayuda económica? / —Hace seis meses que la recibo. 3. —¿Cuánto tiempo hace que ella trabaja aquí? / —Hace dos semanas que trabaja aquí.

B. *Verb forms:* 1. vino / tuvo 2. pudimos 3. Trajiste 4. tuvieron 5. quise 6. hizo 7. fue 8. estuvieron 9. pidieron 10. consiguió 11. siguió 12. prefirió

C. 1. Ven a las dos y tráeme el registro. 2. Dale las planillas al supervisor; no se las des al Sr. Peña. 3. Ve a la oficina y dile a la Sra. Parra que la necesitamos. 4. Hazme un favor. Llámame a las cuatro. 5. No te quedes aquí. Múdate.

Lección 12

A. 1. pudieron / tuvieron 2. dije / teníamos 3. dijimos / podíamos 4. Eran / llegó. 5. dijo / tenía / debía 6. informó / aceptaban

B. 1. La vi en la escuela. 2. Vino al mediodía. 3. Estaba en su casa. 4. Se cayó al final del pasillo.

Lección 13

A. 1. supo   2. conocía / conocí   3. sabías   4. quería   5. quisiste

B. 1. Hace tres días que ellos vinieron. (Ellos vinieron hace tres días.)
2. Hace seis meses que yo llegué a esta ciudad. (Yo llegué a esta ciudad hace seis meses.)   3. Hace nueve horas que nosotros comenzamos a trabajar. (Nosotros comenzamos a trabajar hace nueve horas.)   4. Hace veinte minutos que ellos hablaron conmigo. (Ellos hablaron conmigo hace veinte minutos.)

C. 1. Cuál es   2. No se gana nada   3. Qué es   4. se abre / se cierra

Lección 14

A. 1. La mujer no ha ido al mercado.   2. Algunos vecinos me han ayudado a limpiar la casa.   3. Los chicos de al lado han roto una ventana.   4. El anciano ha ido al hospital para convalecientes.   5. Yo no me he mudado.
6. Nosotros ya hemos comido.

B. 1. La mujer que hace la limpieza ya había llegado cuando él se cayó.
2. Ya ella había tomado la medicina cuando yo se lo dije.   3. Mi esposo se había muerto cuando yo me mudé a Colorado.   4. El calentador no se había descompuesto cuando Ud. vino el mes pasado.   5. El Sr. Ríos había hablado con la señora que hace la limpieza cuando él visitó a la Sra. Díaz.

Lección 15

A. 1. Estaré incapacitado(a) unos dos meses.   2. Empezará a recibir los pagos el día primero.   3. Otra agencia se encargará de verificar su historia clínica.
4. En dos semanas decidiremos si Ud. es elegible o no.   5. Nosotros nos jubilaremos el año próximo.

B. 1. Me dijeron que no podría trabajar por un mes.   2. Dijo que yo debería obtener la información.   3. Dijo que nosotros no recibiríamos el 80% de la jubilación.   4. Dije que me encargaría de verificar la historia clínica.
5. Nosotras dijimos (Uds. dijeron) que no podríamos jubilarnos (no podrían jubilarse) todavía.

C. 1. a mi madre   2. a las diez y media   3. a hablar   4. empezó a trabajar / de la mañana   5. llega Ud. a   6. de la familia   7. El esposo (marido) de Rosa / de   8. de   9. en   10. en

Lección 16

A. 1. Queremos que él pague la prima básica.   2. Necesita que le hagan una transfusión de sangre.   3. El médico le aconseja que no trabaje después de la operación.   4. Yo le sugiero que ingrese en el hospital del condado.
5. Prefieren que siga trabajando después de los sesenta y cinco años.

6. Yo les aconsejo que vayan al médico y reciban tratamiento.   7. No quiero que me hables de todas las complicaciones.   8. Yo le sugiero que Ud. le diga que el seguro incluye el costo de un cuarto semiprivado.
9. Deseamos que ellos puedan recibir beneficios por incapacidad.
10. Necesito que Uds. me den la información.

B.   1. Ésa es una operación peligrosísima.   2. El tumor es grandísimo.
3. Hoy estoy disgustadísima.   4. Mi familia es pobrísima.   5. El niño está palidísimo.

Lección 17

A.   1. Temo que ellos necesiten anteojos.   2.   Espero que te hagan una radiografía.   3. Sentimos que no paguen los servicios de quehaceres del hogar directamente.   4. Ojalá que Ud. no tenga problemas con la espalda.
5. Siento que los primeros sesenta dólares sean deducibles.

B.   1. Es probable que el seguro médico pague esos servicios y esos accesorios.
2. Es imposible que pueda entregarle la lista de los artículos ahora.
3. Es posible que necesitemos servicios de terapia física independiente.
4. No es seguro que hagan los exámenes de rutina aquí.   5. Es mejor que Uds. se hagan miembros de una HMO.

C.   1. solamente   2. directamente   3. desgraciadamente   4. simplemente
5. Últimamente

Lección 18

1. No creo que el uso del condón ayude a controlar las enfermedades venéreas.
2. Aquí no hay nadie que pueda examinarla.   3. No es cierto que nosotros seamos alcohólicos.   4. No pienso que puedan despedir a mi hija.
5. No conozco a nadie que se emborrache todos los días.   6. ¿Hay alguna muchacha que tome la píldora?   7. Aquí no hay nadie que use drogas.
8. Busco a alguien que pueda hablar con la supervisora.   9. Buscamos a alguien que quiera aconsejarla.   10. Necesitamos ponernos en contacto con algunas organizaciones que ayuden a los alcohólicos.

Lección 19

A.   1. se despierte   2. empiece   3. llego   4. voy   5. sean   6. llegue

B.   1. Temo que él no haya traído el detergente.   2. No creo que ellos se hayan envenenado.   3. No es verdad que el niño se haya asfixiado.
4. Esperan que hayamos traído la lejía y los insecticidas.   5. Es posible que no se hayan asustado mucho.   6. No es cierto que no haya tenido tiempo.
7. Siento que la enfermera visitadora se haya enojado.   8. Ojalá que no te hayas quemado.

Lección 20

A. 1. Temía que no pudiera recibir el ingreso suplementario. 2. Querían que nosotros tomáramos la decisión hoy. 3. Necesitaba que trajeras la póliza de seguro de vida. 4. No creía que él tuviera tantos bonos y acciones. 5. Sugirió que pagaran sus deudas.

B. 1. No, pero si tuvieran más dinero, comprarían una casa rodante. 2. No, pero si no estuviera enfermo(a), podría trabajar más. 3. No, pero si pudiera, pagaría mis deudas. 4. No, pero si fuera de mucho valor, afectaría su elegibilidad para recibir ingreso suplementario. 5. No, pero si tuviera más tiempo, querría hablar con el supervisor.

Appendix F

Answer Key to the *Crucigramas*

Lecciones 1–5

Horizontal: 4. estampillas 5. nacimiento 8. norteamericana 10. padre 11. despacio 14. que 15. ciego 18. Cuántos 19. alquiler 20. dinero 21. semana 23. estado 27. extranjera 28. trabajador 29. nada 30. final
Vertical: 1. soltero 2. visa 3. Bienestar 6. importa 7. segura 9. inmigración 10. próxima 12. electricidad 13. certificado 16. centavos 17. postal 22. entrevista 23. edad 24. ayudar 25. ciudadanía 26. aseguranza

Lecciones 6–10

Horizontal: 2. menor 4. proyecto 5. solamente 6. medicina 7. gasolina 9. poco 11. banco 15. nadie 17. escuela 18. salud 19. contestar 20. médico 21. utilizar 23. consejera 24. agradecer 25. participar 26. bilingüe
Vertical: 1. horario 3. entrevistar 5. salario 8. alcanzar 10. supervisora 12. después 13. guardería 14. entrenamiento 16. pequeño 22. trámites

Lecciones 11–15

Horizontal: 3. arreglar 5. puerta 7. anciana 9. confidencial 11. bañadera 12. Protectora 14. caminar 15. andador 16. calentador 17. suceder 20. silla 21. visitadora
Vertical: 1. pelota 2. disgustado 4. vecina 6. quizás 8. morado 10. parientes 13. examinar 14. conducimos 18. chicos 19. peligroso

Lecciones 16–20

Horizontal: 3. vista 4. anual 6. lista 8. cocina 10. botiquín 11. poseo 14. hospitalizado 17. telefónica 20. adolescente 21. guardar 22. drogas 23. prohibían 27. trimestre 28. piscina 29. paralítico 30. asfixiar 31. Anónimos 32. envenenarse 33. agarrar 34. capítulo 37. revista 38. recién 39. audífono
Vertical: 1. limitado 2. evito 5. lentes 6. lejías 7. embarazo 8. cuna 9. cubiertos 11. pastilla 12. sacerdote 13. borracho 15. almohadas 16. rodante 18. quemadura 19. venéreas 24. hasta 25. insecticida 26. relacionado 35. agua 36. ingresar

Spanish–English Vocabulary

The Spanish–English and English–Spanish vocabularies contain all active and passive vocabulary that appears in the manual. Active vocabulary includes words and expressions appearing in the **Vocabulario** lists. These items are followed by a number indicating the lesson in which each word is introduced in the dialogues. Passive vocabulary consists of words and expressions included in the **Vocabulario adicional** lists and those that are given an English gloss in readings, exercises, activities, and authentic documents.

The following abbreviations are used in the vocabularies.

adj.	adjective	*L.A.*	Latin America
adj.	adverb	*m.*	masculine noun
col.	colloquial	*Méx.*	Mexico
f.	feminine noun	*pl.*	plural noun
form.	formal	*sing.*	singular noun
inf.	infinitive		

A

a   to, at, 3
— **casa**   at home, 19
— **la derecha**   to the right, 2
— **la izquierda**   to the left, 3
— **la semana**   weekly, per (a) week, 4
— **(la) medianoche**   at midnight
— **largo plazo**   long term, 5
— **lo mejor**   perhaps, maybe, 14
— **menudo**   often
— **nadie le importa**   it's nobody's business, 18
— **partir de**   at the beginning of, starting with, as of, 15
— **plazos**   in installments
— **su alcance**   within reach, 19
— **veces**   sometimes, 7
— **ver**   let's see, 2
abierto(a)   open, 13
abogado(a) (*m., f.*)   lawyer, 9
aborto (*m.*)   abortion
abrigo (*m.*)   coat
abrir   to open, 12
abuelo(a) (*m., f.*)   grandfather; grandmother
abuso sexual (*m.*)   sexual abuse
acabar de (+ *inf.*)   to have just (done something), 13
accesorio (*m.*)   accessory, 17
accidente (*m.*)   accident, 18
acción (*f.*)   stock, share, 20
aceptar   to accept, 12
acerca de   about, 15
aconsejar   to advise, 16
acostar (o:ue)   to put to bed, 19
actual   present, 6
acuerdo (*m.*)   agreement

acusar   to accuse
además (de)   besides, in addition to, 11
adicional   additional
adiós   good-bye, P
administrador(a) (*m., f.*)   administrator, 3
adolescente (*m., f.*)   teenager, 18
¿adónde?   where (to)?, 3
adulto(a) (*m., f.*)   adult, 3
afectar   to affect, 20
afirmativo(a)   affirmative
agarrar   to take, 19
agencia (*f.*)   agency, 15
agente de policía   (*m., f.*) police officer
agradecer   to thank, 10
agua (*f. but* **el agua**)   water, 12
— **oxigenada**   hydrogen peroxide, 19
ahora   at present, now, 2
— **mismo**   right now, 5
— **no**   not now, not at the present time, 2
ahorita (*Méx.*)   at present, now, 2; right away, 4
ahorros (*m. pl.*)   savings
aire acondicionado (*m.*)   air conditioning
al (a + el)   to the; at the, 3
— **año**   yearly, 17
— **contado**   cash, not on installments
— **cumplir... años**   on becoming (turning)... (years old), 15
— **día**   a (per) day, 6; daily
— **día siguiente**   the next (following) day, 11
— **dorso**   over; on the back

— final at the end, 13

— mediodía at midday (noon)

— mes monthly, 7

— pie de la página at the bottom of the page, 11

— rato a while later, 4

alberca (*f.*) (*Méx.*) swimming pool, 19

alcanzar to be enough, 6

alcohol (*m.*) alcohol, 19

alcohólico(a) alcoholic, 13

Alcohólicos Anónimos Alcoholics Anonymous, 18

alegrarse (de) to be glad

alfombra (*f.*) rug

algo something

¿**— más?** anything else?, P

alguien somebody, someone, anybody, anyone, 6

algún(una) any, some, 2

— alguna vez ever, 11

alimentar to feed

alimento (*m.*) food, 1

almohada (*f.*) pillow, 19

almuerzo (*m.*) lunch, 7

alojamiento y las comidas (*m.*) room and board

alquiler (*m.*) rent, 1

allí there, 7

almacenaje (*m.*) storage

ama de casa (*f. but* **el ama**) housewife

amamantar to nurse, 4

amarillo(a) yellow, 18

ambulancia (*f.*) ambulance

americano(a) American, 1

amigo(a) (*m., f.*) friend

análisis (*m.*) test, 17

anciano(a) (*m., f.*) elderly man, elderly woman, 14

andador (*m.*) walker, 14

andar to go around, to walk, 13

anoche last night, 10

anotar to write down, 14

anteojos (*m. pl.*) eyeglasses, 17

anterior previous, 9

antes (*adv.*) before, 3

— de (*prep.*) before, 9

antibacteriano(a) antibacterial, 19

antibiótico (*m.*) antibiotic

antidepresivo (*m.*) antidepressant, 13

antihistamínico (*m.*) antihistamine, 19

anual yearly, 17

anualidad (*f.*) annuity, 20

año (*m.*) year, 3

aparato eléctrico (*m.*) electrical (household) appliance, 19

aparecer to appear, 18

apartado postal (*m.*) post office box

apartamento (*m.*) apartment, 1

apellido (*m.*) last name, surname, P

— de soltera maiden name, 1

aplicar to apply, 19

aprender to learn, 9

aprobación (*f.*) approval

aquéllos(as) (*m., f.*) those

aquí here, 2

— está here it is, 4

— tiene here is, 4

arreglar to fix, 14

arreglo (*m.*) arrangement, 10

arrepentirse (e:ie) to regret, to feel sorry, 18

arrestar to arrest

artículo (*m.*) article, 17

artritis (*f.*) arthritis, 14

aseguranza (*f.*) (*Méx.*) insurance, 5

— de salud (*Méx.*) health insurance, 8

asfixiar to suffocate, 19

así like that, that way, so, 20

— que so, 8

no es — it is not that way, 15

asilo de ancianos (*m.*) home for the elderly, 14

asistencia social (*f.*) social services, 7

asistir a to attend, 7

asma (*f. but* **el asma**) asthma

ataque al corazón (*m.*) heart attack

atender (e:ie) to take care of, to wait on, 6

atrasado(a) back

atravesar (e:ie) to go through, 5

audiencia (*f.*) (court) hearing, 12

audífono (*m.*) hearing aid, 17

ausente absent

auto(móvil) (*m.*) car, 5

autoridad (*f.*) authority, 12

autorizar to authorize, 15

auxiliar de enfermera (*m., f.*) nurse's aide, 9

avenida (*f.*) avenue, 1

averiguar to find out, 13

avisar to advise, to warn, to let (someone) know, 8

¡ay, Dios mío! oh, God!, oh, my goodness!, 18

ayer yesterday, 10

ayuda (f.) help, aid, 1
 — a familias con niños Aid to Families with Dependent Children (AFDC)
 — en dinero financial assistance, 1

ayudar to help, 12

azul blue

B

babero (m.) (baby's) bib

(de)bajos ingresos low-income

bancarrota (f.) bankruptcy

banco (m.) bank, 7

bañadera (f.) bathtub, 14

bañera (f.) (Puerto Rico) bathtub, 14

baño (m.) bathroom

barato(a) inexpensive, cheap

barrio (m.) neighborhood, 7

básico(a) basic, 16

bastón (m.) cane, 14

bebé (m., f.) baby, 4

beber to drink, 18

bebida (f.) beverage, drink, 13

bebito (m.) baby, 13

beca (f.) scholarship, 10

beneficio (m.) benefit, 15

biberón (m.) baby bottle

bien well
 —, gracias. ¿Y usted? Fine, thank you. And you?, P
 (No) Muy bien. (Not) Very well, P

bienes raíces, bienes inmuebles (m. pl.) real estate

bilingüe bilingual, 10

blusa (f.) blouse

bobo (m.) (Puerto Rico) pacifier

boca (f.) mouth
 — abajo face down, 19
 — arriba face up, 19

bofetada (f.) slap

bono (m.) bond, 20

botánica (f.) store that sells herbal medicine

botica (f.) pharmacy, drugstore

botiquín de primeros auxilios (m.) first-aid kit, 19

brazo (m.) arm, 12

breve brief, short

bronquitis (f.) bronchitis

bueno okay, fine, good, 1
 buenas noches good evening, good night, P
 buenas tardes good afternoon, P
 buenos días good morning, good day, P

bufanda (f.) scarf

buscar to look for, 18

C

cabello (m.) hair

cabeza (f.) head, 12
 — de familia (m., f.) head of household

cadera (f.) hip

caerse to fall down, 12

calcetines (m. pl.) socks

cálculos (m. pl.) stones
 — en la vejiga bladder stones
 — en la vesícula gallstones

calefacción (f.) heat

calentador (m.) heater, 14

calentón (m.) (Méx.) heater, 14

calentura (f.) fever

caliente hot, 19

calificar to qualify, 6

calmante (m.) pain killer, sedative, 13

calmarse to relax, to calm down

calle (f.) street, P

cama (f.) bed, 16

cambiar to change, 17
 — de trabajo to change jobs
 — un cheque to cash a check

cambio (m.) change, 6

caminar to walk, 14

camioncito (m.) small truck, 11

camisa (f.) shirt

camiseta (f.) T-shirt

campo (m.) field, country, 3

cáncer (m.) cancer

cansado(a) tired, 13

cantidad (f.) amount, 20; quantity
 — fija fixed amount

capacitación (f.) training, 5

capacitado(a) able, 5

capa de agua (*f.*)   raincoat
capítulo (*m.*)   chapter, 18
cara (*f.*)   face, 13
cárcel (*f.*)   jail, 18
cardenal (*m.*)   bruise, 12
cardiograma (*m.*)   cardiogram
carga (*f.*)   burden
cargo (*m.*)   position
caro(a)   expensive
carro (*m.*)   car, 5
carta (*f.*)   letter, 6
casa (*f.*)   house, 2
   — de Primeros Auxilios
    House of First Aid
   — de Socorro   House of Help
   — para ancianos   home for
    the elderly, 14
   — rodante   mobile home, 20
casado(a)   married, P
casarse (con)   to marry, to get
   married (to), 9
casi   almost, 18
caso (*m.*)   case, 3
castigar   to punish, 13
cataratas (*f. pl.*)   cataracts
catarro (*m.*)   cold
católico(a)   Catholic
centavo (*m.*)   cent, 3
centro (*m.*)   downtown area, 11
   — de cuidado de niños
    (*Puerto Rico*)   nursery
    school, 10
cerca (de)   near, 19
certificado (*m.*)   certificate, 4
   — de bautismo   baptismal
    certificate
   — de defunción   death
    certificate
   — de depósito   certificate of
    deposit (CD), 20
   — de matrimonio   marriage
    certificate
   — de nacimiento   birth
    certificate, 4
cerveza (*f.*)   beer, 13
cesantear   to fire (*from a job*), 18
chamarra (*f.*) (*Méx.*) jacket
chaqueta (*f.*) jacket
chavo (*m.*) (*Puerto Rico*) cent, 3
cheque (*m.*) check, 15
chequear   to check, 12
chequera (*f.*) (*Cuba y Puerto Rico*)
   checkbook

chicos (*m.*) children, 14
chichón (*m.*) bump (on the
   head), 12
chupete (*m.*) pacifier
chupón (*m.*) (*Méx.*) pacifier
cicatriz (*f.*) scar, 12
ciego(a)   blind, 3
cien(to) por ciento   one hundred
   percent, 15
cierto(a)   certain, 12
cinta adhesiva (*f.*)   adhesive
   tape, 19
cinto (*m.*)   belt, 13
cinturón (*m.*)   belt, 13
cirujano(a) (*m., f.*)   surgeon
cita (*f.*)   appointment, 10
ciudad (*f.*)   city, 7
ciudadanía (*f.*)   citizenship, 5
ciudadano(a) (*m., f.*)   citizen, 4
clase (*f.*)   class, 10
cliente(a) (*m., f.*)   client, 18
clínica (*f.*)   clinic; hospital
cobrar   to charge, 9; to get
   paid, 13
   — un cheque   to cash a check
cocina (*f.*)   kitchen, 12; stove, 19
cocinar   to cook, 14
cocinero(a) (*m., f.*)   cook
coche (*m.*)   car, 5
cochecito (*m.*)   baby carriage
código postal (*m.*) (*Méx.*)   zip code,
   postal code, 1
coger   to take, 19
cognado (*m.*)   cognate
cojo(a)   one-legged; lame
cólico (*m.*)   colic
colitis (*f.*)   colitis
combustible (*m.*) fuel
comedor (*m.*)   dining room
comenzar (e:ie)   to begin, 5
comer   to eat, 8
cometer   to commit; to perpetrate
comida (*f.*)   food, 1; meal, 17
comidita de bebé (*f.*)   baby food
comisión (*f.*)   commission, 20
como   like, as, 9; since
¿cómo?   how?, 12
   ¿— está Ud.?   how are you?, P
   — no   sure, of course, 6
   ¿— se escribe...? how do you
    spell . . . ?
cómoda (*f.*)   chest of drawers
compasión (*f.*)   compassion

compañero(a) (*m., f.*) companion, pal, buddy

compensación obrera (*f.*) worker's compensation, 20

completar to complete, 8

completo(a) complete, 4

complicación (*f.*) complication, 16

comportarse to behave

comprar to buy, 16

comprobante (*m.*) receipt

con with, 1

— **frecuencia** frequently

¿— **qué frecuencia?** how frequently?, how often?

conceder un crédito to extend credit

concubinato (*m.*) common-law marriage

condado (*m.*) county, 5

condón (*m.*) condom, 18

conducir to drive, 14

confidencial confidential, 12

conmigo with me, 6

conocer to know, to be acquainted with (*a person, a place*), 7

consecutivo(a) consecutive, 16

conseguir (e:i) to get, 7

consejero(a) (*m., f.*) counselor

— **familiar** family counselor, 9

consejo (*m.*) advice, 19

consentimiento (*m.*) consent

consistir (en) to consist (of), 9

consultar to consult, 13

contacto (*m.*) contact, 18

contagiar to infect, 18

contagioso(a) contagious

contar (o:ue) to count, 8

contestación (*f.*) answer

contestar to answer, 8

continuar to continue, 8

contribuyente (*m., f.*) taxpayer

convalesciente (*m., f.*) convalescent, 14

convencer to convince, 18

conveniencia (*f.*) convenience, 17

conversar to talk

conversación (*f.*) conversation

convertirse (e:ie) to change into, to become

cooperar to cooperate, 18

copia (*f.*) copy, 4

— **fotostática** photocopy, 4

corazón (*m.*) heart

correcto(a) correct, 3

correr to run, 13

cortada (*f.*) (*Méx., Cuba*) cut, 19

cortadura (*f.*) cut, 19

cosa (*f.*) affair, thing, 13

cosméticos (*m. pl.*) cosmetics, 20

costar (o:ue) to cost, 6

costo (*m.*) cost, 16

creer to think, to believe, 2

— **que no** to not think so

— **que sí** to think so, 2

crema (*f.*) cream, 19

crianza (*f.*) raising, upbringing

criarse to be raised, 12

crimen (*m.*) crime

crisis (*f.*) crisis

crup (*m.*) croup

cruz (*f.*) cross; X

— **Roja** Red Cross

cuadrado (*m.*) box; square

cuadro (*m.*) box; square

¿**cuál?** which?, what?, 3

cualquier(a) any, 16

cuando when, 13

¿**cuándo?** when?, 2

cuanto antes as soon as possible, 9

¿**cuánto(a)?** how much?, 2

— ¿**paga de alquiler?** how much do you pay in rent?, 2

— ¿**tiempo?** how long?, 6

— ¿**tiempo hace que... ?** how long have. . . ?, 11

— ¿**tiempo hacía que... ?** how long had. . . ?, 15

— ¿**cuántos(as)?** how many?, 2

— ¿**años tiene Ud.?** how old are you?, 4

cuarto (*m.*) bedroom, 13; room; quarter

— **de hora** a quarter of an hour

cubierto(a) covered, 16

cubrir to cover, 11

cucaracha (*f.*) cockroach, 14

cuello (*m.*) neck

cuenta (*f.*) bill, 2; account

— **corriente** checking account, 7

— **de ahorros** savings account, 7

— **de cheques** checking account, 7

cuestionario (*m.*) questionnaire

cuidado (*m.*) care, 7

cuidar to take care of, 7

cultural cultural

cuna (*f.*) crib, 19

cuñado(a) (*m., f.*) brother-in-law, sister-in-law

cupón (*m.*) coupon

   cupones para comida (*m.*) food stamps, 1

cura (*m.*) (Catholic) priest, 18

curandero(a) (*m., f.*) natural healer

curita (*f.*) band-aid, 19

curso (*m.*) course, class, 5

custodia (*f.*) custody

D

dar to give, 3

   — **a luz** to give birth, 3

   — **de alta** to discharge (*from the hospital*)

   — **de comer** to feed; to nurse, 4

   — **golpes** to hit, to strike

   — **el pecho** to feed; to nurse, 4

darle vergüenza a uno to be embarrassed, 18

datos (*m. pl.*) information, data, 9

de of, 3

   — **acuerdo con** according to, 6

   — **al lado** next door, 14

   — **la mano** by the hand, 12

   — **la mañana (tarde, noche)** in the morning (afternoon, evening)

   — **lado** on (one's) side, 19

   — **modo que** so that, 11

   — **nada** you're welcome, P

   — **nuevo** again, 16

   — **rutina** routinely, 17

   — **todos modos** anyway, 5

   ¿— **veras?** really?, 19

deber to owe, 2

   — (+ *inf.*) should (do something), must (do something), 2

decidir to decide, 12

decir (e:i) to tell, to say, 7

dedo (*m.*) finger

   — **del pie** toe

deducciones permitidas (*f. pl.*) allowable deductions

deducible deductible, 17

defecto físico (*m.*) disability

deformar to deform, 19

dejar to leave (behind), 8; to let, to allow, 14

   — **de** (+ *inf.*) to stop (doing something), 11

delgado(a) thin, 12

delincuente juvenil (*m.*) juvenile delinquent

delito (*m.*) crime, transgression of law, 13; misdemeanor; felony

demanda (*f.*) lawsuit

demandar to sue

demás: los (las) — (*m., f.*) (the) others, 8

demorar to take (time), 6

denegado(a) denied

dentadura postiza (*f.*) denture, 17

dental dental, 17

dentro de in, within, 4

denuncia (*f.*) accusation, report (*of a crime*), 12

denunciar to report (*a crime*), to accuse, 12

departamento (*m.*) department

   — **de Bienestar Social** Social Welfare Department, 1

   — **de Protección de Niños** Children's Protection Department, 12

   — **de Sanidad** Health Department, 18

depender to depend, 6

dependiente (*m., f.*) dependent

depósito de seguridad (*m.*) security deposit

depresión nerviosa (*f.*) nervous depression, 13

derecha (*f.*) right (*direction*)

derecho (*m.*) (legal) right, 4

   — **a visitar** visitation rights

derrame cerebral (*m.*) stroke

desalojado(a) homeless, 2

desalojar to vacate, 2

desalojo (*m.*) eviction

descansar to rest

descomponerse to break, 14

descompuesto(a) out of order, broken down, 14

descontar (o:ue) to deduct, 20

descuidar to neglect

desde since, from, 3

desear to wish, to want, 1

desgraciadamente unfortunately, 9

desocupado(a) jobless

desocupar to vacate, 2

despacio slowly, 1

despedida (*f.*) farewell

despedir (e:i) to fire (*from a job*), 18

despertar (e:ie) to wake (someone) up, 19

despertarse (e:ie) to wake up, 19

después (de) after, afterward, 8

desquitar(se) to get even with

detener to stop, 18; to arrest

detergente (*m.*) detergent, 19

deuda (*f.*) debt, 20

día (*m.*) day

— **de fiesta** holiday, 5

— **feriado** holiday, 5

diabetes (*f.*) diabetes

diagnóstico (*m.*) diagnosis, 16

diario(a) daily; per day

diarrea (*f.*) diarrhea

diente (*m.*) tooth

diferente different, 18

difícil difficult, 15

dificultad (*f.*) difficulty, 14

— **del habla** speech impediment

dinero (*m.*) money, 1

Dios quiera I hope (God grant), 17

diploma (*m.*) diploma

dirección (*f.*) address, P

directamente directly, 10

director(a) (*m., f.*) **(de la escuela)** principal (at a school)

directorio telefónico (*m.*) telephone book, 18

disciplina (*f.*) discipline, 13

disciplinar to discipline, 12

discriminación (*f.*) discrimination

discutir to discuss

disgustado(a) upset, 14

disponible available, 6

dividendo (*m.*) dividend, 20

divorciado(a) divorced, P

divorciarse to divorce, 9

documento (*m.*) document, 5

dólar (*m.*) dollar, 2

doler (o:ue) to hurt, to ache, 8

dolor (*m.*) pain, ache, 8

domicilio (*m.*) address, P

¿dónde? where?, 2

dormido(a) asleep, 19

dormir (o:ue) to sleep, 19

dormitorio (*m.*) bedroom, 13

droga (*f.*) drug, 18

drogadicto(a) (*m., f.*) drug addict, 18

droguero(a) (*m., f.*) person who uses or sells illicit drugs

dudar to doubt, 18

dueño(a) de la casa (*m., f.*) landlord, landlady, 14

durante during, 15

durar to last, 8

duro(a) hard, 7; difficult

E

económico(a) financial, 2

edad (*f.*) age, 3

el (la) que the one who, 13

electricidad (*f.*) electricity, 2

electrodoméstico (*m.*) electrical (household) appliance, 19

elegibilidad (*f.*) eligibility, 20

elegible eligible, 3

elegir (e:i) to choose

embarazada pregnant, 3

embarazo (*m.*) pregnancy, 18

embolia (*f.*) blood clot, stroke

emborracharse to get drunk, 18

emergencia (*f.*) emergency, 20

empezar (e:ie) to begin, 5

empleado(a) (*m., f.*) employee, clerk, 4

empleador (*m.*) employer

empleo (*m.*) job, 7

en at, in, 1

— **casa** at home, 8

— **caso de** in case of, 19

— **cuanto** as soon as, 19

— **efectivo** in cash, 8

— **ese caso** in that case, 4

— **estas situaciones** in these situations

— **este momento** at the moment, 8

¿— qué puedo ayudarle? what can I do for you?, 5

¿— qué puedo servirle? how may I help you?, 5

— **seguida** right away, 4

— **uso** in use, 19

encargarse (de) to be in charge (of), 15

encontrar (o:ue) to find, 19

enchufe (*m.*) electrical outlet, socket, 19

enfermarse to get sick, to fall ill, 17

enfermedad (*f.*) sickness, 10

enfermero(a) (*m., f.*) nurse

— **visitador(a)** (*m., f.*) visiting nurse, 19

enfermo(a) sick, ill, 3
enganche (*m.*) (*Méx.*) down payment
enojado(a) angry, 13
enterarse to find out about
entonces then, P
entrada (*f.*) income, 7; entrance; down payment
  — **bruta** gross earnings
  — **neta** net income
entrar (en) to go in; to enter
entre between, among, 15
entregar to deliver, 17
entrenamiento (*m.*) training, 5
entrevista (*f.*) interview, 5
entrevistar to interview, 6
envenenar(se) to poison (oneself), 19
enviar to send, 3
epidemia (*f.*) epidemic
equipo electrodoméstico (*m.*) electrical (household) appliance, 19
equis (*f.*) cross; X
es cierto that's right, it's true, 5
es decir… that is to say . . .
escalera (*f.*) stairs, 12
escoger to choose
escribir to write, 3
  — **a máquina** to type
escritorio (*m.*) desk
escuela (*f.*) school, 5
  — **nocturna** night school, 10
  — **secundaria** secondary school (junior and high school), 9
escusado (*m.*) (*Méx.*) bathroom
ese(a) that, 5
esencial essential
eso that, 4
  — **es todo** that's all, P
espacio en blanco (*m.*) blank space
espalda (*f.*) back, 15
español (*m.*) Spanish (language), 5
esparadrapo (*m.*) adhesive tape, 19
especialista (*m., f.*) specialist
especificar to specify
espejuelos (*m.*) (*Cuba*) eyeglasses, 17
esperar to wait, 1; to hope, 17
esposo(a) (*m., f.*) husband, 12; wife, 12
está bien okay, that's fine, 4
estado (*m.*) state, 3; status
  — **civil** marital status, 1

estampilla para alimento (*f.*) food stamp, 1
estante (*m.*) bookcase
estar to be, 3
  — **de acuerdo** to agree, 6
  — **en libertad bajo fianza** to be free on bail
  — **en libertad condicional** to be on probation
  — **equivocado(a)** to be wrong, 12
  — **preso(a)** to be in jail
  — **sin trabajo** to be unemployed (out of work), 7
estatal (*adj.*) state, 15
este(a) this, 3
éste(a) (*m., f.*) this one, 8
estimado (*m.*) estimate, 5
estómago (*m.*) stomach
estuche de primeros auxilios (*m.*) first-aid kit, 19
estudiar to study, 13
estufa (*f.*) heater, 19
evitar to avoid, 18
ex ex; former, 2
examen (*m.*) examination, 17
  — **de la vista** eye examination, 17
  — **del oído** hearing test, 17
examinar to examine, 12
excusado (*m.*) (*Méx.*) bathroom
exento(a) exempt
explicar to explain, 9
expresión (*f.*) expression
extra extra, 7
extranjero(a) (*m., f.*) foreigner, 1; (*adj.*) foreign, 1
extraño(a) strange, unknown, 12

F

fábrica (*f.*) factory
factoría (*f.*) factory
falda (*f.*) skirt
faltar a clase to miss class, 10
fallecido(a) deceased
familia (*f.*) family, 5
farmacia (*f.*) pharmacy, drugstore
fe de bautismo (*f.*) baptism certificate
fecha (*f.*) date, 3
  — **de hoy** today's date, 3
federal federal, 9
fianza (*f.*) bail

fiebre (*f.*)   fever
fijo(a)   fixed
fin de semana (*m.*)   weekend, 13
finanzas (*f. pl.*)   finances
firma (*f.*)   signature
firmar   to sign, 2
fogón (*m.*)   stove, 19
folleto (*m.*)   brochure, 11
fondo mutuo (*m.*)   mutual fund, 20
forma (*f.*)   form, 1; way, 12
fórmula (*f.*)   formula
forzar (o:ue)   to force, 19
fósforo (*m.*)   match, 19
fotocopia (*f.*)   photocopy, 4
fotografía (*f.*)   photograph, 5
fractura (*f.*)   fracture
frecuencia: ¿con qué —?   how frequently?
frecuentemente   frequently
frustrado(a)   frustrated
fuente de ingreso (*f.*)   source of income

G

gafas (*f. pl.*)   eyeglasses, 17
galleta (*f.*) (*Cuba y Puerto Rico*)   slap
ganancia (*f.*)   gain; earning, profit
ganar   to earn, 7; to gain, 13
garaje (*m.*)   garage
garganta (*f.*)   throat
garrotillo (*m.*)   croup
gas (*m.*)   gas, 2
gasa (*f.*)   gauze, 19
gasolina (*f.*)   gasoline, 6
gastar   to spend (*money*), 6
gasto (*m.*)   expense, 3
  — de la casa   household expense, 3
  — de transportación   transportation expense
  — funerario   funeral expense
gatear   to crawl, 19
generalmente   generally, 6
gente (*f.*)   people, 12
golpear   to hit, to strike
gonorrea (*f.*)   gonorrhea, 18
gorro (*m.*)   hat, 19
gracias   thank you
  muchas —   thank you very much, P
grado (*m.*)   grade, 10
grande   big, large, 7

gratis (*adv.*)   free (of charge), without cost
gratuito(a) (*adv.*)   free (of charge)
grave   serious, 18
gripa (*f.*) (*Méx.*)   flu
gripe (*f.*)   flu
guantes (*m. pl.*)   gloves
guardar   to keep, 20; to save, 20
guardería (*f.*)   nursery school, 10
guía telefónica (*f.*)   telephone book, 18
gustar   to be pleasing to, to like, 8

H

haber   to have (*auxiliary verb*)
  — trabajado   to have worked, 15
había   there was, there were, 14
habitación (*f.*)   bedroom, 13
hablar   to speak, to talk, 1
hace un mes   a month ago, 14
hacer   to do, 5; to make
  — falta   to need, 8
  — la comida   to cook (prepare) dinner, 14
  — saber   to advise, to warn, to let (someone) know, 8
  — una declaración falsa   to make a false statement
hacerse   to become, 17
hacia abajo   down, downward
hasta   until
  — hace poco   until recently, 18
  — luego   see you later
  — mañana   see you tomorrow, P
  — que   until
hay   there is, there are, 3
  no — de qué   you're welcome, P
hebreo(a)   Jewish
helado(a)   ice, iced
hepatitis (*f.*)   hepatitis
herencia (*f.*)   inheritance, 20
herida (*f.*)   wound, 19
hermanastro(a) (*m., f.*)   stepbrother; stepsister
hermano(a) (*m., f.*)   brother, 11; sister, 3
herpe(s) (*m.*)   herpes, 18
hielo (*m.*)   ice, 19
hígado (*m.*)   liver
hijo(a) (*m., f.*)   son, 2; daughter, 3

— de crianza (*m., f.*) foster
  child
hijos (*m. pl.*) children, 7
hinchazón (*f.*) bump, swelling
hipertensión (*f.*) hypertension,
  high blood pressure
hipoteca (*f.*) mortgage, 5
historia clínica (*f.*) medical
  history, 15
hogar (*m.*) home
  — de crianza foster home
  — sustituto foster home
hoja (*f.*) sheet (*of paper*)
hola hello
hombre (*m.*) man, 3
hombro (*m.*) shoulder, 8
honorario de corredor (*m.*)
  broker's fee
hora (*f.*) hour, 4
horario (*m.*) schedule, 10
horno (*m.*) oven, 19
hospital (*m.*) hospital, 9
hospitalización (*f.*) hospitalization, 16
hospitalizado(a) hospitalized, 16
hotel (*m.*) hotel
hoy today, 4
  — mismo this very day, 4
huelga (*f.*) strike

I

idea (*f.*) idea, 14
identificación (*f.*) identification, 5
idioma (*m.*) language
iglesia (*f.*) church
ilegal illegal
impermeable (*m.*) raincoat
imponer una multa to give a fine
  (ticket)
importar to matter, 5
  a nadie le importa it's nobody's
    business, 18
  no importa it doesn't matter, 5
imposible impossible, 17
impuesto (*m.*) tax
  — sobre la propiedad property
    tax
  — sobre la renta income tax
incapacidad (*f.*) disability, 16
incapacitado(a) incapacitated,
  handicapped, 3
  — para trabajar unable to
    work, 3

incesto (*m.*) incest
incluido(a) including, 11
incluir to include, 16
independiente independent, 17
infectar to infect, 18
influenza (*f.*) flu
información (*f.*) information, 3
  — sobre el caso case
    history, 3
informar to inform, to notify, 16
inglés (*m.*) English (language), 1
ingresar to be admitted, 16
ingreso (*m.*) income, earnings,
  revenue, 20
  de bajos ingresos low-income
inicial (*f.*) initial
iniciar to start, to initiate, 9
inmediatamente immediately
inmigración (*f.*) immigration, 4
inmigrante (*m., f.*) immigrant, 16
  — ilegal, indocumentado(a)
    illegal immigrant
inscripción (*f.*) certificate
  — de bautismo baptism
    certificate
  — de defunción death
    certificate
  — de matrimonio marriage
    certificate
  — de nacimiento (*Cuba*)
    birth certificate, 4
insecticida (*m.*) insecticide, 19
intensivo(a) intensive, 16
interés (*m.*) interest, 20
inválido(a) disabled; crippled
inversión (*f.*) investment, 20
invierno (*m.*) winter
investigar to investigate, 12
inyección antitetánica (*f.*) tetanus
  shot
ipecacuana (*f.*) (syrup of) ipecac,
  19
ir to go, 3
  — a (+ *inf.*) to be going to (do
    something), 5
  — y venir to commute
irritación (*f.*) irritation, 18
irse to go away, 12
izquierda (*f.*) left

J

jabón (*m.*) soap, 19
jarabe (*m.*) syrup

jardín (*m.*)   garden
jardinero(a) (*m., f.*)   gardener, 8
jefe(a) (*m., f.*)   boss, 15; chief
  — de familia   head of
     household
joven   young, 9
jubilación (*f.*)   retirement, 15
jubilado(a)   retired
jubilarse   to retire, 15
judío(a)   Jewish
juez(a) (*m., f.*)   judge, 12
jugar (u:ue)   to play (*a game*)
  — con fuego   to play with fire, 18
juguetón(ona)   mischievous, rest-
     less, 13
juntos(as)   together, 5
justo(a)   fair, 6
juzgado (*m.*)   courthouse, 9

L

la que   the one who, 13
laboratorio (*m.*)   laboratory, 17
lámpara (*f.*)   lamp
lápiz (*m.*)   pencil
lastimarse   to get hurt, to hurt one-
     self, 15
leche (*f.*)   milk
leer   to read, 2
legal   legal, 1
lejía (*f.*)   bleach, 19
lengua (*f.*)   tongue; language
lentes (*m. pl.*)   eyeglasses, 17
  — de contacto   contact
     lenses, 17
lesión (*f.*)   injury, 16
letra de molde (*f.*)   print, printing
ley (*f.*) law
libertad (*f.*)   freedom
  — condicional   probation
  — bajo fianza   out on bail
libreta de ahorros (*f.*)   savings
     passbook
libro (*m.*)   book
  — de texto   textbook
licencia para cuidar niños (*f.*)
     child care license
limitado(a)   limited, 17
limpiar   to clean, 14
limpieza (*f.*)   cleaning, 14
línea (*f.*)   line (*on a paper or form*)
  — de ayuda a los padres   parent
     helpline
líquido (*m.*)   liquid, 19

lista (*f.*)   list, 17
llamar   to call, 12
  — por teléfono   to phone, 10
llamarse   to be named, to be called,
     12
llegar   to arrive, 4
llenar   to fill out, 1
llevar   to take (someone or some-
     thing somewhere), 7
llevarse bien   to get along
     well, 13
llorar   to cry, 12
lo   it
  — más pronto posible   as soon
     as possible, 8
  — mejor   the best (thing), 17
  — primero   the first thing, 18
  — que   what, 11
  — sé   I know, 14
  — siento   I'm sorry, P
  — suficiente   enough, 19
local   local, 18
loción para bebé (*f.*)   baby lotion
los (las) demás (*m., f.*)   the others, 17
luego   then; later
lugar de nacimiento (*m.*)   place of
     birth

M

machismo (*m.*)   male chauvinism
madrastra (*f.*)   stepmother
madre (*f.*)   mother, 2; mom
madurar   to mature, 19
maestro(a) (*m., f.*)   teacher
majadero(a)   mischievous, restless,
     13
mal   badly, 13
maltratar   to abuse, to mistreat, 12
maltrato (*m.*)   abuse, 12
mamá (*f.*)   mother, 8; mom
mamadera (*f.*)   baby bottle
mamila (*f.*) (*Méx.*)   baby bottle
manco(a)   one-handed
mandar   to send, 3
manejar   to drive, 14
  — estando borracho(a)   drunk
     driving, 18
manera (*f.*)   way
mantener (se) (e:ie)   to support
     (oneself), 7
mantequilla (*f.*)   butter, 19
mañana (*f.*)   morning, 5
máquina (*f.*) (*Cuba*)   car, 5

279

maravilloso(a) wonderful
marca (*f.*) mark, 13
marcar to mark; to check off
marido (*m.*) husband, 2
más more, 4
 — de (+ *number* **)** more than
  (+ *number*)
 — o menos more or less, 4
 — ...que more...than
 — que nunca more than ever, 18
 — tarde later, P
matar to kill, 18
matrícula (*f.*) registration
matricularse to register, 10
matrimonio (*m.*) marriage, 9
mayor older, oldest, 6
 — de edad of age
 el (la) — the oldest, 6
mayoría (*f.*) majority, 20
media hora (*f.*) half an hour
medianoche (*f.*) midnight
 a (la) — at midnight
medias (*f. pl.*) stockings
 — de hombre socks
medicina (*f.*) medicine, 7
médico(a) (*m., f.*) doctor, 7; (*adj.*)
  medical, 11
medio(a) half
 — hermano(a) (*m., f.*) half-
  brother, half-sister
mediodía (*m.*) midday, noon
mejor better, 4; best
mejorar to improve, 10
mejorarse to get better, 17
menor younger, youngest, 4
 — de edad minor
 el (la) — the youngest, 4
menos less, fewer, 4
 — de (+ *number* **)** less than
  (+ *number*)
 — mal thank goodness, 15
 —... que less . . . than, 3
mensual monthly, 2
mentir (e:ie) to lie, to tell a lie, 13
mentira (*f.*) lie, 12
mercado (*m.*) market, 14
mes (*m.*) month, 2
mesa (*f.*) table, 19
mesita de noche (*f.*) night table
meterse en la boca to put in one's
  mouth, 19
mi(s) my, 2
miembro (*m.*) member, 17
mientras while, 9

 — tanto in the meantime, 15
minuto (*m.*) minute, 1
mirar to look at, 9
mismo(a) same, 4
 el (la) — que antes the same as
  before, 6
modelo (*m.*) model
molesto(a) annoyed, bothered
momento (*m.*) moment
momentico (*m.*) a short time
momentito (*m.*) a short time
morado (*m.*) bruise, 12
mordida (*f.*) bite
moretón (*m.*) bruise, 12
morir (o:ue) to die, 13
muchacho(a) (*m., f.*) young man,
  young woman, 18
muchas gracias many thanks,
  thanks a lot, P
muchas veces many times, 7
muchísimo(a) very much, 16
mudanza (*f.*) moving (to another
  lodging)
mudarse to move (to another
  lodging), 11
mudo(a) mute
muebles (*m. pl.*) furniture, 19
muela (*f.*) molar; tooth
mujer (*f.*) wife, 2; woman, 5
muy very, P

N

nacer to be born, 15
nacimiento (*m.*) birth
nacionalidad (*f.*) nationality
nada nothing, 5
 — más que just, 8
nadie nobody, anyone, 6
nalga (*f.*) buttock, rump, 12
nalgada (*f.*) spanking
nariz (*f.*) nose
Navidad (*f.*) Christmas, 20
necesario(a) necessary, 16
necesidad (*f.*) need, 9
necesitar to need, 1
negarse (e:ie) to refuse
negativo(a) negative
neto(a) net, 20
ni neither
 — un centavo not a cent, 3
 — ...ni neither . . . nor
nieto(a) (*m., f.*) grandson, granddaughter

ningún (ninguno-a) no, not any, 6
niñera (*f.*) nanny
niño(a) (*m., f.*) child, 2
no no, P
  — **andar bien** to not go well
  — **es así** it is not that way
  — **hay de qué** you're welcome, P
  — **importa** it doesn't matter, 5
  — **importarle a nadie** to be nobody's business, 18
  — **más que** just, 8
noche (*f.*) night, 12; evening
nombre (*m.*) name, P; noun
  — **de pila** first name
norteamericano(a) (North) American, 4
nosotros(as) us, we
nota (*f.*) note
notar to notice, 13
notario(a) público(a) (*m., f.*) (public) notary
notificar to report, to notify, 6
novio(a) (*m., f.*) boyfriend, girlfriend, 18
nuera (*f.*) daughter-in-law
nuestro(a) our
nuevo(a) new, 6
numerado(a) numbered
número (*m.*) number, P
  — **de teléfono** telephone number, P
nunca never, 14

O

o or, P
objeto (*m.*) object, 19
obrero(a) (*m., f.*) worker; laborer
obtener to get, to obtain, 7
ocupado(a) busy
oficina (*f.*) office, 2
oficio (*m.*) trade, 5
oído (*m.*) (inner) ear
oír to hear, 12
ojalá I hope (God grant), 17
ojo (*m.*) eye
olvidarse (de) to forget, 20
opción (*f.*) option, 17
operarse to have surgery, 16
opuesto(a) opposite
orden de detención (*f.*) warrant; order
oreja (*f.*) ear

organización (*f.*) organization, 18
original (*m.*) original, 4
ortopédico(a) orthopedic, 17
otoño (*m.*) autumn, fall
otra vez again, 10
otro(a) other, another, 2
  otra persona (*f.*) someone else, 6
otros (as) (*m., f.*) the others, 8

P

paciencia (*f.*) patience
paciente (*m., f.*) patient
  — **externo(a)** outpatient
  — **interno(a)** inpatient
padrastro (*m.*) stepfather
padre (*m.*) father, dad, 3; (Catholic) priest, 18
padres (*m. pl.*) parents, 18
  — **de crianza** foster parents
pagar to pay, 1
  — **a plazos** to pay in installments
página (*f.*) page, 8
pago (*m.*) payment, 6
  — **inicial** down payment
país (*m.*) country (nation), 3
  — **de origen** country of origin
palabra (*f.*) word
pálido(a) pale, 12
paliza (*f.*) spanking, beating, 13
pantalones (*m. pl.*) pants
pañal (*m.*) diaper
  — **desechable** disposable diaper
pañuelo de papel (*m.*) tissue
papá (*m.*) father, dad, 3
papel (*m.*) paper, 5
paperas (*f. pl.*) mumps
para to, in order to, for, 1
  — **hoy mismo** for today, 11
  ¿— **qué?** for what reason?, what for?, 1
  — **servirle** (I'm) at your service, P
  — **ver si...** to see if . . . , 3
paralítico(a) paralyzed
paramédico(a) (*m., f.*) paramedic
pararse to stand up, 19
pared (*f.*) wall
pareja (*f.*) couple, 20
parentesco (*m.*) relationship (in a family)

pariente (*m., f.*) relative, 14
parir to give birth, 3
parroquial parochial, 10
parte (*f.*) part
participar to take part, to partici-pate, 9
partida (*f.*) certificate
  — **de bautismo** baptism certificate
  — **de defunción** death certificate
  — **de... dólares** increment of . . . dollars, 20
  — **de matrimonio** marriage certificate
  — **de nacimiento** birth certificate, 4
pasado(a) last, 3
pasado mañana the day after tomorrow
pasaporte (*m.*) passport
pasar to come in, P; to happen, 12; to spend (time), 18
pasillo (*m.*) hallway, 13
paso (*m.*) step
  un — más a step further
pastilla (*f.*) pill, 18
pastor(a) (*m., f.*) pastor; person of the clergy
patada (*f.*) kick
patio (*m.*) backyard
patrón(ona) (*m., f.*) boss, 15
patrono (*m.*) (*Cuba*) boss, 15
pecho (*m.*) chest
pediatra (*m., f.*) pediatrician
pedir (e:i) to ask for, to request, 6
  — **ayuda** to apply for aid, 11
  — **un favor** to ask a favor, 8
  pida ver... ask to see . . . , 9
pegar to hit, to strike, 13
peligro (*m.*) danger, 19
peligroso(a) dangerous, 14
pelo (*m.*) hair
pelota (*f.*) ball, 14
pena (*f.*) penalty
penalidad (*f.*) penalty
pensar (e:ie) (+ *inf.*) to plan (to do something), 5
  — **en eso** to think about that, 14
pensión (*f.*) pension, 20
  — **alimenticia** child support, 2; alimony, 20
pensionado(a) retired
peor worse

pequeño(a) small, 7
perder (e:ie) to lose
pérdida (*f.*) loss
perdón pardon me, excuse me, 16
perdonar to pardon, to forgive, 18
perfecto(a) perfect, 11
periódico (*m.*) newspaper, 20
permanente permanent, 5
permiso (*m.*) permission, 15
  — **de detención** warrant; order
  — **de trabajo** work permit, 4
permitido(a) allowable
pero but, 1
persona (*f.*) person, 2
  — **extraña** stranger, 13
personal personal, 17; (*m.*) staff, personnel
pertenencias (*f. pl.*) belongings
pico (*m.*) bit, small amount, 20
pie (*m.*) foot
pierna (*f.*) leg, 12
píldora (*f.*) pill, 18
pinta (*f.*) pint, 16
pintura (*f.*) paint, 19
pinzas (*f. pl.*) tweezers, 19
piscina (*f.*) swimming pool, 19
piso (*m.*) floor
plancha (*f.*) iron, 19
planilla (*f.*) form, 1
plazo (*m.*) term
pneumonía (*f.*) pneumonia
pobre poor, 3
poco (*m.*) little (*quantity*), 3
poco(a) little, 10
pocos(as) few, 16
poder (o:ue) to be able, can, 6
policía (*f.*) police (force), 12; (*m., f.*) police officer, 18
policlínica (*f.*) clinic; hospital
póliza (*f.*) policy, 5
poner to make, 13; to put
  — **violento(a)** to make violent
ponerse to put on, 14
  — **azul** to turn blue
  — **blanco(a)** to turn white
  — **en contacto** to get in touch, 18
  — **pálido(a)** to turn pale
  — **rojo(a)** to turn red
por for
  — **ciento** (*m.*) percent, 15
  — **completo** completely, 8
  — **correo** by mail, 4

— **culpa de** because of, 18
— **desgracia** unfortunately, 9
— **día** daily; per day
— **ejemplo** for example, 20
— **enfermedad** due to illness
— **eso** that's why, for that reason, 3
— **favor** please, P
— **la mañana (tarde)** in the morning (afternoon), 10
— **lo menos** at least, 15
— **mí,** for me, 6
— **la noche** at night
¿— **qué?** why?, 3
— **semana** weekly; per week
— **suerte** luckily, 14
— **un tiempo** for a while, 8
porque because, 3
portal (*m.*) porch
portarse to behave, 13
— **mal** to misbehave, 13
poseer to own, 20
posibilidad (*f.*) possibility, 5
posible possible, 4
posiblemente possibly, 14
posición (*f.*) position, 19
postal postal, 1
practicar to practice
preferir (e:ie) to prefer, 5
pregunta (*f.*) question, 8
preguntar to ask, 8
preocupado(a) worried, 18
preocuparse to worry, 18
preparar to prepare, 7
presentar to present, 15; to file
— **una demanda** to file a lawsuit
presente (*m.*) present
preservativo (*m.*) condom, 18
presión (*f.*) pressure, 19
— **alta** hypertension, high blood pressure
preso(a) (*m., f.*) prisoner
préstamo (*m.*) loan
presupuesto (*m.*) budget
prevenir to prevent, 18
prima (*f.*) premium, 16
primavera (*f.*) spring
primero (*adv.*) first, 1
primero(a) first, 8
primeros auxilios (*m. pl.*) first aid
primo(a) (*m., f.*) cousin
principal main, 8
privado(a) private, 20
probable probable, 17

problema (*m.*) problem, 8
profesión (*f.*) profession, 9
programa (*m.*) program, 7
prohibir to forbid, to prohibit, 18
promedio (*m.*) average, 20
pronto soon, 14
propiedad (*f.*) property, 11; asset, 20
propio(a) own, 5
proporcionar to provide
protestante Protestant
provenir to come from; to originate
provisional provisional, 11
próximo(a) next, 5
proyecto de la ciudad (*m.*) city (housing) project, 7
prueba (*f.*) proof, 5; test, 17
psicólogo(a) (*m., f.*) psychologist
público(a) public, 20
puede ser... it may be . . . , 17
puerta (*f.*) door
pulmón (*m.*) lung
pulmonía (*f.*) pneumonia
puñetazo (*m.*) punch
puño (*m.*) fist, 13
pus (*m.*) pus, 18

Q

que that, 3
¡— **le vaya bien!** good luck!, P
¡— **se mejore!** get well soon!, P
¡**qué bueno!** that's great!
¿**qué?** what?, 1
¿— **edad tiene...?** how old are . . . ?
¿— **hora es?** what time is it?, 1
¿— **necesita?** what do you (does he/she) need?
¿— **pasa?** what happens?
¿— **se le ofrece?** what can I do for you?, 12
¡— **suerte!** how fortunate!, it's a good thing!, what luck!, 18
¿— **tal?** how is it going?, P
¿— **te pasa?** what's the matter with you?, 18
quedar to be located, 3
quedarse to stay, 10
— **con** to keep, 17
— **paralítico(a)** to become paralyzed, to become crippled, 20
— **quieto(a)** to sit (stay) still, 13

quehaceres del hogar (de la casa)
 (*m. pl.*) housework,
 housekeeping, 13
queja (*f.*) complaint
quejarse to complain, 13
quemadura (*f.*) burn, 19
quemar(se) to burn (oneself), 14
querer (e:ie) to want, to wish, 5; to
 love
 — decir to mean, 17
quiebra (*f.*) bankruptcy
quién who, whom?, 2
quiropráctico(a) (*m., f.*) chiropractor, 17
quitar to take away, 12
quizá(s) perhaps, maybe, 14

R

rabí (*m.*) rabbi
rabino (*m.*) rabbi
radiografía (*f.*) X-ray, 17
rasguño (*m.*) scratch, 19
rato (*m.*) while
 — libre free time, 20
ratón (*m.*) mouse, 14
raza (*f.*) race
realizar to do, to carry out
recámara (*f.*) (*Méx.*) bedroom, 13
recepcionista (*m., f.*) receptionist, 1
recertificación (*f.*) recertification
receta (*f.*) prescription
recetado(a) prescribed, 17
recetar to prescribe, 13
recibir to receive, 2
recibo (*m.*) receipt
recién nacido(a) (*m., f.*) newborn
 baby, 19
recipiente (*m., f.*) recipient
reclusorio para menores (*m.*) juvenile hall
reconciliación (*f.*) reconciliation, 5
recordar (o:ue) to remember, 14
recurrir (a) to turn (to)
reembolso (*m.*) refund
reevaluar to reevaluate, 6
reformatorio (*m.*) reformatory
refrigerador (*m.*) refrigerator, 6
regalo (*m.*) gift, present, 20
registracion (*f.*) (*Méx.*) registration, 5
registro (*m.*) registration, 5
reglamento (*m.*) rule, 6
regresar to return, to come back, 4

rehusar to refuse
relacionado(a) related, 17
relaciones sexuales (*f. pl.*) sexual
 relations, 18
renglón (*m.*) line (*on a paper or
 form*)
renta (*f.*) rent, 1
renunciar to waive; to resign
reorientación vocacional (*f.*)
 vocational training
reparación (*f.*) repair
requerido(a) required, 16
resbalar to slip, 14
resfrío (*m.*) cold
residencia (*f.*) residence, 5
residente (*m., f.*) resident, 4
resolver (o:ue) to solve, 18
respirar to breathe
responsable responsible
respuesta (*f.*) answer
resto (*m.*) rest, 15
retirarse to withdraw; to retire, 15
retirado(a) retired
retiro (*m.*) retirement, 15
reumatismo (*m.*) rheumatism
reverso (*m.*) reverse, back (*of a page*)
revisión (*f.*) review, 6
revista (*f.*) magazine, 20
riñón (*m.*) kidney
rodilla (*f.*) knee
rojo(a) red
romper to break, 14
ropa (*f.*) clothes, clothing, 6

S

saber to know (something), 7
sacerdote (*m.*) priest, 18
sala (*f.*) living room
 — de emergencia
 emergency room
 — de estar family room, den
salario (*m.*) salary, 7
saldo (*m.*) balance (*of a bank account*)
salir to leave, to go out, 7
salud (*f.*) health, 8
saludo (*m.*) greeting
sangrar to bleed, 19
sangre (*f.*) blood, 16
sarampión (*m.*) measles
sección (*f.*) section, 11
 — Protectora de Niños
 Children's Protection
 Department, 12

seco(a) dry

sedante (*m.*) sedative, tranquilizer, 13

seguir (e:i) to continue, to follow, 8

segundo(a) second, 2

  segundo nombre (*m.*) middle name

seguro (*m.*) insurance, 5

  — **de hospitalización** hospital insurance, 16

  — **de salud** health insurance, 8

  — **de vida** life insurance, 20

  — **ferroviario** railroad insurance, 16

  — **médico** medical insurance, 7

  — **social** social security, 1

seguro(a) sure, 3; safe, 19

semana (*f.*) week

  la — próxima (entrante) next week, 5

  la — que viene next week, 5

semanalmente weekly, 4

semestre (*m.*) semester, 10

semiprivado(a) semiprivate, 16

seno (*m.*) breast

sentarse (e:ie) to sit down

  siéntese sit down, 12

sentir (e:ie) que to regret that

sentirse (e:ie) to feel, 14

  lo siento I'm sorry, P

señor (Sr.) (*m.*) Mr., sir, gentleman, P

señora (Sra.) (*f.*) Mrs., lady, Ma'am, Madam, P; wife, 12

señorita (Srta.) (*f.*) Miss, young lady, P

separación (*f.*) separation

separado(a) separated, 3

ser to be, P

  — **cierto** to be true, 5

servicio (*m.*) service, 8

  — **gratuito** free service

servir (e:i) to serve

  para servirle at your service, P

sexo (*m.*) sex; gender

sexto(a) sixth, 15

si if, 2

  — **es posible** if possible, 11

sí yes, 1

SIDA (síndrome de inmunodeficiencia adquirida) (*m.*) AIDS, 18

siempre always, 7

sífilis (*f.*) syphilis, 18

significar to mean, 17

siguiente following, 6

  lo — the following

silla (*f.*) chair

  — **de ruedas** wheelchair, 14

sillón (*m.*) armchair

simplemente simply, 17

sin without, 7

  — **embargo** however, nevertheless

  — **falta** without fail, 9

  — **hogar** homeless

sinagoga (*f.*) synagogue, temple

síntoma (*m.*) symptom, 18

sirviente(a) (*m., f.*) servant

situación (*f.*) situation, 5

sobre about, 3; on, 19

  — **todo** especially, above all, 13

sobrellevar to bear

sobrino(a) (*m., f.*) nephew, niece

social social, 1

sofá (*m.*) sofa

sol (*m.*) sun, 19

solamente only, 6

solicitante (*m., f.*) applicant

solicitar to apply for, 3

  solicite ver... ask to see . . . , 9

solicitud (*f.*) application, 4

solo(a) alone, 8

sólo (*adv.*) only, 6

soltero(a) single, P

sombreado(a) shaded

somos (+ *number*) there are (*number*) of us, 2

son las (+ *time*) it's (+ *time*), 1

sonograma (*m.*) sonogram

sordo(a) deaf, 3

sospecha (*f.*) suspicion

sospechar to suspect

sótano (*m.*) basement

su(s) your, his, her, their, 2

subir to climb, to go up, 19

subsidio (*m.*) subsidy

subvención (*f.*) subsidy

suceder to happen, 12

suegro(a) (*m., f.*) father-in-law, mother-in-law, 13

sueldo (*m.*) salary, 7

sugerir (e:ie) to suggest, 16

supervisor(a) (*m., f.*) supervisor, 6

superviviente (*m., f.*) survivor

suplementario(a) supplemental, 20
suscripción (*f.*) subscription, 20

T

talonario de cheques (*m.*) checkbook
también also, 2
tampoco either
tan as
— **... como** as ... as, 3
— **pronto como** as soon as, 4
tanto tiempo so long, 15
tantos(as) so many, 14
tapa de seguridad (*f.*) safety cap, safety cover, 19
tapar to cover, to block, 19
tarde late, 7
tareas de la casa (*f. pl.*) housework, 13
tarjeta (*f.*) card
— **de crédito** credit card
— **de inmigración** immigration card, 4
— **de seguro social** social security card, 4
techo (*m.*) ceiling
teléfono (*m.*) telephone, 2
televisor (*m.*) television (set), TV
temer to be afraid, to fear, 17
temporal temporary, 5
temprano early
tener to have, 4
— **(+ (*number*) años** to be (+ *number*) years old
— **casa propia** to own a house, 5
— **cuidado** to be careful, 19
— **derecho a** to have the right to, 4
— **hambre** to be hungry, 4
— **miedo** to be afraid, 19
— **prisa** to be in a hurry, 4
— **que** (+ *inf.*) to have to (do something), 4
— **razón** to be right, 5
— **suerte** to be lucky, 18
tensión familiar (*f.*) family tension
terapia física (*f.*) physical therapy, 17
tercero(a) third, 5
terminar to finish, 9
término (*m.*) term
termómetro (*m.*) thermometer, 19
terremoto (*m.*) earthquake
terrible terrible, 14
testigo (*m., f.*) witness, 12

tete (*m.*) (*Cuba*) pacifier
tía (*f.*) aunt, 10
tiempo (*m.*) time, 6
— **libre** free time, 20
tijeras (*f. pl.*) scissors, 19
tina (*f.*) (*Méx.*) bathtub, 14
tinta (*f.*) ink
tío (*m.*) uncle
tipo (*m.*) type, 9
título (*m.*) title; diploma
toallita (*f.*) washcloth
tobilleras (*f. pl.*) (*Méx.*) socks
tobillo (*m.*) ankle
tocar a la puerta to knock at the door, 12
todavía still, 5; yet, 6
todo all, everything, 6
todo(a) all, 3; everything, 6
todo el día all day long, 13
todos los días every day, 18
tomacorrientes (*m.*) electrical outlet, socket, 19
tomar to take, 5; to drink, 13
— **asiento** to have a seat, P
— **un idioma** to take, to study a language
— **una decisión** to make a decision, 17
tos (*f.*) cough
toser to cough
total (*m.*) total, 16
trabajador(a) (*m., f.*) worker
— **agrícola** farm worker
— **social** social worker, 1
trabajar to work, 2
— **medio día** to work part-time
— **parte del tiempo** to work part-time
— **por cuenta propia** to be self-employed, 8
— **por su cuenta** to be self-employed, 8
— **tiempo completo** to work full-time
trabajo (*m.*) work, job, 3
— **de la casa** housework, 13
traductor(a) (*m., f.*) translator, 5
traer to bring, 5
trámites de divorcio (*m. pl.*) divorce proceedings, 9
transfusión (*f.*) transfusion, 16
tratamiento (*m.*) treatment, 16
tratar (de) to try, 18; to treat, 19
travesura (*f.*) mischief, prank, 13

travieso(a) mischievous, restless, 13
tribunal (*m.*) court house, 9
trimestre (*m.*) quarter (three months), 20
trompada (*f.*) punch
tuberculosis (*f.*) tuberculosis
tuerto(a) one-eyed
tumor (*m.*) tumor, 16
turno (*m.*) appointment, 11
tutor(a) (*m., f.*) guardian

U

últimamente lately, 17
último(a) last, 15
un, una a, an, 1
ungüento (*m.*) ointment, 19
único(a) only, 20
unos about, some, 6
urgente urgent, 2
urgentemente urgently, 7
usar to use, 9
uso (*m.*) use
útil useful, 19
utilizar to use, 9

V

va a haber there is going to be, 12
vacunar to vaccinate, to immunize, 19
vagina (*f.*) vagina, 18
valer to be worth, 20
valor (*m.*) value, 5
vamos a ver let's see, 6
varicela (*f.*) chicken pox
varios(as) several, 5
vecino(a) (*m., f.*) neighbor, 12
veinte twenty
vencer to expire
venda (*f.*) bandage, 19
vendaje (*m.*) bandage, 19
vender to sell, 20
veneno (*m.*) poison
venéreo(a) venereal, 18
venir (e:ie) to come, 4

ventana (*f.*) window, 14
ver to see, 3
verano (*m.*) summer
¿verdad? right?, 3
verdadero(a) true, real, 3
verde green, 4
verificación (*f.*) verification
verificar to verify, 15
vestido (*m.*) dress
víctima (*f.*) victim
vida (*f.*) life, 15
viejo(a) old, 8
vino (*m.*) wine, 13
violencia doméstica (*f.*) domestic violence
violento(a) violent, 13
virus de inmunodeficiencia humana (VIH) (*m.*) human immunodeficiency virus (HIV)
visa de estudiante (*f.*) student visa, 4
visitador(a) social (*m., f.*) social worker who makes home visits, 14
visitar to visit, 13
vista (*f.*) (court) hearing, 12
viudo(a) (*m., f.*) widower, widow, 1 (*adj.*) widowed
vivienda (*f.*) home, lodging
vivir to live, 2
vocabulario (*m.*) vocabulary
volver (o:ue) to return, 6

Y

y and, P
ya already, 6
— **no** no longer, 5
yerno (*m.*) son-in-law
yo mismo(a) myself, 9

Z

zapato (*m.*) shoe, 14
zona postal (*f.*) zip code, postal code, 1

English-Spanish Vocabulary

A

a al (a la); un, una, 1
— **(per) day** al día, 6
— **week** a la semana, 4
— **while later** al rato, 4
able capacitado(a), 5
abortion aborto (*m.*)
about sobre, 3; unos(as), 6; acerca de, 15
above sobre
— **all** sobre todo, 13
absent ausente
abuse maltrato (*m.*), 12; maltratar, 12
accept aceptar, 12
accessory accesorio (*m.*), 17
accident accidente (*m.*), 18
according to de acuerdo con, 6
accusation denuncia (*f.*), 12
accuse denunciar, 12; acusar
ache doler (o:ue), 8
address dirección (*f.*), domicilio (*m.*), P
adhesive tape cinta adhesiva (*f.*), esparadrapo (*m.*), 19
administrator administrador(a) (*m., f.*), 3
adult adulto(a) (*m., f.*), 3
advice consejo (*m.*), 19
advise avisar, hacer saber, 8; aconsejar, 16
affair cosa (*f.*), 13
affect afectar, 20
affirmative afirmativo(a)
after después (de), 8
afterward después (de), 8
again otra vez, 10; de nuevo, 16
age edad (*f.*), 3
agency agencia (*f.*), 15
ago: a month — hace un mes, 14
agree estar de acuerdo, 6
agreement acuerdo (*m.*)
aid ayuda (*f.*), 1
— **to Families with Dependent Children (AFDC)** ayuda a familias con niños (*f.*)
AIDS SIDA (síndrome de inmunodeficiencia adquirida) (*m.*), 18
air conditioning aire acondicionado (*m.*)
alcohol alcohol (*m.*), 19

alcoholic alcohólico(a), 13
Alcoholics Anonymous Alcohólicos Anónimos, 18
alimony pensión alimenticia (*f.*), 2
all todo(a), 3; todo (*m.*), 6
— **day long** todo el día, 13
allow dejar, 14
allowable permitido(a)
almost casi, 18
alone solo(a), 8
already ya, 6
also también, 2
always siempre, 7
ambulance ambulancia (*f.*)
American (North American) americano(a), 1; norteamericano(a), 4
among entre, 15
amount cantidad (*f.*), 20
small — pico (*m.*), 20
an un, una, 1
and y, P
angry enojado(a), 13
ankle tobillo (*m.*)
annoyed molesto(a)
annuity anualidad (*f.*), 20
another otro(a), 2
answer contestar, 8; contestación (*f.*), respuesta (*f.*)
antibacterial antibacteriano(a), 19
antibiotic antibiótico (*m.*)
antidepressant antidepresivo (*m.*), 13
antihistamine antihistamínico (*m.*), 19
any algún(una), 2; cualquier(a), 16
anybody, anyone alguien; nadie, 6
anything else? ¿algo más?, P
anyway de todos modos, 5
apartment apartamento (*m.*), 1
appear aparecer, 18
applicant solicitante (*m., f.*)
application solicitud (*f.*), 4
apply (for) solicitar, 3; aplicar, 19
— **for aid** pedir (e:i) ayuda, 11
appointment cita (*f.*), 10; turno (*m.*), 11
approval aprobación (*f.*)
arm brazo (*m.*), 12
armchair sillón (*m.*)
arrangement arreglo (*m.*), 10
arrest arrestar, detener

arrive llegar, 4
arthritis artritis (*f.*), 14
article artículo (*m.*), 17
as como, 9
  — . . . **as** tan... como, 3
  — **of** a partir de, 15
  — **soon as** en cuanto, 19; tan pronto como, 4
  — **soon as possible** lo más pronto posible, 8; cuanto antes, 9
ask (for) pedir (e:i), 6
  — **a favor** pedir (e:i) un favor, 8
  — **a question** preguntar, 8
  — **to see** . . . solicite ver... , pida ver... , 9
asleep dormido(a), 19
asset propiedad (*f.*), 20
asthma asma (*f.*)
at en, 1; a, 3
  — **home** en casa, 8
  — **least** por lo menos, 15
  — **midday** a (al) mediodía
  — **midnight** a (la) medianoche
  — **night** por la noche
  — **present** ahora, 2
  — **the beginning** a partir de, 15
  — **the bottom of the page** al pie de la página, 11
  — **the end** al final, 13
  — **the moment** en este momento, 8
  — **your service** para servirle, P
attend asistir (a), 7
aunt tía (*f.*), 10
authority autoridad (*f.*), 12
authorize autorizar, 15
autumn otoño (*m.*)
available disponible, 6
avenue avenida (*f.*), 1
average promedio (*m.*), 20
avoid evitar, 18

B

baby bebé (*m.*), bebito (*m.*), 13
  — **bottle** biberón (*m.*), mamadera (*f.*), mamila (*f.*) (*Méx.*)
  — **carriage** cochecito (*m.*)
  — **food** comidita de bebé (*f.*)
  — **lotion** loción para bebé (*f.*)
back espalda (*f.*), 15 (*of a page*) reverso (*m.*); (*adj.*) atrasado(a)
  on the — al dorso
backyard patio (*m.*)

badly mal, 13
bail fianza (*f.*)
balance saldo (*m.*)
ball pelota (*f.*), 14
bandage venda (*f.*), vendaje (*m.*), 19
band-aid curita (*f.*), 19
bank banco (*m.*), 7
bankruptcy bancarrota (*f.*), quiebra (*f.*)
baptism certificate certificado de bautismo (*m.*), fe de bautismo (*f.*), inscripción de bautismo (*f.*), partida de bautismo (*f.*)
basement sótano (*m.*)
basic básico(a), 16
bathroom baño (*m.*), escusado (*m.*), excusado (*m.*) (*Méx.*)
bathtub bañadera (*f.*), bañera (*f.*) (*Puerto Rico*), tina (*f.*) (*Méx.*), 14
be ser, P; estar, 3
  — **able** poder (o:ue), 6
  — **acquainted with (a person, a place)** conocer, 7
  — **admitted** ingresar, 16
  — **afraid** temer, 17; tener miedo, 19
  — **born** nacer, 15
  — **called** llamarse, 12
  — **careful** tener cuidado, 19
  — **embarrassed** darle vergüenza a uno, 18
  — **enough** alcanzar, 6
  — **free on bail** estar en libertad bajo fianza
  — **free on probation** estar en libertad condicional
  — **glad** alegrarse (de)
  — **going to (do something)** ir a (+ *inf.*), 5
  — **hungry** tener hambre, 4
  — **in a hurry** tener prisa, 4
  — **in charge (of)** encargarse (de), 15
  — **in jail** estar preso(a)
  — **located** quedar, 3
  — **lucky** tener suerte, 18
  — **named** llamarse, 12
  — **nobody's business** no importarle a nadie, 18
  — **(+ *number*) years old** tener (+ *number*) años
  — **pleasing to** gustar, 8
  — **raised** criarse, 12
  — **right** tener razón, 5

— true   ser cierto, 5
— unemployed (out of work)
estar sin trabajo, 7
— worth   valer, 20
— wrong   estar equivocado(a), 12
bear   sobrellevar
beating   paliza (*f.*), 13
because   porque, 3
— of   por culpa de, 18
become   hacerse, 17, convertirse
(e:ie)
— paralyzed (crippled)
quedarse paralítico(a), 20
bed   cama (*f.*), 16
bedroom   cuarto (*m.*), dormitorio
(*m.*), habitación (*f.*), recámara (*f.*)
(*Méx.*), 13
beer   cerveza (*f.*), 13
before   (*adv.*) antes, 3; (*prep.*) antes
(de), 9
begin   comenzar (e:ie), empezar
(e:ie), 5
behave   comportarse
believe   creer, 2
belongings   pertenencias (*f. pl.*)
belt   cinto (*m.*), cinturón (*m.*), 13
benefit   beneficio (*m.*), 15
besides   además (de), 11
best   mejor
the **—** **part** lo mejor, 17
better   mejor, 4
between   entre, 15
beverage   bebida (*f.*), 13
bib   babero (*m.*)
big   grande, 7
bilingual   bilingüe, 10
bill   cuenta (*f.*), 2
birth   nacimiento (*m.*)
— certificate   certificado de
nacimiento (*m.*), inscripción de
nacimiento (*f.*) (*Cuba*), partida de
nacimiento (*f.*), 4
bit   pico (*m.*), 20
bite   mordida (*f.*)
bladder stones   cálculos en la vejiga
(*m. pl.*)
blank space   espacio en blanco(*m.*)
bleach   lejía (*f.*), 19
bleed   sangrar, 19
blind   ciego(a), 3
block   tapar, 19
blood   sangre (*f.*), 16
blouse   blusa (*f.*)
blue   azul

bond   bono (*m.*), 20
bookcase   estante (*m.*)
boss   jefe (*m., f.*), patrón(ona) (*m.,
f.*), patrono (*m.*) (*Cuba*), 15
bothered   molesto(a)
box   cuadro (*m.*), cuadrado (*m.*)
boyfriend   novio (*m.*), 18
break   descomponerse, romper, 14
breast   seno (*m.*)
breathe   respirar
brief   breve
bring   traer, 5
brochure   folleto (*m.*), 11
broken down   descompuesto(a), 14
broker's fee   honorario de corredor
(*m.*)
bronchitis   bronquitis (*f.*)
brother   hermano (*m.*), 11
brother-in-law   cuñado (*m.*)
bruise   moretón (*m.*), morado (*m.*),
cardenal (*m.*), 12
buddy   compañero(a) (*m., f.*)
budget   presupuesto (*m.*)
bump (on the head)   chichón (*m.*),
12
burden   carga (*f.*)
burn (oneself) quemar(se), 14;
quemadura (*f.*), 19
busy   ocupado(a)
but   pero, 3
butter   mantequilla (*f.*), 19
buttock   nalga (*f.*), 12
buy   comprar, 16
by   por
— mail   por correo, 4
— the hand   de la mano, 12

C

call   llamar, 2
calm down   calmarse
can   poder (o:ue), 6
cancer   cáncer (*m.*)
cane   bastón (*m.*), 14
car   coche (*m.*), carro (*m.*),
auto(móvil) (*m.*), máquina (*f.*)
(*Cuba*), 5
cardiogram   cardiograma (*m.*)
care   cuidado (*m.*), 7
carry out   realizar
case   caso (*m.*), 3
— history   información sobre el
caso (*f.*), 3
cash   efectivo (*m.*)

— **a check** cambiar (cobrar) un cheque

in — en efectivo, 8; al contado

cataracts cataratas (*f. pl.*)

Catholic católico(a)

ceiling techo (*m.*)

cent centavo (*m.*), chavo (*m.*) (*Puerto Rico*), 3

certain cierto(a), 12

certificate certificado (*m.*), 4; partida (*f.*)

— **of deposit (CD)** certificado de depósito (*m.*), 20

chair silla (*f.*)

change cambio (*m.*), 6; cambiar, 17

— **into** convertirse (e:ie) en

— **jobs** cambiar de trabajo

chapter capítulo (*m.*), 18

charge cobrar, 9

cheap barato(a)

check examinar, chequear, 12; cheque (*m.*), 15

— **off** marcar

checkbook talonario de cheques (*m.*), chequera (*f.*) (*Cuba y Puerto Rico*)

checking account cuenta corriente (*f.*), 7; cuenta de cheques (*f.*)

chest pecho (*m.*)

— **of drawers** cómoda (*f.*)

chicken pox varicela (*f.*)

child niño(a) (*m., f.*), 2

— **care license** licencia para cuidar niños (*f.*)

— **support** pensión alimenticia (*f.*), 2

children hijos (*m. pl.*), 7; chicos(as) (*m., f. pl.*), 14; niños(as) (*m., f. pl.*)

—**'s Protection Department** Sección Protectora de Niños (*f.*), Departamento de Protección de Niños (*m.*), 12

chiropractor quiropráctico(a) (*m., f.*), 17

Christmas Navidad (*f.*), 20

choose escoger, elegir (e:i)

church iglesia (*f.*)

citizen ciudadano(a) (*m., f.*), 4

citizenship ciudadanía (*f.*), 5

city ciudad (*f.*), 7

— **(housing) project** proyecto de la ciudad (*m.*), 7

class clase (*f.*), 10 curso, 5

clean limpiar, 14

cleaning limpieza (*f.*), 14

clergy (person) pastor(a) (*m., f.*)

clerk empleado(a) (*m., f.*), 4

client cliente(a) (*m., f.*), 18

climb subir, 19

clinic clínica (*f.*)

clothes ropa (*f.*), 6

clothing ropa (*f.*), 6

coat abrigo (*m.*)

cockroach cucaracha (*f.*), 14

cognate cognado (*m.*)

cold catarro (*m.*), resfrío (*m.*)

colic cólico (*m.*)

colitis colitis (*f.*)

come venir, 4; provenir

— **back** regresar, 4

— **from** provenir

— **in** pasar, P

commission comisión (*f.*), 20

commit cometer

common-law marriage concubinato (*m.*)

commute ir y venir

companion compañero(a) (*m., f.*)

compassion compasión (*f.*)

complain quejarse, 13

complaint queja (*f.*)

complete completo(a), 4; completar, 8

completely por completo, 8

complication complicación (*f.*), 16

condom condón (*m.*), preservativo (*m.*), 18

confidential confidencial, 12

consecutive consecutivo(a), 15

consent consentimiento (*m.*)

consist (of) consistir (en), 9

consult consultar, 13

contact contacto (*m.*), 18

— **lenses** lentes de contacto (*m. pl.*), 17

contagious contagioso(a)

continue seguir (e:i); continuar, 8

convalescent convalesciente (*m., f.*), 14

convenience conveniencia (*f.*), 17

conversation conversación (*f.*)

convince convencer, 18

cook cocinar, 14; cocinero(a) (*m., f.*)

— **(prepare) dinner** hacer la comida, 14

cooperate cooperar, 18

copy copia (*f.*), 4

correct correcto(a), 3

cosmetics cosméticos (*m. pl.*), 20

cost costar (o:ue), 6; costo (*m.*), 16

cough tos (*f.*); toser

count contar (o:ue), 8

country campo (*m.*), 3; (*nation*) país (*m.*), 3

— **of origin** país de origen (*m.*)

county condado (*m.*), 5

couple pareja (*f.*), 20

course curso (*m.*), 5

court hearing vista (*f.*), 12; audiencia

courthouse juzgado (*m.*), tribunal (*m.*), 9

cousin primo(a) (*m., f.*)

cover cubrir, 11; tapar, 19

covered cubierto(a), 16

crawl gatear, 19

cream crema (*f.*), 19

credit card tarjeta de crédito (*f.*)

crib cuna (*f.*), 19

crime crimen (*m.*), delito (*m.*)

crippled inválido(a)

crisis crisis (*f.*)

cross cruz (*f.*)

croup crup (*m.*), garrotillo (*m.*)

cry llorar, 12

cultural cultural

custody custodia (*f.*)

cut cortadura (*f.*), cortada (*f.*) (*Méx., Cuba*), 19

D

dad padre (*m.*), papá (*m.*), 3

daily (*adv.*) al día, por día; (*adj.*) diario(a)

danger peligro (*m.*), 19

dangerous peligroso(a), 14

data datos (*m. pl.*), 9

date fecha (*f.*), 3

daughter hija (*f.*), 3

daughter-in-law nuera (*f.*)

day día (*m.*)

— **after tomorrow** pasado mañana

deaf sordo(a), 3

death muerte (*f.*)

— **certificate** certificado de defunción (*m.*), inscripción de defunción (*f.*), partida de defunción (*f.*)

debt deuda (*f.*), 20

deceased fallecido(a)

decide decidir, 12

decision decisión (*f.*)

deduct descontar (o:ue), 20

deductible deducible, 17

deduction deducción (*f.*)

deform deformar, 19

deliver entregar, 17

den sala de estar (*f.*)

denied denegado(a)

dental dental, 17

denture dentadura postiza (*f.*), 17

depend depender, 6

dependent dependiente (*m., f.*)

desk escritorio (*m.*)

detergent detergente (*m.*), 19

diabetes diabetes (*f.*)

diagnosis diagnóstico (*m.*), 16

diarrhea diarrea (*f.*)

diaper pañal (*m.*)

die morir (o:ue), 13

different diferente, 18

difficult difícil, 5

difficulty dificultad (*f.*), 14

dining room comedor (*m.*)

diploma diploma (*m.*), título (*m.*)

directly directamente, 10

disability incapacidad (*f.*), 16; defecto físico (*m.*)

disabled inválido(a)

discharge (from the hospital) dar de alta

discipline disciplinar, 12; disciplina (*f.*), 13

discrimination discriminación (*f.*)

discuss discutir

disposable desechable

dividend dividendo (*m.*), 20

divorce divorciarse, 9

— **proceedings** trámites de divorcio (*m. pl.*), 9

divorced divorciado(a), P

do hacer, 5; realizar

doctor médico(a) (*m., f.*), 7

document documento (*m.*), 5

dollar dólar (*m.*), 2

domestic violence violencia doméstica (*f.*)

door puerta (*f.*)

doubt dudar, 18

down payment enganche (*m.*) (*Mex.*), entrada (*f.*), cuota inicial

downtown area centro (*m.*), 11

dress vestido (*m.*)

drink bebida (*f.*), 13; tomar, 13; beber, 18

drive manejar, conducir, 14

drug droga (*f.*), 18
— **addict** drogadicto(a) (*m.*, *f.*), 18
drunk driving manejar estando borracho(a), 18
dry seco(a)
due to por
— **illness** por enfermedad
during durante, 15

E

ear oreja (*f.*); (*inner*) oído (*m.*)
early temprano
earn ganar, 7
earning ganancia (*f.*)
earnings ingreso (*m.*), 20
earthquake terremoto (*m.*)
eat comer, 8
either tampoco
elderly man (woman) anciano(a) (*m.*, *f.*), 14
electric(al) eléctrico(a)
— **appliance** aparato eléctrico (*m.*), (equipo) electrodoméstico (*m.*), 19
— **outlet** tomacorrientes (*m.*), enchufe (*m.*), 19
electricity electricidad (*f.*), 2
eligibility elegibilidad (*f.*), 20
eligible elegible, 3
emergency emergencia (*f.*), 20
— **room** sala de emergencia (*f.*)
employee empleado(a) (*m.*, *f.*), 4
English (language) inglés (*m.*), 1
enough lo suficiente, 19
enter entrar (en)
entrance entrada (*f.*)
epidemic epidemia (*f.*)
especially sobre todo, 13
estimate estimado (*m.*), 5
ever alguna vez, 11
every day todos los días, 18
everything todo (*m.*), 6
eviction desalojo (*m.*)
ex ex, 2
examination examen (*m.*), 17
examine examinar, chequear, 12
example ejemplo (*m.*)
excuse me perdón, 16
exempt exento(a)
expense gasto (*m.*), 3
expensive caro(a)
expire vencer

explain explicar, 9
expression expresión (*f.*)
extend credit conceder un crédito
extra extra, 7
eye ojo (*m.*)
— **examination** examen de la vista (*m.*), 17
eyeglasses anteojos (*m. pl.*), gafas (*f. pl.*), lentes (*m. pl.*), espejuelos (*m. pl.*) (*Cuba*), 17

F

face cara (*f.*), 13
— **down** boca abajo, 19
— **up** boca arriba, 19
factory fábrica (*f.*), factoría (*f.*)
fair justo(a), 6
fall otoño (*m.*)
— **down** caerse, 12
— **ill** enfermarse, 17
family familia (*f.*), 5
— **counselor** consejero(a) familiar (*m.*, *f.*), 9
— **room** sala de estar (*f.*)
— **tension** tensión familiar (*f.*)
farewell despedida (*f.*)
farm worker trabajador(a) agrícola (*m.*, *f.*)
father padre (*m.*), papá (*m.*), 3
father-in-law suegro (*m.*)
fear temer, 17
federal federal, 9
feed alimentar, dar de comer, 4
feel sentirse (e:ie), 14
— **sorry** arrepentirse (e:ie), 18
felony delito (*m.*)
fever fiebre (*f.*), calentura (*f.*)
few pocos(as), 16
field campo (*m.*), 3
file a lawsuit presentar una demanda
fill out llenar, 1
finances finanzas (*f. pl.*)
financial económico(a), 2
— **assistance** ayuda en dinero (*f.*), 1
find encontrar (o:ue), 19
— **out** averiguar, 13; enterarse
fine bueno, 1; bien
—, **thank you. And you?** Bien, gracias. ¿Y Ud.?, P
finger dedo (*m.*)

finish terminar, 9
fire (from a job) despedir (e:i), cesantear, 18
first (*adv.*) primero, 1
  the — thing lo primero, 18
first (*adj.*) primero(a), 8
  — aid primeros auxilios (*m. pl.*)
  — aid kit estuche de primeros auxilios (*m.*), botiquín de primeros auxilios (*m.*), 19
  — name nombre de pila (*m.*)
fist puño (*m.*), 13
fix arreglar, 14
fixed fijo(a)
floor piso (*m.*)
flu influenza (*f.*), gripe (*f.*)
follow seguir (e:i), 8
following siguiente, 6
  the — lo siguiente
  the — day al día siguiente, 11
food alimento (*m.*), comida (*f.*), 1
  — stamp estampilla para alimento (*f.*), cupón para comida (*m.*), 1
foot pie (*m.*)
for para, 1; por
  — a while por un tiempo, 8
  — example por ejemplo, 20
  — me por mí, 6
  — that reason por eso, 3
  — today para hoy mismo, 11
  — what reason? ¿para qué?, 1
forbid prohibir, 18
force forzar (o:ue), 19
foreign extranjero(a), 1
foreigner extranjero(a) (*m., f.*), 1
forget olvidarse (de), 20
forgive perdonar, 18
form planilla (*f.*), forma (*f.*), 1
former ex, 2
formula fórmula (*f.*)
foster: — child hijo(a) de crianza (*m., f.*)
  — home hogar de crianza (*m.*), hogar sustituto (*m.*)
  — parents padres de crianza (*m. pl.*)
fracture fractura (*f.*)
free (of charge) (*adv.*) gratis; (*adj.*) gratuito(a)
  — service servicio gratuito (*m.*)
  — time rato libre (*m.*), tiempo libre (*m.*), 20
friend amigo(a) (*m., f.*)
from de, 3

frustrated frustrado(a)
fuel combustible (*m.*)
full time tiempo completo
funeral expenses gastos funerarios (*m. pl.*)
furniture muebles (*m. pl.*), 19
further más

G

gain ganancia (*f.*); ganar, 13
gallstones cálculos en la vesícula (*m. pl.*)
garage garaje (*m.*)
garden jardín (*m.*)
gardener jardinero(a) (*m., f.*), 8
gas gas (*m.*), 2
gasoline gasolina (*f.*), 6
gauze gasa (*f.*), 19
generally generalmente, 6
get conseguir (e:i), obtener, 7
  — along well llevarse bien, 13
  — better mejorarse, 17
  — drunk emborracharse, 18
  — even with desquitar(se)
  — hurt lastimarse, 15
  — in touch ponerse en contacto, 18
  — married casarse (con), 9
  — paid cobrar, 13
  — sick enfermarse, 17
  — well soon! ¡que se mejore!, P
gift regalo (*m.*), 20
girlfriend novia (*f.*), 18
give dar, 3
  — a fine (ticket) imponer una multa
  — birth dar a luz, parir, 3
gloves guantes (*m. pl.*)
go ir, 3
  — around andar, 13
  — away irse, 12
  — in entrar (en)
  — out salir, 7
  — through atravesar (e:ie), 5
  — up subir, 19
God grant ojalá, Dios quiera, 17
gonorrhea gonorrea (*f.*), 18
good bueno(a), 1
  — afternoon buenas tardes, P
  — evening buenas noches, P
  — morning (day) buenos días, P
  — night buenas noches, P
  it's a — thing! ¡qué suerte!, 18

good-bye adiós, P
grade grado (*m.*), 10
granddaughter nieta (*f.*)
grandfather abuelo (*m.*)
grandmother abuela (*f.*)
grandson nieto (*m.*)
green verde, 4
greeting saludo (*m.*)
gross earnings entrada bruta (*f.*)
guardian tutor(a) (*m., f.*)

H

hair pelo (*m.*), cabello (*m.*)
half mitad (*f.*); (*adj.*) medio(a)
  — **brother (sister)** medio(a)
  hermano(a) (*m., f.*)
  — **an hour** media hora (*f.*)
hallway pasillo (*m.*), 3
handicapped incapacitado(a), 3
happen pasar, suceder, 12
hard duro(a), 7
hat gorro (*m.*), 19
have tener, 4
  — **a seat** tomar asiento, P
  — **just (done something)**
  acabar de (+ *inf.*), 13
  — **surgery** operarse, 16
  — **the right to** tener derecho a, 4
  — **to (do something)** tener que
  (+ *inf.*), 4
  — **worked** haber trabajado, 15
head cabeza (*f.*), 12
  — **of household** jefe(a) de
  familia (*m., f.*), cabeza de la familia
  (*m., f.*)
health salud (*f.*), 8
  — **Department** Departamento
  de Sanidad (*m.*), 18
  — **insurance** seguro de salud
  (*m.*), aseguranza de salud (*f.*)
  (*Méx.*), 8
hear oír, 12
hearing (court) audiencia (*f.*),
  vista (*f.*), 12
  — **aid** audífono (*m.*), 17
  — **test** examen del oído (*m.*), 17
heart corazón (*m.*)
  — **attack** ataque al corazón (*m.*)
heat calefacción (*f.*)
heater calentador (*m.*), calentón
  (*m.*) (*Méx.*), 14; estufa (*f.*), 19
hello hola
help ayuda (*f.*), 1; ayudar, 2

hepatitis hepatitis (*f.*)
her su(s), 2
here aquí, 2
  — **is** aquí tiene, 4
  — **it is** aquí está, 4
herpes herpe(s) (*m.*), 18
high blood pressure hipertensión
  (*f.*), presión alta (*f.*)
hip cadera (*f.*)
his su(s), 2
hit pegar, 13; golpear, dar golpes
holiday día feriado (*m.*), día de
  fiesta (*m.*), 5
home vivienda (*f.*)
home(ward) a casa, 19
home for the elderly asilo de
  ancianos (*m.*), casa para ancianos
  (*f.*), 14
homeless desalojado(a), sin hogar
hope esperar, 17
  I — ojalá, Dios quiera, 17
hospital hospital (*m.*), 9; clínica
  (*f.*); policlínica (*f.*)
  — **insurance** seguro de
  hospitalización (*m.*), 16
hospitalization hospitalización
  (*f.*), 16
hospitalized hospitalizado(a), 16
hot caliente, 19
hour hora (*f.*), 4
house casa (*f.*), 2
household: — expenses gastos de
  la casa (*m. pl.*), 3
  — **appliance** aparato eléctrico
  (*m.*), (equipo) electrodoméstico
  (*m.*), 19
housekeeping quehaceres del
  hogar (de la casa) (*m. pl.*), 13
housewife ama de casa (*f. but* el ama)
housework trabajo de la casa (*m.*),
  tareas de la casa (*f. pl.*), 13;
  quehaceres del hogar (de la casa)
  (*m. pl.*), 17
how? ¿cómo?, 12
  — **are you?** ¿cómo está usted?, P
  — **do you spell . . . ?** ¿cómo se
  escribe…?
  — **fortunate!** ¡qué suerte!, 18
  — **frequently? How often?** ¿con
  qué frecuencia?
  — **is it going?** ¿qué tal?, P
  — **long?** ¿cuánto tiempo?, 6
  — **long have . . . ?** ¿cuánto
  tiempo hace que… ?, 11

— long had . . . ?   ¿cuánto
tiempo hacía que... ?, 15
— many?   ¿cuántos(as)?, 2
— may I help you?   ¿en qué
puedo servirle?, 5
— much?   ¿cuánto(a)?, 2
— much do you pay in rent?
¿cuánto paga de alquiler?, 2
— old are you?   ¿cuántos años
tiene Ud.?, 16; ¿qué edad tiene?
however   sin embargo
**human immunodeficiency virus
(HIV)**   virus de inmunodeficiencia humana (VIH) (*m.*)
hurt   doler (o:ue), 18
— oneself   lastimarse, 15
husband   esposo (*m.*), marido
(*m.*), 2
hydrogen peroxide   agua
oxigenada (*f.*), 19
hypertension   hipertensión (*f.*),
presión alta (*f.*)

I

ice   hielo (*m.*), 19
idea   idea (*f.*), 14
identification   identificación
(*f.*), 5
if   si, 2
— possible   si es posible, 11
ill   enfermo(a), 3
illegal immigrant   inmigrante ilegal, indocumentado (*m., f.*)
immediately   inmediatamente
immigrant   inmigrante (*m., f.*), 16
immigration   inmigración (*f.*), 4
— card   tarjeta de inmigración
(*f.*), 4
immunize   vacunar, 19
impossible   imposible, 17
improve   mejorar, 10
in   en, 1; dentro de, 4
— addition to   además de, 11
— case of   en caso de, 19
— installments   a plazos
— order to   para, 1
— that case   en ese caso, 4
**— the morning (afternoon,
night)**   por la mañana (tarde), 10;
de la mañana (tarde, noche)
— these situations   en estas
situaciones
— use   en uso, 19

incapacitated   incapacitado(a), 3
incest   incesto (*m.*)
include   incluir, 16
including   incluido(a), 11
income   entrada (*f.*), 7; ingreso
(*m.*), 20
— tax   impuesto sobre la
renta (*m.*)
increments of . . . dollars   partidas
de... dólares (*f. pl.*), 20
independent   independiente, 17
inexpensive   barato(a)
infect   infectar, 18
inform   informar, 16
information   información (*f.*), 3;
datos (*m. pl.*), 9
inheritance   herencia (*f.*), 20
initial   inicial (*f.*)
initiate   iniciar, 9
injury   lesión (*f.*), 16
ink   tinta (*f.*)
inpatient   paciente interno(a)
(*m., f.*)
insecticide   insecticida (*m.*), 19
insurance   seguro (*m.*), aseguranza
(*f.*) (*Méx.*), 5
intensive   intensivo(a), 16
interest   interés (*m.*), 20
interview   entrevista (*f.*), 5;
entrevistar, 6
investigate   investigar, 12
investment   inversión (*f.*), 20
ipecac   ipecacuana (*f.*), 19
iron   plancha (*f.*), 19
irritation   irritación (*f.*), 18
it doesn't matter   no importa, 5
it is not that way   no es así
it's (+ *time*)   son las (+ *time*), 1
it's nobody's business   a nadie le
importa, 18

J

jacket   chaqueta (*f.*), chamarra (*f.*)
(*Méx.*)
jail   cárcel (*f.*), 18
Jewish   judío(a), hebreo(a)
job   trabajo (*m.*), 3; empleo
(*m.*), 7
jobless   desocupado(a), 4
judge   juez(a) (*m., f.*), 12
just   nada más que, no más
que, 8
juvenile   juvenil

— **delinquent** delincuente juvenil (*m., f.*)

— **hall** reclusorio para menores (*m.*)

K

keep quedarse con, 17; guardar, 20
kick patada (*f.*)
kidney riñón (*m.*)
kill matar, 18
kitchen cocina (*f.*), 12
knee rodilla (*f.*)
knock at the door tocar a la puerta, 12
know conocer, 7; (*something*) saber, 7
   I — lo sé, 14

L

laboratory laboratorio (*m.*), 17
laborer obrero(a) (*m., f.*)
lame cojo(a)
lamp lámpara (*f.*)
landlord (lady) dueño(a) de la casa (*m., f.*), 14
language idioma (*m.*)
large grande, 7
last durar, 8; (*adj.*) pasado(a), 3; último(a), 15
   — **name** apellido (*m.*), P
   — **night** anoche, 10
late tarde, 7
lately últimamente, 17
later más tarde, P; luego
law ley (*f.*)
lawsuit demanda (*f.*)
lawyer abogado(a) (*m., f.*), 9
learn aprender, 9
leave salir, 7; dejar, 8
   — **behind** dejar, 8
left izquierda (*f.*)
   to the — a la izquierda
leg pierna (*f.*), 12
legal legal, 1
less menos, 6
   — **. . . than** menos... que, 3
   — **than (+ number)** menos de (+ number)
let dejar, 14
   — **(someone) know** avisar, hacer saber, 8
   —**'s see** a ver, 2; vamos a ver, 6

letter carta (*f.*), 6
license licencia (*f.*)
lie mentira (*f.*), 12; mentir (e:ie), 13
life vida (*f.*), 15
   — **insurance** seguro de vida (*m.*), 20
like como, 9; gustar, 8
   — **that** así, 20
limited limitado(a), 17
line (on a paper or form) línea (*f.*), renglón (*m.*)
liquid líquido (*m.*), 19
list lista (*f.*), 17
little (*adv.*) poco, 7; (*adj.*) poco(a), 10
live vivir, 2
liver hígado (*m.*)
loan préstamo (*m.*)
local local, 18
lodging vivienda (*f.*)
long-term a largo plazo, 5
look (at) mirar, 9
   — **for** buscar, 18
lose perder (e:ie)
loss pérdida (*f.*)
low-income (de) bajos ingresos
luck suerte (*f.*)
   what —! ¡qué suerte!, 18
luckily por suerte, 14
luego later
lunch almuerzo (*m.*), 7
lung pulmón (*m.*)

M

magazine revista (*f.*), 20
maiden name apellido de soltera (*m.*), 1
main principal, 8
majority mayoría (*f.*), 20
make hacer, 13
   — **a decision** tomar una decisión, 17
   — **a false statement** hacer una declaración falsa
   — **violent** poner violento (a)
male chauvinism machismo (*m.*)
man hombre (*m.*), 3
many thanks muchas gracias, P
many times muchas veces, 7
marital status estado civil (*m.*), 1
mark marca (*f.*), 13; marcar
market mercado (*m.*), 14

marriage matrimonio (*m.*), 9
— **certificate** certificado de matrimonio (*m.*), inscripción de matrimonio (*f.*), partida de matrimonio (*f.*)
married casado(a), P
marry casarse (con), 9
match fósforo (*m.*), 19
matter importar, 5
  it doesn't — no importa, 5
  what's the — **with you?** ¿qué te pasa?, 18
mature madurar, 19
may: it may be . . . puede ser..., 17
maybe a lo mejor, quizá(s), 14
meal comida (*f.*), 17
mean querer (e:ie) decir, significar, 17
meantime: in the — mientras tanto, 15
measles sarampión (*m.*)
medical médico(a), 11
— **history** historia clínica (*f.*), 15
— **insurance** seguro médico (*m.*), 7
medicine medicina (*f.*), 7
member miembro (*m.*), 17
middle name segundo nombre (*m.*)
milk leche (*f.*)
minor menor de edad
minute minuto (*m.*), 1
misbehave portarse mal, 13
mischief travesura (*f.*), 13
mischievous travieso(a), majadero(a), juguetón(ona), 13
misdemeanor delito (*m.*)
Miss señorita (Srta.) (*f.*), P
miss class faltar a clase, 10
mistreat maltratar, 12
mobile home casa rodante (*f.*), 20
model modelo (*m.*)
molar muela (*f.*)
mom madre (*f.*), mamá (*f.*)
moment momento (*m.*)
money dinero (*m.*), 1
month mes (*m.*), 2
monthly mensual, 2; al mes, 7
more más, 4
— **or less** más o menos, 4
— **than ever** más que nunca, 18
— **. . . than** más... que
morning mañana (*f.*), 5
mortgage hipoteca (*f.*), 5
mother madre (*f.*), mamá (*f.*), 2

mother-in-law suegra (*f.*), 13
mouse ratón (*m.*), 14
mouth boca (*f.*)
move (to another lodging) mudarse, 14
moving (to another lodging) mudanza (*f.*)
Mr. señor (Sr.) (*m.*), P
Mrs. señora (Sra.) (*f.*), P
mumps paperas (*f. pl.*)
must (do something) deber (+ *inf.*), 2
mute mudo(a)
mutual fund fondo mutuo (*m.*), 20
my mi(s), 2
myself yo mismo(a), 9

N

name nombre (*m.*), P
nanny niñera (*f.*)
nationality nacionalidad (*f.*)
natural healer curandero(a) (*m., f.*)
near cerca (de), 19
necessary necesario(a), 16
neck cuello (*m.*)
need necesitar, 1; hacer falta, 8; necesidad (*f.*), 9
negative negativo(a)
neglect descuidar
neighbor vecino(a) (*m., f.*), 12
neighborhood barrio (*m.*), 7
neither . . . nor ni ... ni
nephew sobrino (*m.*)
nervous depression depresión nerviosa (*f.*), 13
net neto(a), 20
— **income** entrada neta (*f.*)
never nunca, 14
nevertheless sin embargo
new nuevo(a), 6
newborn baby recién nacido(a) (*m., f.*), 19
newspaper periódico (*m.*), 20
next próximo(a), 5
— **door** de al lado, 14
— **week** la semana próxima, la semana entrante, la semana que viene, 5
the — **day** al día siguiente, 11
niece sobrina (*f.*)
night noche (*f.*), 12

— school escuela nocturna (*f.*), 10
— table mesita de noche (*f.*)
no no, P; ningún(una), 6
— longer ya no, 5
nobody nadie, 7
nose nariz (*f.*)
not no
— a cent ni un centavo, 3
— any ningún (ningúno-a), 6
— at the present time ahora no, 2
— go well no andar bien
— now ahora no, 2
note nota (*f.*)
nothing nada, 5
notice notar, 13
notify notificar, 6
noun nombre (*m.*)
now ahora, ahorita (*Méx.*), 2
number número (*m.*), P
numbered numerado(a)
nurse (a baby) dar el pecho, 19; amamantar, 4
—'s aide auxiliar de enfermera (*m., f.*), 9
nursery school guardería (*f.*), centro de cuidado de niños (*m.*) (*Puerto Rico*), 10

O

object objeto (*m.*), 19
obtain obtener, 7
of de, 3
— age mayor de edad
— course cómo no, 6
office oficina (*f.*), 2
often a menudo
oh, my goodness (God!)! ¡ay, Dios mío!, 18
ointment ungüento (*m.*), 19
okay bueno, 1
old viejo(a), 8
older mayor, 6
oldest el (la) mayor, 6
on sobre, 19
— becoming (turning) . . . years old al cumplir... años, 15
— (one's) side de lado, 19
— the back (reverse side) al dorso
one uno(a)
— hundred percent cien(to) por ciento, 15
the — who el (la) que, 13

one-eyed tuerto(a)
one-handed manco(a)
one-legged cojo(a)
only (*adv.*) solamente, sólo, 6; (*adj.*) único(a), 20
open abrir, 12; abierto(a), 13
opposite opuesto(a)
option opción (*f.*), 17
or o, P
order: arrest — orden de detención (*f.*), permiso de detención (*m.*)
organization organización (*f.*), 18
original original (*m.*), 4
originate provenir (e:ie)
orthopedic ortopédico(a), 17
other otro(a), 2
the others los (las) demás (*m., f.*), 8; los otros (as) (*m., f.*), 8
our nuestro(a)
out of order descompuesto(a), 14
outpatient paciente externo(a) (*m., f.*)
oven horno (*m.*), 19
owe deber, 2
own propio(a), 5; poseer, 20
— a house tener casa propia, 5

P

pacifier bobo (*m.*) (*Puerto Rico*) chupete (*m.*), chupón (*m.*) (*Méx.*), tete (*m.*) (*Cuba*)
page página (*f.*), 8
pain dolor (*m.*), 8
— killer calmante (*m.*), 13
paint pintura (*f.*), 19
pal compañero(a) (*m., f.*)
pale pálido(a), 12
pants pantalones (*m. pl.*)
paper papel (*m.*), 5
paralyzed paralítico(a)
paramedic paramédico(a) (*m., f.*)
pardon perdonar, 18
— me perdón, 16
parent helpline línea de ayuda a los padres (*f.*)
parents padres (*m., pl.*), 18
parochial parroquial, 10
part parte (*f.*)
participate participar, 9
passbook libreta de ahorros (*f.*)
passport pasaporte (*m.*)
pastor pastor(a) (*m., f.*)
patience paciencia (*f.*)

pay pagar, 1
— **in installments** pagar a plazos
payment pago (*m.*), 6
pediatrician pediatra (*m., f.*)
penalty pena (*f.*), penalidad (*f.*)
pencil lápiz (*m.*)
pension pensión (*f.*), 20
people gente (*f.*), 12
per day (week) por día (semana)
percent por ciento (*m.*), 15
perfect perfecto(a), 11
perhaps a lo mejor, quizá(s), 14
permanent permanente, 5
permission permiso (*m.*), 15
perpetrate cometer
person persona (*f.*), 2
personal personal, 17
personnel personal (*m.*)
pharmacy farmacia (*f.*), botica (*f.*)
phone llamar por teléfono, 10
photocopy copia fotostática (*f.*),
  fotocopia (*f.*), 4
photograph fotografía (*f.*), 5
physical físico(a)
— **therapy** terapia física (*f.*), 17
pill píldora (*f.*), pastilla (*f.*), 18
pillow almohada (*f.*), 19
pint pinta (*f.*), 16
place lugar (*m.*)
— **of birth** lugar de nacimiento (*m.*)
plan (to do something) pensar
  (e:ie) (+ *inf.*), 5
play jugar (u:ue)
— **with fire** jugar con fuego, 18
please por favor, P
pneumonia pulmonía (*f.*),
  pneumonía (*f.*)
poison (*oneself*) envenenar(se), 19;
  veneno (*m.*)
police (*force*) policía (*f.*), 12; (*officer*)
  policía (*m., f.*), 18; agente de
  policía (*m., f.*)
policy póliza (*f.*), 5
poor pobre, 3
porch portal (*m.*)
position posición (*f.*), 19; cargo (*m.*)
possibility posibilidad (*f.*), 5
possible posible, 4
possibly posiblemente, 14
post office oficina de correos (*f.*)
— **box** apartado postal (*m.*)
postal postal, 1
postal code zona postal (*f.*), código
  postal (*m.*) (*México*), 1

practice practicar
prank travesura (*f.*), 13
prefer preferir (e:ie), 5
pregnancy embarazo (*m.*), 18
pregnant embarazada, 3
premium prima (*f.*), 16
prescribe recetar, 13
prescribed recetado(a), 17
prepare preparar, 1
prescription receta (*f.*)
present (*adj.*) actual, 6; presentar,
  15; (*time*) present (*m.*); (*gift*) regalo
  (*m.*), 20
pressure presión (*f.*), 19
prevent prevenir, (e:ie), 18
previous anterior, 9
priest (Catholic) padre (*m.*), cura
  (*m.*), sacerdote (*m.*), 18
principal (at a school) director(a)
  (de la escuela) (*m., f.*)
printing letra de molde (*f.*)
prisoner preso(a) (*m., f.*)
private privado(a), 20
probable probable, 17
probation libertad condicional (*f.*)
problem problema (*m.*), 8
profession profesión (*f.*), 9
profit ganancia (*f.*)
program programa (*m.*), 7
prohibit prohibir, 18
proof prueba (*f.*), 5
property propiedad (*f.*), 11
— **tax** impuesto sobre la
  propiedad (*m.*)
Protestant protestante
provide proporcionar
provisional provisional, 11
psychologist psicólogo(a) (*m.,f.*)
public público(a), 20
notary — notario(a) público(a)
  (*m., f.*)
punch trompada (*f.*), puñetazo (*m.*)
punish castigar, 13
pus pus (*m.*), 18
put poner
— **in one's mouth** meterse en la
  boca, 19
— **on** ponerse, 14
— **to bed** acostar (o:ue), 19

Q

qualify calificar, 6
quantity cantidad (*f.*)

quarter (*three months*) trimestre (*m.*), 20; cuarto (*m.*)
  — of an hour cuarto de hora (*m.*)
question pregunta (*f.*), 8
questionnaire cuestionario (*m.*)

R

rabbi rabí (*m.*), rabino (*m.*)
race raza (*f.*)
railroad insurance seguro ferroviario (*m.*), 16
raincoat impermeable (*m.*), capa de agua (*f.*)
raising (*upbringing*) crianza (*f.*)
read leer, 2
real verdadero(a), 3
  — estate bienes raíces (*m. pl.*), bienes inmuebles (*m., pl.*)
really? ¿de veras?, 19
receipt recibo (*m.*), comprobante (*m.*)
receive recibir, 2
receptionist recepcionista (*m., f.*), 1
recertification recertificación (*f.*)
recipient beneficiado(a) (*m., f.*)
reconciliation reconciliación (*f.*), 5
red rojo(a)
  — Cross Cruz roja (*f.*)
reevaluate reevaluar, 6
reformatory reformatorio (*m.*)
refrigerator refrigerador (*m.*), 6
refund reembolso (*m.*)
refuse negarse (e:ie), rehusar
register matricularse, 10
registration registro (*m.*), registración (*f.*) (*Méx.*), 5; matrícula (*f.*)
regret arrepentirse (e:ie), 18
  — that . . . sentir (e:ie) que...
related relacionado(a), 17
relationship (in a family) parentesco (*m.*)
relative pariente (*m., f.*), 14
relax calmarse
remember recordar (o:ue), 14
rent alquiler (*m.*), renta (*f.*), 1
repair reparación (*f.*)
report notificar, 6; (*a crime*) denunciar, 12; (*of a crime*) denuncia (*f.*), 12
request pedir (e:i), 6
required requerido(a), 16
residence residencia (*f.*), 5

resident residente (*m., f.*), 4
resign renunciar
responsible responsable
rest resto (*m.*), 15; descansar
restless travieso(a), majadero(a), juguetón(ona), 13
retire jubilarse, retirarse, 15
retired jubilado(a), pensionado(a), retirado(a)
retirement jubilación (*f.*), retiro (*m.*), 15
return regresar, 4; volver (o:ue), 6
revenue ingreso (*m.*), 20
reverse reverso (*m.*)
review revisión (*f.*), 6
rheumatism reumatismo (*m.*)
right (*law*) derecho (*m.*), 4; (*direction*) derecha (*f.*)
  —? ¿verdad?, 3
  — away en seguida; ahorita (*Méx.*), 4
  — now ahora mismo, 5
  that's — es cierto, 5
  to the — a la derecha, 2
room cuarto (*m.*), 13
  — and board el alojamiento y las comidas (*m.*)
routinely de rutina, 17
rug alfombra (*f.*)
rule reglamento (*m.*), 6
rump nalga (*f.*), 12
run correr, 13

S

safe seguro(a), 19
safety cap (cover) tapa de seguridad (*f.*), 19
salary sueldo (*m.*), salario (*m.*), 7
same mismo(a), 4
  the — as before el (la) mismo(a) de antes (*m., f.*), 6
save guardar, 20
savings account cuenta de ahorros (*f.*), 7
say decir (e:i), 7
scar cicatriz (*f.*), 12
scarf bufanda (*f.*)
schedule horario (*m.*), 10
scholarship beca (*f.*), 10
school escuela (*f.*), 5
scissors tijeras (*f. pl.*), 19
scratch rasguño (*m.*), 19
second segundo(a), 2

secondary school (junior and high school) escuela secundaria (*f.*), 9

section sección (*f.*), 11

security deposit depósito de seguridad (*m.*)

sedative calmante (*m.*), sedante (*m.*), 13

see ver, 3

   — **you tomorrow** hasta mañana, P

self-employed: to be — trabajar por su cuenta, por cuenta propia, 8

sell vender, 20

semester semestre (*m.*), 10

semiprivate semiprivado(a), 16

send mandar, enviar, 3

separated separado(a), 3

separation separación (*f.*)

serious grave, 18

servant sirviente (*m., f.*)

service servicio (*m.*), 8

   — **station** estación de servicio (*f.*), gasolinera (*f.*)

several varios(as), 5

sex sexo (*m.*)

sexual sexual

   — **abuse** abuso sexual (*m.*)

   — **relations** relaciones sexuales (*f. pl.*), 18

shaded sombreado(a)

share (of stock) acción (*f.*), 20

shirt camisa (*f.*)

shoe zapato (*m.*), 14

short (*in duration*) breve

should (do something) deber (+ *inf.*), 2

shoulder hombro (*m.*), 8

sick enfermo(a), 3

sickness enfermedad (*f.*), 10

sign firmar, 2

signature firma (*f.*)

simply simplemente, 17

since desde, 3

single soltero(a), P

sister hermana (*f.*), 3

sister-in-law cuñada (*f.*)

sit sentarse (e:ie)

   — **(stay) still** quedarse quieto(a), 13

   — **down** siéntese, 12

situation situación (*f.*), 5

sixth sexto(a), 15

skirt falda (*f.*)

slap bofetada (*f.*), galleta (*f.*) (*Cuba y Puerto Rico*)

sleep dormir (o:ue), 19

slip resbalar, 14

slowly despacio, 1

small pequeño(a), 7

   — **truck** camioncito (*m.*), 11

so así que, 8; así, 20

   — **long** tanto tiempo, 15

   — **many** tantos(as), 14

   — **that** de modo que, 11

soap jabón (*m.*), 19

social social, 1

   — **security** seguro social (*m.*), 1

   — **security card** tarjeta de seguro social (*f.*), 4

   — **services** asistencia social (*f.*), 7

   — **Welfare Department** Departamento de Bienestar Social (*m.*), 1

   — **worker** trabajador(a) social (*m., f.*), 1

   — **worker who makes home visits** visitador(a) social (*m., f.*), 14

socket tomacorrientes (*m.*), enchufe (*m.*), 19

socks calcetines (*m. pl.*), medias de hombre (*f. pl.*), tobilleras (*f. pl.*) (*Méx.*)

sofa sofá (*m.*)

solve resolver (o:ue), 18

some algún(una), 2; unos(as), 6

somebody alguien, 7

someone else otra persona (*f.*), 6

sometimes a veces, 13

son hijo (*m.*), 2

son-in-law yerno (*m.*)

sonogram sonograma (*m.*)

soon pronto, 14

sorry: I'm — lo siento, P

source of income fuente de ingresos (*f.*)

Spanish (language) español (*m.*), 5

spanking paliza (*f.*), 13; nalgada (*f.*)

speak hablar, 1

specialist especialista (*m., f.*)

specify especificar

speech impediment dificultad del habla (*f.*)

spend (*money*) gastar, 6; (*time*) pasar, 18

spring primavera (*f.*)

staff personal (*m.*)

stairs escalera (*f.*), 12

stand up pararse, 19
start iniciar, 9
starting with a partir de, 15
state estado (*m.*), 3; (*adj.*) estatal, 15
stay quedarse, 10
step paso (*m.*)
stepbrother hermanastro (*m.*)
stepfather padrastro (*m.*)
stepmother madrastra (*f.*)
stepsister hermanastra (*f.*)
still todavía, 5
stock acción (*f.*), 20
stockings medias (*f. pl.*)
stomach estómago (*m.*)
stop detener, 18
— **(doing something)** dejar de (+ *inf.*), 11
storage almacenaje (*m.*)
stove fogón (*m.*), cocina (*f.*), 19
strange (unknown) extraño(a), 12
stranger persona extraña (*f.*), 13
street calle (*f.*), P
strike pegar, 13; golpear; dar golpes
stroke derrame cerebral (*m.*), embolia (*f.*)
student visa visa de estudiante (*f.*), 4
study estudiar, 13
— **a language** tomar un idioma
subscription suscripción (*f.*), 20
subsidy subsidio (*m.*), subvención (*f.*)
sue demandar
suffocate asfixiar, 19
suggest sugerir (e:ie), 16
summer verano (*m.*)
sun sol (*m.*), 19
supervisor supervisor(a) (*m., f.*), 6
supplemental suplementario(a), 20
support (oneself) mantener(se) (e:ie), 7
sure seguro(a), 3; cómo no, 6
surgeon cirujano(a) (*m., f.*)
surname apellido (*m.*), P
suspect sospechar
suspicion sospecha (*f.*)
swimming pool piscina (*f.*), alberca (*f.*) (*Méx.*), 19
symptom síntoma (*m.*), 18
synagogue sinagoga (*f.*)

syphilis sífilis (*f.*), 18
syrup jarabe (*m.*)

T

table mesa (*f.*), 19
take llevar, 7; tomar, 5; agarrar, coger, 19
— **away** quitar, 12
— **care of** atender (e:ie), 6; cuidar, 7
— **note** anotar
— **part** participar, 9
— **(someone or something somewhere)** llevar, 7
— **(time)** demorar, 6
talk hablar, 1; conversar
tax impuesto (*m.*)
taxpayer contribuyente (*m., f.*)
teacher maestro(a) (*m., f.*)
teenager adolescente (*m., f.*), 18
telephone teléfono (*m.*), 2
— **book** guía telefónica (*f.*), directorio telefónico (*m.*), 18
— **number** número de teléfono (*m.*)
television (set) televisor (*m.*)
tell decir (e:i), 7; informar, 16
— **a lie** mentir (e:ie), 13
temple sinagoga (*f.*)
temporary temporal, 5
term plazo (*m.*); término (*m.*)
terrible terrible, 14
test análisis (*m.*), prueba (*f.*), 17
tetanus shot inyección antitetánica (*f.*)
textbook libro de texto (*m.*)
thank agradecer, 10
— **you (very much)** (muchas) gracias, P
— **goodness!** ¡qué bueno!, 7; menos mal, 15
that que, 3; ese(a), 5; eso, 3
— **is to say . . .** es decir…
— **way** así, 20
— **'s all** eso es todo, P
— **'s fine** está bien, 4
— **'s great!** ¡qué bueno!
— **'s why** por eso, 3
their su(s), 2
then entonces, P; luego
there allí, 7
— **is (are)** hay, 3
— **is going to be** va a haber, 12

— are (*number*) of us somos
(+ *number*), 2
— was había, 14
thermometer termómetro (*m.*), 19
these estos(as)
thin delgado(a), 12
thing cosa (*f.*), 13
think creer, 2; pensar (e:ie)
not — so creer que no
— about that pensar (e:ie) en
eso, 14
— so creer que sí, 2
third tercero(a), 5
this este(a), 3
— one éste(a) (*m., f.*), 8
— very day hoy mismo, 4
those aquéllos(as) (*m., f.*)
throat garganta (*f.*)
time tiempo (*m.*), 6
tired cansado(a), 13
tissues pañuelos de papel (*m. pl.*)
title título (*m.*)
to para, 1; a, 3
— see if . . . para ver si..., 3
today hoy, 4
— 's date fecha de hoy (*f.*), 3
toe dedo del pie (*m.*)
together juntos(as), 5
tomorrow mañana
the day after — pasado mañana
tongue lengua (*f.*)
tooth diente (*m.*)
total total, 16
trade oficio (*m.*), 15
training entrenamiento (*m.*), capacitación (*f.*), 5
tranquilizer sedante (*m.*), 13
transfusion transfusión (*f.*), 16
transgression of law delito (*m.*),
13
translator traductor(a) (*m., f.*), 5
transportation transportación (*f.*)
treat tratar, 19
treatment tratamiento (*m.*), 16
trimester trimestre (*m.*), 20
true verdadero(a), 3
try tratar (de), 18
T-shirt camiseta (*f.*)
tuberculosis tuberculosis (*f.*)
tumor tumor (*m.*), 16
turn ponerse
— blue ponerse azul
— pale ponerse pálido(a)
— red ponerse rojo(a)

— to recurrir(a)
— white ponerse blanco(a)
TV set televisor (*m.*)
tweezers pinzas (*f. pl.*), 19
type tipo (*m.*), 9; escribir a máquina

U

unable to work incapacitado(a)
para trabajar, 3
uncle tío (*m.*)
unfortunately por desgracia,
desgraciadamente, 9
until hasta (que)
— recently hasta hace poco, 18
upset disgustado(a), 14
urgent urgente, 2
urgently urgentemente, 7
us nosotros(as) (*m., f.*)
use utilizar, usar, 9
useful útil, 19

V

vacate desocupar, desalojar, 2
vaccinate vacunar, 19
vagina vagina (*f.*), 18
value valor (*m.*), 5
venereal venéreo(a), 18
verify verificar, 15
verification verificación (*f.*)
very muy, P
— much muchísimo(a), 16
(not) — well (no) muy
bien, P
victim víctima (*f.*)
violent violento(a), 13
visit visitar, 13
visitation rights derecho a visitar
(*m.*)
visiting nurse enfermero(a)
visitador(a) (*m., f.*), 19
vocabulary vocabulario (*m.*)
vocational vocacional
— training reorientación
vocacional (*f.*)

W

wait esperar, 1
— on atender (e:ie), 6
waive renunciar
wake (someone up) despertar (e:ie), 19
— up despertarse (e:ie), 19

walk andar, 13; caminar, 14
walker andador (*m.*), 14
wall pared (*f.*)
want desear, 1; querer (e:ie), 5
warn avisar, hacer saber, 8
warrant orden de detención (*f.*), permiso de detención (*m.*)
washcloth toallita (*f.*)
water agua (*f. but* el agua), 12
way forma (*f.*), 12; manera (*f.*)
  it is not that — no es así, 15
weekend fin de semana (*m.*), 13
weekly (*adj.*) semanal, semanalmente, 4; por semana
welcome: you're — de nada, no hay de qué, P
what lo que, 11
what? ¿qué?, 1; ¿cuál?, 3
  — can I do for you? ¿en qué puedo servirle (ayudarle)?, 5; ¿qué se le ofrece?, 12
  — do you (does he/she) need? ¿que necesita?
  — for? ¿Para qué?
  — time is it? ¿qué hora es?, 1
  — happens? ¿qué pasa?
wheelchair silla de ruedas (*f.*), 14
when cuando, 13
when? ¿cuándo?, 2
where? ¿dónde?, 2
  to —? ¿adónde?, 3
which? ¿cuál?, 3
while mientras, 9; rato (*m.*)
white blanco(a)
who? ¿quién?, 3
whom? ¿quién?, 2
why? ¿para qué?, 1; ¿por qué?, 3
widow viuda (*f.*), 1
widower viudo (*m.*), 1
wife esposa (*f.*), mujer (*f.*), señora (*f.*), 2
window ventana (*f.*), 14
wine vino (*m.*), 13
winter invierno (*m.*)
wish desear, 1; querer (e:ie), 5
with con, 1
  — her con ella, 2
  — me conmigo, 6
withdraw retirarse
within dentro de, 4
  — reach a su alcance, 19
without sin, 7
  — cost gratis

— fail sin falta, 9
witness testigo (*m., f.*), 12
woman mujer (*f.*), 5
wonderful maravilloso(a)
word palabra (*f.*)
work trabajar, 2; trabajo (*m.*), 3
  — full-time trabajar tiempo completo
  — part-time trabajar parte del tiempo, trabajar medio día
  — permit permiso de trabajo (*m.*), 4
worker obrero(a) (*m., f.*), trabajador(a) (*m., f.*)
  —'s compensation compensación obrera (*f.*), 20
worried preocupado(a), 18
worry preocuparse, 18
worse peor
wound herida (*f.*), 19
write escribir, 3
  — down anotar, 14

X

X (*letter of alphabet*) equis (*f.*)
X-ray radiografía (*f.*), 17

Y

year año (*m.*), 3
yearly (*adv.*) al año, 17; (*adj.*) anual, 17
yellow amarillo(a), 18
yes sí, 1
yesterday ayer, 10
yet todavía, 6
young joven, 9
  — man (woman) muchacho(a) (*m., f.*), 18
younger menor, 4
youngest el (la) menor, 4
your su(s), 2
you're welcome no hay de qué, de nada, P

Z

zip code zona postal (*f.*), código postal (*m.*) (*Méx.*), 1